Geulnuri
2016-B-01

international economic law

국제경제법 강의

이 석 용 저

글누리
HNU

서 문

대학에서 국제법을 강의하고 관련 연구활동을 통하여 해양법 분야 연구에 천착해 온 본인이 국제경제법에 관심을 가지게 된 것은 국제경제법의 역동성과 현실적 중요성 때문이었다. 국제해양법학자 이전에 국제법학자로써 오늘날 국제경제법의 중요성과 학생들의 수요를 감안하여 관심을 갖다보니 「국제경제법강의」라는 이 조그만 결과를 내놓게 된 것이다.

본서 「국제경제법강의」의 기초는 과거 본인이 미국 워싱턴대학교에서 Visiting Scholar로 연구생활을 하고 있을 때 놓여졌다. 그 후 한남대학교 법과대학의 국제법 교수로써 그리고 다른 대학에 출강하여 국제경제법 강의를 하면서 수정하고 보완해 온 강의안이 본서를 준비하는데 큰 보탬이 되었다. 그렇지만 본서는 국제경제법의 첨단 주제에 대한 심오한 학문적 연구결과를 담고 있는 것이라기보다는 일반인이나 학부 학생들이 쉽게 접근할 수 있는 국제경제법 입문서라고 할 수 있다.

WTO의 등장 등으로 국제화된 세계경제는 중국 등 신흥국가들의 굴기와 선진국들의 경기후퇴가 맞물려 혼돈스런 가운데 있으며, 통화불안 및 원자재 가격의 급변 등으로 새로운 도전에 직면해 있다. 이런 가운데 본서가 독자들이 관련 규범과 관행을 통하여 국제경제질서를 보다 체계적으로 이해하고 접근하는데 조금이라도 도움이 되기를 희망해 본다.

2016년 5월

저자 이석용

Contents

Contents

Contents

Contents

제 1 장

국제경제법 서론

제1장

국제경제법 서론

제1절 국제경제법의 정의

'국제경제법'(International Economic Law)이란 국제법 주체 간의 경제적 교환에 관련된 국제공법 규칙이다. 국제경제법은 국제공법 즉 국제법의 일부인 것이다. 국제경제법을 국제법의 일부로 보는 이러한 입장을 대부분 국제법 학자들은 선호한다. 그러나 이러한 입장은 국제경제법을 넓게 보아 국제경제에 관한 법 일체에 관한 것으로 이해하려는 사람들이 좋아하는 것은 아니다. 하지만 후자의 견해 즉 국제경제법의 범위를 국제경제에 관한 법 전체를 아우르는 것으로 보게 된다면, 국제경제법에는 기본적인 국제경제질서부터 통화·금융·투자·무역 등 국제경제활동에 관련된 모든 국제법과 국내법이 포함되게 되어 그 범위가 지나치게 넓어지게 된다.[1]

국제경제법은 국제적인 경제적 교환에 관한 법 중에서도 공법적인 규칙 즉 국제법의 한 분야로서의 국제경제에 관한 법이다. 그런데 오늘날 국제법이란 주권국가, 국제기구, 개인, 기업으로 구성된 국제사회의 법으로서 주로 국가 간의 관계를 규율하는 규범이라 정의된다.[2] 역사적으로 볼 때, 국제법은 주권국가의 등장을 배경으로 출범하였으며 지금도 국제법은 주로 국가 간의 관계를 규율하는 규범이다. 국제법은 중세 이후 교황권과 신성로마제국의 쇠락과 함께 등장한 주권국가간 관계를 규율하기 위해 등장한 것으로, '국가 간의 법'(international law)이란 명칭에서도 알 수 있듯이 국제법은 본래 국가 간의 관계를 규율하는 규범으로 등장하였으며, 현재에도 국가는 국

---

1) Ignaz Seidl-Hohenveldern, International Economic Law, Kluwer Law International, 1999, p. 1.
2) Peter Malanczuk, Akehurst's Modern Introduction to International Law, Routledge, 1997, pp. 1-2.

제법의 가장 중요한 주체이다.[3] 물론 국제사회의 변화에 따라 국제무대에는 국가 이외에 새로운 행위자들 즉 국제기구와 개인 같은 새로운 주체들이 등장하였다. 국제기구는 19세기 주로 행정과 기술 분야의 국제협력을 위하여 처음 등장하였으며, 20세기 들어서는 국제연합과 같은 보편기구들과 유럽연합과 같은 지역기구들이 눈부신 활동을 하면서 국제사회의 중요한 주체가 되었다. 개인이 국제법의 주체로 인정받기 시작한 것은 그리 오래되지 않았으며, 개인은 국제법의 주체로 인정되는 경우에도 좁은 범위에서 주체성이 인정되고 있을 뿐이다.[4] 국제경제법은 주로 기본적인 국제경제질서와 국가 간의 경제관계, 한 국가와 외국인 또는 외국기업 간의 경제관계를 다루므로, 사적주체간의 상품이나 서비스의 국제거래를 규제대상으로 하는 국제거래법과는 다르다고 하겠다.

오늘날 국제경제관계에 관한 법은 국제법의 여러 분야 중에서도 가장 중요한 분야의 하나가 되었다. 이처럼 국제법에서 국제경제법이 중요해진 것은 세계경제의 국제화와 상호의존의 심화 때문이다. 국제경제법의 발달은 국제법 원칙에도 변화를 초래하였다. 국제법의 기본원칙인 국가주권과 독립권의 절대성은 한 국가의 경제정책이나 무역정책이 다른 국가에 직접 영향을 미치는 오늘날의 현실에서는 제약을 받게 되며, 국가의 평등권 역시 국가 간의 인구·경제력·기술력에서의 격차로 인하여 약화되고 있는 것이다.[5]

국제경제법에 속하는 영역은 보통 국제무역·국제통화·국제투자로 나눈다. 국제무역과 통화 문제는 GATT협정, WTO협정, IMF조약과 같은 다자조약의 규율을 받지만, 국제투자는 규범화가 늦어져서 통상항해조약이나 투자보장협정 같은 양자조약에서 주로 다루어져 왔다.[6]

---

3) Antonio Cassese, International Law, 2nd ed., Oxford, 2005, p. 71.

4) 오늘날 국제사회에서 개인의 활동범위는 점차 넓어져 가고 있고 국가나 국제기구를 상대로 청원을 하거나 소송을 제기할 수 있는 기회도 확대되어 가고 있다. 오늘날 다국적기업의 활약 역시 매우 눈부시지만, 이들은 아직 국제법의 주체로 인정받지는 못하고 있다. 하지만 경제의 국제화에 따라 다국적기업의 활동은 앞으로 더욱 활발해질 것이며 그에 따라 국제법에서의 지위도 달라질 것이다.

5) Malanczuk, p. 222; John H. Jackson and William J. Davey, International Economic Relations, West Publishing Co., 1986, pp. 2-3; John A. Jackson, "International Economic Law," in Encyclopedia of Public International Law(이하에서는 EPIL), vol.8, North-Holland Publishing Co., 1985, p. 149.

제2절 국제경제법의 역사

1. 제2차 세계대전 이전

외국과의 무역에 대한 선악적 판단은 역사적으로 고대 그리스와 로마시대부터 행해져 왔다. 그러한 입장은 외국인과의 무역에 대한 양면적인 태도를 보여주는 것으로, 경제 외적인 요소들이 많은 영향을 미친 것이다. 당시에는 출신이 어떠하던 상인이나 무역업자들은 비천한 사회계층으로 취급받는 경우가 많았으며, 이러한 적대감은 외국인 무역업자가 그 대상인 경우에는 더욱 심하였다. 플라톤과 같은 일부 철학자들은 전문화와 분업에 따른 이득을 인정하였다고 하지만, 이를 대외무역과 연결시키지는 못했다.[7]

외국상인 간의 무역거래는 역사의 여명기까지 거슬러 올라간다. 무역은 아테네, 이집트, 베니스, 플로렌스, 제노아와 한자동맹 국가들에 이르기까지 많은 고대와 중세 국가들에게 중요한 문제이었다. 하지만 근대적인 의미에서의 자유무역정책에 관한 제도적인 기초는 유럽에서도 18세기 중엽이나 19세기 초에야 마련되기 시작하였다.[8]

18세기 후반 아담 스미스(Adam Smith)와 흄(David Hume)은 무역자유화의 이론적 기초를 놓았다. 아담 스미스는 시장메커니즘과 개인의 이익에 의해 움직여지는 적절한 자원배분이 국내시장은 물론이고 국제무역에서도 중요하다고 보았다. 그 후 리카아도(David Ricardo)와 밀(John Stuart Mill)은 아담 스미스의 자유무역 주장을 보다 넓은 개념적 기초위에 세움으로서 비교우위론(theory of comparative advantage)을 발전시켰다. 이 이론에 의하면, 국가들은 각자 그들의 가용자원(생산요소)을 사용하여 비교우위가 있는 상품을 전문적으로 생산하고 이를 수출하며 비교열위의 물건을 수입하여

---

6) Louis Henkin, Richard Crawford Pugh, Oscar Schachter, and Hans Smit, International Law: Cases and Materials, West Publishing Co., 1993, pp. 1163-1164.

7) Michael Trebilcock, Robert Howse, and Antonia Eliason, The Regulation of International Trade, 4th edition, Routledge, 2013, p. 1..

8) Ibid., pp. 21-22.

사용하면 모든 국가들의 복지가 증대될 수 있다는 것이다.9)

19세기 후반부터 제1차 세계대전 이전까지 영국 등 일부 유럽국가들은 자유무역에 따른 복지증진과 상호이익에 대한 신념을 실천에 옮겼으나, 대다수 유럽국가들과 미국은 여전히 보호주의적인 입장을 유지하였다. 그나마 유지되던 자유무역도 제1차 대전의 발발로 붕괴되었으며, 보호주의적인 경향과 통화의 불안정은 양차대전 간 자유로운 국제경제질서로의 회귀를 가로막았다.10) 제1차 대전이후 미국의 윌슨대통령은 '14개조'(Fourteen Points)에 국가 간 무역조건의 평등을 담았고, 국제연맹은 "모든 회원국 간 무역의 형평에 맞는 대우"를 추구하겠다고 하였으나, 그 후에도 세계경제는 여전히 '보이지 않는 손'에 의해 움직이고 있었고 무역자유화 움직임은 정체된 상태에 머물고 있었다. 특히 1930년 미국에서 시작된 대공황의 여파로 각국이 관세장벽을 높게 세우는 등 보호무역적인 조치를 취하면서 나타난 경제적인 갈등은 제2차 세계대전의 원인의 하나가 되었다.

2. 제2차 세계대전 이후

국제경제법은 2차대전 이후 국제법의 한 분야로 자리를 잡기 시작하였다. 2차대전 이후의 국제경제질서 특히 국제금융질서는 1944년 브레튼우즈회의에서 그 기초가 마련되었기 때문에 '브레튼우즈체제'(Bretton Woods System)라고 부르기도 한다. 브레튼우즈회의는 관세와 무역장벽을 낮추고 국가 간 경제적 갈등을 줄이기 위한 세계경제질서를 구축한다는 분명한 목적을 가지고 출발하였기 때문에, 이 체제하의 국제경제질서는 과거와는 달리 상당히 질서정연한 모습을 보이게 되었다.11)

---

9) Matthias Herdegen, Principles of International Economic Law, Oxford, 2013, pp. 13-14.

10) Ibid., p. 14.

11) 페터스만(Petersmann)은 국제경제질서는 3단계를 거쳐 발전해 왔다고 한다. 첫 번째 단계에는 국제상인법이라 부를 수 있는 규범이 있었으며, 중세 이후의 두 번째 단계에서는 국가가 주권의 이름으로 화폐와 무역를 장악하였다. 1941년 대서양헌장(Atlantic Charter)에서 시작되는 세 번째 단계에서는 두 번의 세계대전과 1930년대의 악몽을 피하기 위해 다자간 합의를 통해 브레튼우즈체제라 부르는 국제통화와 금융, 무역에 관한 국제규범을 수립하였다. 그는 브레튼우즈체제의 성립 이전의 국제경제는 '자생적질서'(spontaneous order)에

국제사회는 국제금융과, 통화, 무역을 규율하는 3개의 국제기구를 창설하였다. 브레튼우즈 회의에서는 관련협정의 체결을 통하여 '국제통화기금'(International Monetary Fund: IMF)과 세계은행으로 알려진 '국제부흥개발은행'(International Bank for Reconstruction and Development: IBRD)을 창설하였으며, 1947년에는 '관세 및 무역에 관한 일반협정'(General Agreement on Tariffs and Trade: GATT)이 체결되었다. GATT는 본래 무역과 관세에 관한 다자조약에 불과한 것이지만, 국제사회가 설립하기로 한 국제무역기구(International Trade Organization : ITO)가 미국 상원의 관련조약에 대한 비준 거부로 출범에 실패하면서, 국제무역의 관리자가 되었다.12)

브레튼우즈체제는 무역자유화를 통해 인류의 복지증진에 크게 기여하였다. 그러나 사회주의 국가들은 시장경제를 기초로 하는 이 체제에 비판적이었으며, 대부분의 개발도상국들도 처음에는 냉담하였다. 따라서 구소련 등 동구 사회주의 국가들은 처음부터 체제 몰락 때까지 이 체제에 참가하지 않았으며, 개발도상국들은 처음에는 소극적이었으나 나중에는 많은 국가들이 참여하여 국제기구나 국제회의에서 상당한 영향력을 행사하기도 하였다. 개발도상국들은 브레튼우즈체제의 규범들을 형평에 맞게 개편하자고 하면서 '신국제경제질서'(New International Economic Order) 운동을 전개하기도 하였다.13)

Folsom 등 3명의 학자들의 공동저작인 International Business Transactions 서문에는 세계경제가 하나로 통합되어 가는 과정이 소설처럼 묘사되어 있다. 세계 역사가 시작되고 상당한 기간이 지난 후, 세상에는 3개의 경제권이 등장하였다. 좋은 환경과 온화한 기후에 부지런한 사람들이 살고 있으며 노력한 만큼 사회의 자원을 분배받는 구조를 가진 Westia, 날씨가 더운 남쪽 지

의하여, 그 이후에는 '통제된 질서'(directed order)에 의해 규율되고 있다고 하였다. Ernst U. Petersmann,"International Economic Order", in EPIL, vol. 8, 1985, p. 336.

12) Ibid, p. 336; Malanczuk, p. 223. GATT는 출범도 못하고 좌초된 '국제무역기구'(International Trade Organization; ITO)를 대신하여 국제무역의 자유화를 위해 노력해 왔으나, 우루과이 라운드 결과 탄생한 세계무역기구(WTO)에 의해 대체되었다.

13) Jackson, pp. 152-153.

방으로 풍부한 자원을 가지고 있는 Tropica, Westia처럼 좋은 자연환경을 가지고 있지만 필요한 만큼 분배받는 사회구조를 가진 Eastia가 그것이다. Folsom 등은 이러한 서로 다른 경제구조를 가진 3개의 경제권이 하나로 통합되게 되어가는 과정을 소설을 쓰듯이 설명하였던 것이다.[14] 분열되어 있었던 세계경제는 실제로 매우 빠른 속도로 통합되었다. 1970년대부터 신흥공업국들을 선두로 일부 개발도상국들은 세계경제질서의 변화에 편승하기 시작하였으며, 1980년대 후반 시작된 동구권의 몰락과 중국의 시장경제체제 도입에 의해 사회주의 경제권은 대부분 자본주의 경제권에 편입되었다. 특히 세계무역기구(WTO)의 출범으로 세계는 한 지붕 경제권을 형성하게 되었다.

3. 신국제경제질서

제2차 세계대전이후 국제경제는 브레튼우즈체제 하에서 비약적인 발전을 거듭하였다. 그러나 대전 이후 대거 독립한 신생 개발도상국들은 1960년대와 70년대를 거치면서 점차 확대되어가는 선진국과의 경제력 차이에 좌절하면서, 그것은 브레튼우즈체제가 선진국 중심의 질서이기 때문이라고 생각하였다. 그러던 중 1970년대 초 석유파동이 일어났다. 석유위기를 거치면서 세계경제는 큰 타격을 입었으나, '석유수출국기구'(OPEC)가 보여준 협상력은 개발도상국들에게 자신감을 심어 주었다. 이러한 좌절된 기대와 자신들의 협상력에 대한 새로운 인식은 기존의 국제경제질서를 형평(equity)에 맞게 바꾸기 위한 '신국제경제질서'(New International Economic Order: NIEO) 운동으로 인도하였다.[15]

신국제경제질서의 내용과 목표는 1962년 유엔총회가 채택한 '천연자원에 대한 영구주권에 관한 결의'(Resolution on Permanent Sovereignty over Natural Resources)에 처음 표현되었으며, 1974년 유엔에서는 신국제경제질

---

14) R. H. Folsom, M. W. Gordon, and J. A. Spanogle, International Business Transactions, West Publishing Co., 1995, pp. 2-10.

15) M. W. Janis,"The Ambiguity of Equity in International Law", Brooklyn J. Int'l L., vol. 9, 1983, pp. 16-17; C. C. Ferguson,"Redressing Global Injustices: The Role of Law", Rutgers L. R., vol. 33, 1981, p. 414.

서에 관한 결의를 연달아 채택하였다. 유엔총회는 1974년 개발도상국들의 주도하에 신국제경제질서에 관한 3개의 결의를 통과시켰다. 동년 5월 1일 채택된 '신국제경제질서 수립에 관한 선언'(Declaration on the Establishment of the New International Economic Order)은 불평등과 부정의를 시정할 주권평등과 형평, 상호의존, 공동이익, 협력에 근거한 국제경제질서의 수립을 요구하였다. 같은 날 채택된 '신국제경제질서 수립에 관한 행동계획'(Programme of Action on the Establishment of the New International Economic Order)은 개도국들이 생산·수출하는 일차산품 가격과 수입상품 가격간의 형평에 맞는 관계 수립과 국제분업을 위한 선진국들의 적절한 조치를 요구하였다. 특히 같은 해에 채택된 '국가의 경제적 권리와 의무에 관한 헌장'(Charter of Economic Rights and Duties of States: CERDS)은 국제경제관계의 발전을 위해서 개발도상국들의 이익이 적절히 고려되어야 한다고 하면서, 공정하고 형평에 맞는 국제경제질서 수립을 위하여, 선진국들은 개도국들에게 무역상의 특혜를 부여하고, 일차산품이 안정적이고 형평에 맞는 가격을 유지할 수 있도록 하며, 기술이전이 이루어질 수 있도록 해야 한다고 하였다. 하지만 이러한 결의에 대하여 대부분의 서구 선진국들은 동의하지 않았는바, 그 권위는 다소 손상을 입게 되었다.[16)]

상기한 결의에 나타난 개발도상국들의 주장과 요구는 다음과 같이 요약할 수 있다. 첫째, 형평에 입각한 새로운 국제경제질서 수립으로 경제적 불균형을 해소해야 한다는 것이다. 법에서 형평은 보통 재판상재량(judicial discretion)을 의미하지만 여기에서는 분배적정의(distributive justice)를 염두에 둔 것이라고 할 수 있다. 둘째, 식민시대 중심국들의 필요에 의해 형성된 무역질서를 개편하고, 비상호성에 입각한 무역상의 특혜조치를 개발도상국들에게 부여해야 한다는 것이다. 셋째, 영토국가에게 '천연자원에 대한 영구주권'을 인정하며, 개발도상국이 자국에 진출한 선진국 기업을 국유화 할 수 있게 허용해야 한다는 것이다. 넷째, 영토국가와 국제기구는 다국적기업의 활동을 규제·감독하는 권한을 갖는다는 것이다.[17)]

16) Herdegen, pp. 16-17.
17) Ferguson, pp. 415-418.

신국제경제질서 주장은 유엔총회에서 결의로 채택되었다. 개발도상국들은 '세계인권선언'을 비롯한 유엔총회의 일부 결의들은 권고의 차원을 넘어 법적인 성격을 획득하였다고 하면서, 신국제경제질서에 관련된 결의들도 법적인 성격을 갖는다고 하였다.[18] 하지만 선진국 학자들은 '신국제경제질서'는 개발도상국들의 정치적·경제적 구호일 뿐이며, 관련 결의들 역시 법적인 성격을 가지지 못한다고 하였다.[19] 신국제경제질서 주장이 현실적으로 어떤 결과를 가져 왔는가 하는데 대한 평가는 보는 시각에 따라 다르다. 특히 1980년대 이후 사회주의권 국가들과 개도국들이 외국인 직접투자를 경제적·사회적 발전을 위한 요소로 인식하여 개방하고, 1980년대 이후 공산주의 체제의 붕괴에 이어서 1990년대 WTO의 성공적인 출범으로, 신국제경제질서 주장은 한계를 맞이하게 되었다. 하지만 진정한 국제사회의 평화와 안정을 위해서는 형평에 맞는 국가 간 부의 분배는 필수적이므로 그 취지는 긍정적으로 평가되어야 한다.

1970년대에 전성기를 맞았던 신국제경제질서(NIEO) 운동은 소기의 성과를 거두지 못한 것으로 보는 것이 일반적이지만, 당시 개발도상국들의 합리적인 주장들은 국제경제법의 발전방향에 적잖이 영향을 미쳤다.[20] 신국제경제질서에서는 기존의 통상질서 개편이 중요한 부분이었으며, 개발도상국들은 비상호성에 기초한 무역제도를 주장해 왔다. 그런 맥락에서 '일차산품'과 '일반특혜관세'(Generalized System of Preferences: GSP) 제도는 신국제경제질서 주장과 연결된 제도라고 할 수 있다. 특히 일반특혜관세 제도는 개발도상국의 선진국으로의 수출증대에 상당히 긍정적인 영향을 미쳤다. 개발도상국에서 생산되는 공산품이 선진국에 수입되는 경우 수입관세를 감면해 주

---

18) M. Janis, An Introduction to International Law, Little,Brown & Co., 1988, p. 65. 알제리 출신 법학자로 국제법상 분배적 정의의 이론과 신국제경제질서를 옹호하였던 베자위(Bedjaoui)는 연대(solidarity)와 협력에 기초한 참여의 국제법에서는 평등보다는 형평의 원칙이 중요하다고 하였다.

19) 샥터(Schachter) 교수는 개발도상국들의 신국제경제질서 주장과 선진국들이 주장하는 전통국제법원칙 간에 실질적인 차이는 없다고 하였다. 그는 신국제경제질서의 일환으로 주장된 천연자원에 대한 영구주권 주장은 실제로 전통 국제법원칙과 크게 다르지 않다고 하였다. Oscar Schachter, International Law in Theory and Practice, Martinus Nijhoff Publishers, 1991, pp. 304-305.

20) Herdegen, p. 18.

는 이 제도에 따라, 미국과 서유럽 국가들은 개발도상국의 공산품에 상당한 무역상의 특혜를 부여하였던 것이다.[21)]

4. 지역기구의 발달

GATT와 WTO에 의한 다자간무역체제의 발전과 함께 오늘날 주목을 끄는 것은 유럽연합(EU)으로 대표되는 경제관련 지역기구의 등장과 강화이다. EU는 본래 전쟁으로 피폐해진 유럽의 재건을 위해 미국이 추진하였던 마샬플랜(Marshall Plan)과 밀접히 관련되어 있었으나, 오늘날에는 경제통합은 물론이고 정치적인 통합까지 지향한다는 점에서 특징적이다. 1952년 유럽석탄철강공동체(ECSC)에서 출발하여, 1957년 체결된 로마조약을 통해서는 유럽경제공동체(EEC)로 발전하였고, 1986년 단일유럽법(Single European Act)의 채택으로 단일유럽시장을 형성하였으며, 1993년 체결된 마스트리히트조약(Maastricht Treaty)을 통해 경제적·정치적 통합의 수준을 더욱 높이고 단일통화인 '유로'를 도입하였다. 그리고 그 사이 회원국은 6개국에서 28개국으로 크게 증가하였다.[22)]

유럽국가 중심의 경제관련 지역기구로는 유럽연합 이외에도 1959년 결성된 유럽자유무역연합(EFTA)이 있으며, 중남미 지역에는 MERCOSUR, CARICOM, 아시아-태평양지역에는 APEC, ASEAN 등이 있고, 동남부 아프리카에는 COMESA 등이 있다. 그 외에도 국가들 사이에는 수많은 자유무역협정(FTA)들이 체결되고 있다.

GATT와 WTO에 의한 다자간체제와 함께 지역주의 경향에 편승한 다수의 지역기구와 자유무역협정의 등장이 자유무역체제에 미치게 될 영향을 둘러싸고 많은 논의가 있다. 다자간무역체제와 무역블록을 상호보완적인 것으로 이해하려는 입장이 있는가 하면, 무역블록은 본질적으로 차별적인 것이

---

21) 일차산품 문제는 상당수 개발도상국이 외화수입의 상당부분을 일차산품의 수출에 의존하고 있기 때문에 중요하다. 브레튼우즈체제에서도 일차산품 가격지지 제도를 도입하였으나 별다른 성과를 거두지 못하였다.

22) Trebilcock, Howse, and Eliason, p. 26.

므로 다자간무역체제의 안전성과 완전성을 해치게 된다는 견해도 있다.[23)]

5. 경제의 국제화

경제의 국제화(globalization)는 식민지시대 초기에도 나타난 적이 있었다. 식민지시대 국제화의 동력은 혼합적인 지위(hybrid status)와 준주권적 권력(semi sovereign power)을 보유한 사적행위자들이었다. 그 대표적인 예는 1600년 설립된 영국동인도회사(British East India Company)와 1602년 설립된 네덜란드동인도회사(Dutch East India Company)인데, 영국동인도회사는 1858년에 이르기까지 정부의 기능을 일부 대행하였다. 당시의 국제화는 근대적인 교통 및 통신수단의 발달로 인하여 가능해졌다.[24)]

오늘날의 경제의 국제화가 규범적인 기초를 갖추게 된 것은 국제무역의 자유화를 지향하는 보편적 다자조약인 1947년 GATT 협정과 1994년 WTO 협정에 의해서이다. 특히 이들 협정의 기본원칙인 최혜국대우와 내국민대우의 원칙을 통해서 국제무역은 크게 신장되었으며, 외국인투자에 대한 진입장벽은 낮아졌다. 그 외에 보편적으로 진행되어온 각국의 민주화, 법의 지배(rule of law)의 확산, 동구권과 중국 등 기존의 사회주의권 국가들의 시장경제 체제로의 변신도 국제화를 촉진하는 중요한 요인이었다.[25)]

경제의 국제화와 무역자유화에 따라서 세계경제는 비약적으로 발전하였고 복지수준도 전반적으로 크게 높아졌지만, 가난한 국가들의 복지수준 향상은 기대에 미치지 못하였다. 미국과 주요 구미국가들과 일본, 중국 등은 국제무역에서 중요한 행위자가 되었으나, 교육과 기술이 국제적인 수준에 미달되고 천연자원이 부족하며 산업이 경쟁력을 갖추지 못한 저개발국들에게 시장의 통합은 오히려 부담과 위험이 되기도 하였다. WTO법은 개발도상국을 위해 갖가지 우대조치를 도입하였지만, 부의 분배에 있어서의 불균형은 계속되고 있다.[26)]

---

23) Ibid., pp. 27-28.
24) Herdegen, p. 20.
25) Ibid., pp. 20-21.

경제의 국제화에 대한 비판은 개발도상국은 물론이고 선진국에서도 점차 강해지고 있다. 국제화에 의해 촉발된 무한경쟁으로 환경보호를 위한 투자가 방해를 받고, 사회적·문화적 공동체가 위험에 처하게 되며, 환경보호와 근로기준 보호를 위한 사회적인 투자가 약화되리라는 우려가 있는 것이다.[27]

제3절 국제경제법의 법원

1. 국제경제법의 법원

국제법의 법원은 국제사법재판소(ICJ) 규정 제38조에 잘 나타나 있다. ICJ 규정 제38조는 다음과 같이 규정하였다.

1. 재판소는 재판소에 회부된 분쟁을 국제법에 따라 재판하는 것을 임무로 하며, 다음을 적용한다.
   가. 분쟁국에 의하여 명백히 인정된 규칙을 확립하고 있는 일반적인 또는 특별한 국제협약(international conventions)
   나. 법으로 수락된 일반관행의 증거로서의 국제관습(international custom)
   다. 문명국에 의하여 인정된 법의 일반원칙(general principles of law)
   라. 법칙결정의 보조수단으로서의 사법판결 및 제국의 가장 우수한 국제법 학자의 학설. 다만, 제59조의 규정에 따를 것을 조건으로 한다.
2. 이 규정은 당사자가 합의하는 경우에 재판소가 형평과 선에 따라 재판하는(decide a case ex aequo et bono) 권한을 해하지 아니한다.

26) Ibid., pp. 21-22.
27) Ibid., pp. 22-23.

ICJ규정 제38조는 조약과 관습법 및 법의 일반원칙을 주요 법원으로, 판결과 학설을 법칙결정을 위한 보조수단으로, 형평과 선은 당사자들이 합의하는 경우 적용가능한 법원으로 인정하고 있다. 그러나 이 규정에 나와 있는 법원들은 효력순위에 입각한 것이 아니라 참조의 편의에 따라 배열된 것이다. 따라서 앞에 있는 법원은 나중의 법원보다 빈번히 참조되는 것일 뿐, 효력에서 우위에 있는 것은 아니다.[28]

그런데 ICJ 규정 제38조는 1922년에 설립된 상설국제사법재판소(PCIJ) 규정을 거의 그대로 답습한 것으로, 오늘날 국제사회의 현실을 제대로 반영하지 못하고 있다는 비판을 받고 있다. 특히 오늘날 국제사회에서 정치적으로나 법적으로 중요한 위치에 있는 유엔과 같은 국제기구의 결의나 선언에 대해서는 아무런 언급이 없어서 시대에 뒤떨어져 있다는 지적을 받고 있다.[29]

국제법의 여러 가지 법원 중에서 현실적으로 중요한 것은 조약과 관습법이다. 국제법의 한 분야인 국제경제법에서도 조약과 관습법이 중요하며 특히 조약이 중요하다. 조약법에 관한 비엔나협약은 제2조 1항 (a)에서 "조약이라 함은 단일의 문서에 또는 둘 또는 그 이상의 관련문서에 구현되고 있는가에 관계없이 또한 그 특정의 명칭에 관계없이, 서면형식으로 국가 간에 체결되고 국제법에 의하여 규율되는 국제적 합의를 의미한다"고 하였다. 조약이란 그 문서의 숫자나 명칭에 관계없이 서면으로 이루어진 국제법의 규율을 받는 국가 간의 합의라는 것이다. 조약의 정의에 관한 이러한 조건들을 나누어 살펴보면 다음과 같다.

첫째, 조약은 국가 간의 서면합의이다. 비엔나협약에서도 조약이란 '서면형식으로 국가 간에 체결된' 국가 간 합의라고 하였듯이 조약은 서면합의이어야 하는 것이다. 그러나 국제관습법에서는 구두로 이루어진 성명이나 약속·선언이 조약과 유사한 법적인 구속력을 인정받은 사례가 있다. 1933년 동부그린란드(Eastern Greenland) 사건에서 상설국제사법재판소(PCIJ)는 1919년 파리강화회의 당시 노르웨이 정부가 그린란드 전체에 대해 주권을 주장하는 덴마크의 입장에 반대하지 않는다고 한 노르웨이 외무장관의 선언은 노르웨

28) Cassese, p. 154.
29) Malcolm D. Evans, International Law, 2nd ed., Oxford, 2006, p. 119.

이에게 법적인 구속력이 있다고 하였다.[30]

둘째, 조약은 국제법의 규율을 받는 국제적 합의이다. 비엔나협약에서도 조약이란 '국제법에 의하여 규율되는 국제적 합의'를 의미한다고 하였다. 모든 국제적인 합의는 이행을 위해 법을 필요로 하며, 국제법에서도 명시적이든 묵시적이든 당사자들의 의사는 그러한 법을 결정하는 중요한 요소가 된다. 아울러 조약이란 국제적인 합의 중에서도 국제법의 적용을 받는 합의를 말한다.

셋째, 조약은 법적인 구속력이 있는 국가 간 합의이다. 조약이란 합의를 통하여 국가들이 창설해내는 법규범이므로 구속력이 없는 국가 간 합의는 조약이 아니다. 구속력 없는 국가 간 합의로서 정치적·도덕적 약속에 해당하는 것은 신사협정(gentlemen's agreement)이라고 한다. 1975년 헬싱키에서 서명된 「유럽안보협력회의 최종의정서」(The Final Act of the Conference on Security and Cooperation in Europe)와 다국적기업에 관한 행위규범들이 대표적인 사례이다.[31]

국제경제법의 법원으로써 조약의 중요성은 당연히 인정되지만, 일반국제법인 국제관습법은 지금도 국제경제관계에 어느 정도 영향을 미치고 있다. 많은 조약 규정들은 외국인 투자에 대한 '공정하고 형평에 맞는 대우'(fair and equitable treatment)와 같은 언급을 통해 국제관습법 규칙에 접근하고 있으며, 국제관습법 규칙은 조약의 해석에서도 중요한 역할을 수행한다. US-Gasoline 사건에서, WTO 항소기구가 WTO협정은 국제법과 별개로 해석되면 아니 된다고 하면서 조약해석의 일반규칙을 언급한 것도 바로 그러한 맥락에서이다. 국제경제관계에 영향을 미치는 국제관습법 규칙으로는 국가면제(state immunity), 외교적 보호(diplomatic protection), 외국인대우에 있어서 '최소한의 기준'(minimum standard)에 관한 규칙 등이있다.[32]

---

30) Legal Status of Eastern Greenland, PCIJ Reports, ser.A/B, 1933, pp. 69-71.

31) 1975년 '유럽안보협력회의 최종의정서'(The Final Act of the Conference on Security and Cooperation in Europe)에는 법적인 용어들이 거의 사용되지 않아 유엔헌장 제102조 규정에 따른 조약등록이 불가능한 것으로 판단되었다. 다국적기업에 관한 행위규범(codes of conduct)은 자발적인 행동을 요구할 뿐 법적인 구속력이 없다.

32) Herdegen, pp. 43-44.

국제법의 법원의 하나인 법일반원칙은 조약과 관습법이 커버하지 못하는 국제법질서의 공백을 메워주는 역할을 한다. 국제법상의 법의 일반원칙이 되려면 그 원칙이 많은 국가의 법체계에서 국내법상 법의 일반원칙으로 인정되어야 한다. 그런데 국제법은 기본적으로 동등한 행위자 간의 조화를 추구하는바, 국제법상 법의 일반원칙은 대부분 각국의 사법상 원칙에서 유래한다. 국제법상의 법의 일반원칙으로는 권리남용금지, 신의성실의 원칙, 금반언의 원칙, 증거의 원칙 등이 거론된다.[33]

2. 특 징

국제경제법은 법원이란 측면에서 일반국제법이나 다른 국제법 분야와 비교하여 다음과 같은 몇 가지 특징을 갖는다.

첫째, 국제경제법에서는 조약 즉 성문법이 중요하다. 일찍이 그로티우스는 항해의 자유와 통상의 자유는 국가의 자연권(natural right)에 속한다고 하였으나, 그러한 자연법적 주장은 오늘날의 현실에는 맞지 않는다. 오늘날 다자간 무역체제는 GATT 및 WTO 협정과 같은 조약에 기초하고 있으며, 양국 간 경제관계들도 대부분 조약을 통해 규율되고 있기 때문이다.[34] 국제경제질서에 관한 다자조약 중에서는 세계무역기구(WTO) 설립협정과 같이 국제경제기구를 창설하는 조약들이 중요하다. 이러한 조약들은 국제기구 자체에 관한 규정 뿐 아니라 회원국 간의 권리·의무에 관한 규정들을 포함하고 있다.

둘째, 국제경제법은 국제적인 공법관계는 물론 사법관계도 부분적으로 규율한다. 다른 분야의 국제법 규칙들과 마찬가지로 국제경제법 규칙도 주로 국가들에 의해 만들어지며 국가 간의 관계를 규율한다. 그러나 국제경제법은 기업이나 개인과 같은 사적주체들의 행위를 규율하고 조정하는 기능을

33) Ibid., pp. 45-46.

34) 국제경제법에서도 관습법은 몇 가지 중요한 기능을 수행한다. 관습법은 국제경제법에 관한 합의를 위한 배경이 되었으며, 국제책임에 관한 관습법규칙은 국제경제법상 불법행위법의 기초가 되었다. Jackson and Davey, pp. 261-262.

수행하기도 하므로 국제공법과 국제사법 간의 간격을 좁히는데 기여한다.

셋째, 국제경제법은 국제법의 다른 분야에 비해 국내법과 밀접히 연결되어 있다. 국제경제법 원칙 중에서 상당수는 각국의 국내법에서 유래하였다. 반대로 국제경제법 규칙들 중 상당수가 각국의 국내법에 영향을 미치는바, 국제경제질서에 관한 국제조약들 대부분은 각 당사국에 의하여 국내에서 시행된다. 따라서 국제경제법의 연구대상에는 대외무역법과 같은 각국의 국내법도 일부 포함된다.[35)]

넷째, 국제경제법은 연성법(soft law)인 경우가 많다. 경제문제란 국가들의 이해가 첨예하게 대립되는 곳이지만 상호의존의 심화로 긴밀한 국제협력이 필요한 분야이기도 하다. 더구나 국가 간에는 경제발전 수준에 큰 차이가 있어서 당장 보편적이고 강제성 있는 법규칙을 마련하는 것이 어려운 경우가 종종 있다. 오늘날처럼 정치적·경제적·문화적 배경이 상이한 국가들이 혼재해 있어서 바로 경성법(hard law)인 조약을 체결하기가 어려운 경우에 국제사회에서는 강행적인 성격을 가지는 조약이 아니라 행동규범·권고·지침·결의·원칙선언·골격조약과 같은 명칭의 법적구속력이 없는 연성법을 만들어 단계적으로 의도된 목적에 도달하고자 한다. 이러한 연성법의 등장을 국제법의 '병리적 현상' 이라고 하여 우려하기도 하지만, 국제환경법과 국제경제법에서 연성법은 법발전을 선도하고 있다. 연성법은 새로운 개념들을 국제질서에 도입할 뿐 아니라 법의 유연성을 증대시켜 국제법의 영역을 확대해 가는데 기여하기 때문이다.[36)] 이처럼 국제경제법은 국가들의 구체적인 행위기준 도입보다는 국가 간의 원활한 경제협력을 위한 기본골격 형성에 중점을 두게 되는 경우가 종종 있는바, 이런 경우 조약은 당사국들에게 일정한 의무의 철저한 준수보다는 바람직한 행위준칙을 제시하는 유연한 내용들을 담게 된다.[37)]

---

35) Petersmann, pp. 534-535.
36) Malanczuk, pp. 244-245.
37) Cassese, pp. 435-440.

제4절 국제경제법의 주체

1. 서 론

법의 주체란 법률행위를 할 수 있는 독립된 단위를 말한다. 법의 주체란 자신이 행한 법률행위에 따른 권리를 누리고 의무를 부담하는 자인 것이다. 국제법의 주체 역시 국제법상 권리와 의무를 향유 내지 부담할 수 있고 국제사회에서 일정한 법률행위를 할 수 있는 실체이다. 보다 구체적으로 말하면 국제법 정립에 참여할 수 있거나 국제법 위반에 대한 청구를 제기할 수 있는 실체를 국제법의 주체라고 한다.[38]

그러면 어떤 실체들이 국제법의 주체인가? 국제법의 주체로 인정되는 실체는 시대적 상황에 따라 변하여 왔다. 근대 국제법의 성립 이후 상당히 오랫동안은 국가만이 국제법의 주체로 인정받았다. 그러나 현재는 국제기구와 개인도 국제법의 주체로 인정받고 있다. 반면에 다국적기업과 비정부간기구는 그 활발한 활동에도 불구하고 아직은 국제법의 주체로 인정받지 못하고 있다.

2. 국 가

국가는 국제법의 가장 중요하고 완전한 주체이다. 국제법은 중세이후 교황권의 쇠락과 함께 등장한 주권국가 간의 관계를 규율하기 위해 등장하였으며, 현재에도 주로 국가 간의 관계를 규율하고 있다. 국가는 국제사회의 가장 중요한 행위자인 동시에 주체이며, 그것은 국제경제법에서도 마찬가지이다. 국가는 각자의 경제시스템을 선택할 수 있는 자유를 가지며, 매우 민감한 분야는 '전략부문'으로 지정하여 이를 규제할 수 있는 권한을 보유하고, 천연자원에 대한 주권도 가진다. 다른 분야의 국제법과 마찬가지로 국제경

38) Henkin, Pugh, Schachter, and Smit, p. 241.

제법 역시 그 골격은 국가들에 의해 만들어진다. 국가 간의 경제관계는 국제경제법의 기본구조를 형성하므로 국제법에서 국가의 역할은 매우 중요하다. 더구나 냉전 종식 이후 경제발전과 복지가 국가의 최대 관심사로 등장하면서 국제경제법에서 국가가 차지하는 비중은 더욱 커지게 되었다.[39]

3. 국제기구

국제기구란 국가들이 합의한 설립헌장에 따라 설립되어 국제사회에서는 독립적인 기능을 수행하는 정부 간 기구를 말한다. 국제기구는 처음에는 행정·기술 분야에서의 국제협력을 증진하기 위하여 등장하였으나, 20세기 들어 국제연맹과 국제연합 같은 보편적 기구들이 등장하면서 국제사회의 중요한 주체가 되었다. 국제기구는 회원국들을 상대로 법적구속력 있는 규칙과 법적구속력이 없는 기준이나 권고 등을 제정하는 등의 방법으로 역할을 수행하며, 국제적인 협력과 협의를 위한 장을 제공하고 있다.[40]

오늘날 국제경제법에서 국제기구는 매우 중요한 주체이다. 제2차 세계대전 이후 브레튼우즈체제는 국제통화기금(IMF), 국제부흥개발은행(IBRD), 관세 및 무역에 관한 일반협정(GATT)과 세계무역기구(WTO)와 같은 국제기구들에 의해 유지되고 있다고 해도 과언이 아니다. 오늘날 국제경제법에서 유엔과 IMF, IBRD, 국제노동기구(ILO)와 같은 전문기구의 역할은 매우 중요하며, 유럽연합(EU), 아세안(ASEAN)과 같은 지역기구들도 점점 중요해져 가고있다. 경제협력개발기구(OECD)는 서구 선진국과 한국, 멕시코, 칠레, 터어키 등 주요 신흥공업국을 포괄하며, 회원국의 경제정책과 통화정책을 조율하는 등 역할을 확대해 가고 있다. 지역개발은행(regional development bank)은 지역개발 분야에서 중요한 역할을 담당하는데, 기존의 3대 지역개발은행인 범미

---

39) 국가는 경제적 거래에 직접 참여하기도 하지만 국영기업과 같은 조직을 통하여 간접적으로 참여하기도 한다. 국영기업들은 석유나 가스와 같은 천연자원의 개발과 판매 같은 사업을 수행하는 경우가 많으며, 국부펀드를 설립하여 운영하기도 한다. 국영기업들은 법적으로는 물론이고 조직상으로도 국가로부터 독립적인 지위를 가지는 경우가 많이 있는데, 그런 경우에 그들의 행위를 국가행위로 볼 수는 없다. Herdegen, pp. 26-27

40) Ibid., p. 28.

개발은행(Inter-American Development Bank), 아시아개발은행(Asian Development Bank : ADB), 유럽부흥개발은행(European Bank for Reconstruction and Development)에 이어 아시아인프라투자은행(Asia Infrastructure Investment Bank : AIIB)도 2015년 출범하였다.[41]

경제의 국제화 추세에 부응하여, 국가 간에 통화정책을 비롯한 경제정책을 조정하는 경제협력의 장들도 마련되어 있다. 이들은 국제기구처럼 제도화되어 있는 것이 아니고 법적구속력이 있는 조치를 취할 권한을 가지지도 않지만, 오늘날 국제경제에서 매우 중요한 역할을 수행한다. 가장 중요한 것은 전세계적인 경제거버넌스를 담당하는 G20(Group of 20)이다. 본래 미국, 영국, 프랑스, 독일, 캐나다, 이탈리아, 일본 등 7개 서방선진국으로 구성된 G7에서 출범하여 러시아를 포함하여 G8으로 변신한 이 조직은, 1999년 쾰른회의를 통하여 G20으로 개편되어 선진국과 개발도상국 간 중요한 토론의 장을 제공하고 있으며 경제·인구·지역에 있어서 대표성을 제고하였다. G20는 주요 선진국과 신흥개도국을 망라하는 19개 국가와 유럽연합으로 구성되는데, 세계 인구의 3분의 2와 세계 GNP의 90% 무역액의 80%를 차지한다. 이러한 영향력을 감안할 때 G20는 오늘날 세계경제의 조타수 역할을 맡고 있다고 할 수 있다.[42]

4. 개 인

개인은 과거에는 국제법의 주체가 아니었다. 오늘날에도 개인이 국제법의 주체인가 하는데 대해 학설의 대립이 있지만, 대부분의 학자들은 개인이 좁은 범위에서 국제법의 주체임을 인정하고 있다.[43]

41) Ibid., pp. 30-32.

42) Ibid., pp. 33-34. G20에는 미국, 영국, 프랑스, 독일, 캐나다, 이탈리아, 일본 등 기존의 G7과 아르헨티나, 브라질, 중국, 인도, 인도네시아, 멕시코, 러시아, 사우디아라비아, 스페인, 남아프리카, 한국, 터키 등이 포함되었다.

43) 개인의 국제법주체성에 대한 학설은 크게 세 가지가 있다. 첫째는 국가만을 국제법의 주체로 인정하고 개인의 주체성은 부인하는 입장이나, 오늘날의 국제사회 현실과 맞지 않는다. 둘째는 국가의 주체성은 부인하고 오히려 개인만이 국제법의 주체라는 법사회학자들의 견해이나, 역시 현실과 동떨어진 생각이다. 셋째는 국제법의 주요 주체는 국가이지만 개인도

요즘처럼 개인의 국제적인 경제활동이 활발해지는 상황에서, 국제경제법이 국가 간의 경제관계에 관한 규칙만을 그 범위에 포함시킨다면 그것은 오늘날 경제관계에 대해 단편적인 이해만을 제공하는 것이며, 국제거래에 종사하고 있는 사적행위자의 법적지위에 관한 법규칙을 대부분 무시하는 것이 된다. 오늘날 국제법은 개인과 기타 사적행위자의 경제적 권리와 자유에 대하여 보다 많은 관심을 기울이고 있다. 특히 오늘날 개인은 유럽연합이나 국제행정법원, 1965년 체결된 '국가와 외국인간 투자분쟁해결 협약'에 의해 설립된 '국제투자분쟁해결센터'(International Center for the Settlement of Investment Disputes: ICSID)에서 국가나 국제기구를 상대로 청원을 하거나 소송을 제기할 수 있게 되었다. 특히 ICSID 협약은 국가와 외국인 투자자 간 중재와 조정에 의한 투자분쟁 해결에 관해 규정하고 있는데, 분쟁 당사자가 일단 ICSID의 관할권을 받아들이면 양측은 동등한 입장에서 분쟁해결을 위한 절차를 밟게 된다.[44]

5. 다국적기업

상품과 서비스의 국제거래는 대부분 사기업들에 의해 이루어지므로, 국제경제법에서 사기업의 역할은 매우 중요하다. 그런데 사람이 국적을 보유하듯이 기업과 같은 법인들도 국적을 보유하는바, 법인들은 일반적으로 법인이 설립된 국가 또는 경영진 소재지 국가의 국적을 보유한다.[45] 하지만 오늘날 다국적기업들의 중요성을 감안하여 각국은 다국적기업에게 특별한 대우를 하고 있다.

국제법의 주체라는 주장이다. 이 설은 다시 두 가지로 나뉘어져 개인의 국제법 주체성을 널리 인정하려는 입장과 좁은 범위에서 인정하려는 입장이 대립되고 있으나, 다수설은 후자의 입장을 지지한다.

44) Herdegen, p. 4.

45) 미국과 영국의 회사법은 설립지주의(doctrine of incorporation)를 따르고 있지만, 독일과 오스트리아 등은 주로 경영진소재지(seat of management)의 법을 따르게 하고 있다. 그러나 EU법의 영향으로 독일회사법은 등록사무소가 아닌 다른 국가에 실효적인 행정상의 본점을 둘 수 있게 개정되었으며, 다른 EU 회원국의 법에 의해 설립된 기업의 법인격도 인정하고 있다. Ibid., pp. 38-39.

다국적기업(multinational enterprise: MNE)이란 용어는 자주 사용되는 용어이지만 여기에 관한 보편적인 정의는 아직 존재하지 않는다. 다국적기업의 개념은 크게 두 가지 방법에 따라 정하여 진다. 실질적인 정의의 방법에 의하면 다국적기업의 규모와 생산·영업이 행해지는 국가의 숫자와 매상·자산·수익·고용에 있어서의 해외비중을 고려해야 한다고 하지만, 구체적인 기준을 마련하는데 어려움이 있다. 반면에 기업의 형태를 중시하는 형식적 정의의 방법에서는 설립지 이외 여러 국가에 지사나 지점·현지법인을 설립하여 생산과 판매 등 영업활동을 수행하는 기업을 다국적기업이라 분류한다.[46] 형식적 정의 방법은 여러 국가에서 영업을 한다는 이유만으로 중소기업이 다국적기업으로 분류되는 모순을 안고는 있지만 유엔을 비롯한 국제사회에서는 주로 이 방식을 채택하고 있다.[47]

다국적기업은 외국에 자회사를 설립하거나, 지점을 설치하여 운영하며, 판매법인을 설립하여 외국에서 영업활동을 하기도 한다. 다국적기업들은 외국에 합작법인을 설립하여 운영하기도 하는데, 이제까지 개발도상국들은 외국기업이 지분의 49%를 가지고 자국 정부나 기업이 51%를 갖는 방식을 선호해 왔다. 그러나 WTO와 NAFTA 협정이 체결되고 개발도상국과 동구권 비시장경제 국가들의 외국기업에 대한 시각이 긍정적인 쪽으로 변하면서, 다국적기업이 외국에 독자적으로 자회사를 설립하는 경우가 많아지고 있다.[48]

오늘날 다국적기업의 활동은 매우 광범위하고 중요하다. 다국적기업들 중에서 일부는 웬만한 국가보다 국제적인 영향력이 강하며 실제로 훨씬 중요한 역할을 수행하고 있다. 그렇지만 다국적기업들은 과거 제국주의시대 후진국을 침탈하는 첨병 역할을 했으며, 20세기 들어서도 개발도상국들의 자원을 약탈하는 존재로 인식되어 독립된 법인격을 얻는데 많은 어려움이 있다. 특히 개발도상국들은 다국적기업에게 국제적 법인격을 부여하는데 강력히 반대하고 있다.

---

46) 유병화, 「국제법Ⅱ」, 진성사, 1994, pp. 716-717.

47) 유엔다국적기업위원회(United Nations Commission on Transnational Corporations)가 작성하여 경제사회이사회가 채택한 '유엔다국적기업행위준칙초안'(Draft UN Code of Conduct on Transnational Corporations)도 이런 방식에 따라 다국적기업을 정의하였다.

48) Ralph H. Folsom, Michael Wallace Gordon, and John A. Spanogle, International Trade and Investment, West Publishing Co., 1996, pp. 47-48.

그렇지만 오늘날처럼 경제의 국제화가 급속히 진행되고 주권개념은 약화되어 기업활동이 보다 더 자유로워지면, 이들 다국적기업들에게도 그 활동에 걸맞는 지위를 부여하게 될 것이다. 따라서 국제사회에서는 이들에게 국제적 법인격을 부여하자는 주장이 있고, 이들을 규율해야 한다는 주장도 있다. 현재로는 다국적기업의 보호를 위한 보편적이고 체계적인 법규칙은 물론 이들을 규율하기 위한 통일된 법규칙도 없는 상태이다.

전통 국제법에 의하면 다국적기업은 국제법상 주체가 아니므로 직접 국가를 상대로 국제책임을 추구하지 못한다. 따라서 다국적기업이 영토국가로부터 불법 부당한 대우를 받는 경우 기업들은 주로 외교적 보호에 의존해 왔다. 외교적 보호는 기업에게도 적용되므로 해외진출 기업들은 이 제도를 이용할 수 있으나 실용성에는 문제가 있었다. 외교적 보호는 주로 개인의 권리보호에 치중되어 온 것이 사실이며, 국내적 구제 원칙으로 인하여 본국에 의한 보호가 용이하지 않았기 때문이다. 더구나 바로셀로나 전기회사 사건에서 보듯이 외교적 보호는 다국적기업 주주들의 권익을 보호하는 데에는 많은 약점이 있다.

다국적기업은 개도국의 입장에서 보면 긍정적인 측면과 부정적인 측면을 함께 가지고 있다. 개도국은 자국 영역에서 활동하는 다국적기업이 지나치게 큰 정치적 영향력을 행사하며, 환경보호에 소극적이고, 노동과 인권기준을 존중하지 않는다고 생각한다. 그러나 다국적기업은 개도국 국민의 고용증대와 국제수지 개선을 통하여 개도국의 경제발전에 기여한다.[49]

다국적기업의 역할에 대한 우려와 '기업의 사회적 책임'(corporate social responsibility : CSR)에 대한 인식을 바탕으로 국제사회는 몇 가지 행위규범(code of conduct)과 연성법적 문서들을 채택하였다. 거기에는 2001년 처음 합의되어 2011년 구체화된 'OECD 다국적기업 지침'(OECD Guidelines for Multinational Enterprises)과 2006년 채택된 'ILO 다국적기업과 사회정책에 관한 3자간 원칙선언'(ILO Tripartite Declaration of Principles on Multinational Enterprises and Social Policy)이 속한다. 이러한 지침과 선언

49) Herdegen, p. 39.

은 다국적기업의 인권, 노동기준, 지속가능개발, 투명성의 존중과 투자유치국 내정간섭 금지 등을 규정하는 것을 목적으로 하였다.[50]

유엔에서는 1988년 유엔경제사회이사회가 다국적기업위원회가 작성한 '다국적기업행위규범초안'(Draft Code of Conduct on Transnational Corporations)을 채택하여 1990년 총회에 제출하였으나 전면적으로 채택되지 못하였다.[51] 참고로 코피아난(Kofi Anan) 전임 유엔사무총장이 제안한 'Global Compact'는 다국적기업들의 자발적인 인권·노동기준·환경 보호와 부패척결을 목표로 하였으나 역시 법적인 구속력을 갖추지 못하였다.[52]

---

50) Ibid., p. 40.

51) 다국적기업과 현지정부간의 전반적인 관계를 규율하는 이 초안에는 다국적기업의 국내정치 개입금지, 부패행위금지, 국유화에 따른 문제 등 포괄적인 규정들이 들어 있었다.

52) Herdegen, p. 40.

제2장

국제통화제도

제2장

국제통화제도

제1절 서 론

화폐는 경제에서 매우 중요하고 다양한 기능을 수행한다. 경제학자들은 일반적으로 화폐는 주요 교환수단이며, 가치척도의 단위이고, 가치의 저장수단이라고 한다. 하지만 화폐는 국제거래에서도 중요한 역할을 맡고 있는바, 오늘날 국제통화법(International Monetary Law)은 국제경제법에서도 핵심적인 분야의 하나가 되었다.

화폐는 국제경제의 건전성 유지를 위하여 매우 중요하다. 화폐는 국제금융과 국제무역의 수단이므로 건전한 국제금융 및 통상질서를 수립을 위해서 통화의 안정은 필수적이다. 특히 외환의 가치를 나타내는 환율의 변동은 국제수지에 지대한 영향을 미치기 때문에 환율의 안정은 국제경제질서의 안정을 위해 매우 중요하다.

국제통화의 안정이 이처럼 중요함에도 불구하고 제2차 세계대전이전에는 각국이 마음대로 자국화폐의 환율을 결정할 수 있는 주권을 보유하고 있어서 국제경제의 안정을 저해하는 요인이 되었다. 만일 한 국가가 마음대로 환율을 올리게 되면 자국상품의 가격경쟁력이 높아져 수출은 증가하고 자국의 산업은 성장하게 되지만 결국에는 다른 국가들의 대응조치를 유발하여 국제무역의 흐름이 방해받게 된다. 1930년대의 대공황을 경험한 국제사회가 제2차 대전이후 국제통화기금(IMF)을 설립하여 국제통화의 안정을 도모하게 된 것도 바로 그런 이유에서 이다.

비교우위론은 한 국가의 입장에서는 자국이 비교우위(comparative advantage)를 가지는 상품을 집중적으로 생산하여 수출하고 다른 국가가 비교우위를 가지는 상품을 수입하면 이익이라는 것을 보여준다. 이 이론은 모든 상품에서 비교우위를 가지지 못하는 국가도 비교우위 상품의 수출을 통해 이익을 볼 수 있음을 보여주는 것이지만, 그런 경우에도 자국의 비교우위 상품의 수출가액이 비교열위 상품의 수입가액에 미칠 수는 없다. 여기에서 중요한 것이 환율(exchange rate)의 '시장균형'(market equilibrium) 기능이다. 한 국가가 무역흑자를 기록하게 되면 수출품에 대한 수요가 커져서 그 화폐의 가치가 상승하여 수출품은 비싸지지만 수입품은 싸져서 결국 수지균형을 되찾게 된다는 것이다. 따라서 환율의 시장균형 기능과 국제수지 문제는 국제무역에 관한 법질서와 국제통화법의 접점에 위치하고 있는 문제라고 할 수 있다.[1)]

IMF와 같은 국제기구가 국제수지 문제를 안고 있는 국가에게 재정지원을 하는 것은 통화의 안정을 위해서 중요하다. 최근 경제위기를 겪고 있는 일부 유로존 국가들을 EU와 IMF가 재정적으로 지원하는 것은 재정의 안전성 유지와 통화의 안정간의 상관관계를 보여준다.[2)]

제2절 역 사

통화의 안정은 국제경제의 발전에 필수적인 요소이다. 그러나 제2차 세계대전 이전까지는 통화의 안정을 위한 국제협력은 미미하였다. 제1차 세계대전 이전 수십년 동안 영국, 미국, 프랑스, 독일 등 경제강국들은 자국 화폐를 금에 연동시킴으로써 금본위제를 채택하고 있었다. 그러나 금본위 제도는 제1차 대전의 발발로 사라지게 되었다.[3)] 제1차 대전 이후 특히 1930년대 주요 국가들의 환율조작과 보호주의 전략에 따른 잦은 환율변경으로 초래된 경제의 불안정으로 인하여 환율안정의 중요성에 대한 인식이 제고되었다. 따라서 국제사회는 국제경제의 안정과 효율적인 국제통화협력을 위하여 환율의 안정, 통화간의 태환성 보장, 국제수지의 건전한 균형이 필요하다는 데 대해 인식을 함께 하였으

1) Michael Trebilcock, Robert Howse, and Antonia Eliason, The Regulation of International Trade, 4th edition, Routledge, 2013, p. 227.
2) Matthias Herdegen, Principles of International Economic Law, Oxford, 2013, pp. 427-428.
3) 일찍이 유럽에서는 국제통화 문제를 결제수단의 통합이란 차원에서 접근하여 1865년 벨기에·프랑스·이태리·스위스·그리스는 '라틴통화연합'(Latin Monetary Union)을 창설하였었다.

나, 이를 제도화하지는 못하였다.[4)]

국제경제의 안정을 위한 국제적인 통화협력의 틀이 마련된 것은 제2차 세계대전 이후이다. 국제통화법(International Monetary Law)은 통화의 안정을 통한 국제경제관계의 안정을 목표로 등장하였다.[5)] 1944년 7월 미국 뉴햄프셔의 소도시 브레튼우즈(Bretton Woods)에서는 44개국 대표가 참가한 가운데 브레튼우즈 회의라고 알려져 있는 '유엔통화금융회의'(UN Monetary and Financial Conference)가 개최되었으며, 그 결과 '국제통화기금협정'(Articles of Agreement of International Monetary Fund)이 채택되었다. 이 협정은 1945년 12월 29일 효력발생에 들어갔으며, 우리나라는 1955년 가입하였다. 현재의 국제통화법은 1944년 브레튼우즈회의에서 그 골격이 정해졌다고 할 수 있으며, 국제통화 분야의 효율적인 국제협력을 위하여 창설된 IMF의 역할이 중요하다.[6)]

국제통화제도에 있어서 가장 획기적인 일의 하나는 단일유럽통화인 유로(Euro)의 등장이다. 유럽연합 국가들은 1992년 마스트리히트 조약에 따라 유럽통화통합을 추진하기로 하였으며, 과도기를 거쳐서 2002년 7월 1일부터 유로를 전면적으로 사용하기 시작하였다. 현재 유로는 유럽연합 내 17개국에서 통용되고 있으며, 영국·덴마크·스웨덴 등은 EU 회원국이지만 참가하지 않았다.

제3절 국제통화기금

1. 목적과 기능

국제통화기금(International Monetary Fund: IMF)은 제2차 세계대전이 끝나가던 1944년 브레튼우즈에서 채택된 국제통화기금협정에 따라 1945년 출범하였다. 당시 IMF의 창설자들은 새로운 경제협력의 시스템을 수립하여 대공황과 제2차 세계대전의 원인의 하나인 파멸적인 경제정책을 되풀이하지 않게 하고자

4) F. A. Mann, "International Monetary Law," in EPIL, vol. 8, 1985, p. 397.
5) Ibid., pp. 396-397.
6) 브레튼우즈 회의에 참가한 미국대표단의 대표는 Harry Dexter White 이었고, 영국대표로는 John Maynard Keynes가 참가하였다.

하였다.

IMF는 국제무역과 자본이동의 기초가 될 안정적인 국제통화제도 확립, 일자리 창출과 건정한 경제성장, 외환안정과 국제결제제도 수립, 외환부족국가들에 대한 외환지원을 통한 회원국들의 통화제도 안정 등을 목표로 하였다. 그중에서도 IMF에게는 통화정책 특히 환율정책의 조정 및 감시와 경제적 어려움을 겪고 있는 회원국에 대한 금융 및 정책지원이 중요한 사업이 되었다.[7] 특히 1970년대와 80년대를 거치면서 개발도상국에 대한 신용공여를 촉진 또는 규제하는 일을 자주 수행하게 됨으로서, IMF는 '세계경제경찰'의 임무를 맡게 되었다.[8]

국제통화기금협정 제1조는 그 목적에 대하여 다음과 같이 규정하였다.

제1조 목 적

국제통화기금의 제목적은 다음과 같다.

1. 국제통화문제에 관한 협의와 협력을 위한 기구가 되는 상설기관을 통하여 국제통화협력을 촉진한다.
2. 국제무역의 확장과 균형있는 성장을 용이하게 하고 이로써 경제정책의 주요목표로서의 일절의 가맹의 고용 및 실질소득의 고수준의 촉진, 유지와 생산제자원의 개발에 공헌한다.
3. 외국환의 안정을 촉진하고 가맹국 간의 질서있는 외국환협정을 유지하고 경쟁적 외국환감가를 피한다.
4. 가맹국 간의 현행거래에 관하여 다변적 결제제도의 확립과 세계무역의 성장을 저해하는 외국환에 관한 제 제한의 제거에 조력한다.
5. 적절한 보장하에 가맹국으로 하여금 기금자금을 잠정적으로 이용케 함으로

---

7) http://www.imf.org/external/about/whatwedo.htm(2012/4/29); Herdegen, p. 437.

8) 1970년대 개발도상국에 대한 대여가 공적인 대여에서 사적인 대여로 전환되면서 IMF의 역할에 변화가 있었다. 선진국의 많은 소규모 은행들은 컨소시엄을 형성하여 대형은행들과 함께 개발도상국에 자금을 대여하였는데, 1970년대 말부터 특히 1980년대에 들어서면서 개발도상국들의 경기침체로 이들에게 과도하게 대출을 한 은행들이 곤경에 처하였다. 이러한 과정에서 IMF는 점차 새롭고도 중요한 역할을 수행하게 되었으니, IMF는 사설은행들이 대여를 결정하기 이전에 개발도상국 정부와 긴축정책에 관하여 협의하는 일도 맡게 된 것이다. R. H. Folsom, M. W. Gordon, and J. A. Spanogle, International Business Transactions, 3rd edition, West Publishing Co., 1995, pp. 928-929.

서 신뢰감을 주고 이리하여 가맹국이 국내 및 국제적인 번영을 파괴하는 조치를 취하지 않고서도 국제 수지의 불균형을 시정할 수 있는 기회를 준다.

6. 이상의 규정에 따라서 가맹제국의 국제수지상의 불균형의 기간을 단축하고 그 정도를 감소한다. 기금은 모든 정책 및 결정에 있어서 본 조에 규정된 제 목적을 그 지침으로 하여야 한다.

2. 회원국과 기관

국제통화기금(IMF)의 회원자격은 IMF협정이 정한 회원국으로서의 의무를 이행할 의사와 능력이 있는 모든 국가들에게 개방된다. 어떤 국가의 가입신청이 있으면 이사회는 이를 심의하여 가입조건을 결정하며 총회가 그 조건을 승인하면 회원자격을 취득하게 된다. 2016년 1월 현재 회원국은 188개국에 이른다.

유엔 전문기구의 하나인 IMF의 주요 기관으로는 모든 회원국 대표들로 구성되는 총회(대표회의, Board of Governors)와 24명의 이사들로 구성되는 상무이사회(집행위원회, Executive Board), 5년 임기로 상무이사회가 선출하는 총재(전무이사, Managing Director), 국제통화재정위원회(International Monetary and Financial Committee) 등이 있다. IMF는 최근까지 상무이사회 이사들 중 5명은 가장 많은 분담금(quotas)을 납부한 미국·영국·독일·프랑스·일본이 지명하도록 하는 지명이사제를 유지해 왔으나, 최근의 개혁조치를 통하여 지명이사제를 폐지하고 유럽의 이사직 2석을 축소하는 등 선진국의 발언권을 축소시켰다. 상무이사회는 IMF의 영업을 담당하며, 상무이사회가 선출하는 총재(Managing Director)는 상무이사회의 지시를 받아 일상적인 업무를 수행한다.[9]

3. 쿼타와 의결절차

국제통화기금의 기금은 회원국들이 출연하는 기금으로 구성된다. 회원국들은 특별인출권(SDR)으로 표시되는 쿼타(quota)를 갖는데, 이는 세계경제에서 차

9) Malcolm D. Evans, International Law, 2nd ed., Oxford, 2006, p. 692.

지하는 상대적인 지위를 반영하는 변수들을 고려하여 결정된다. 국가별 쿼타는 국내총생산(GDP) 50%, 무역개방수준 30%, 금과 국제통화보유고 등 기타 요소 20%를 반영하여 결정되며, 5년마다 총회에서 결정된다.[10]

IMF에서의 의사결정에는 투표가중치제도(weighted voting system)가 적용되어 각국의 투표는 분담금액에 따른 쿼타에 상응하는 가치를 가진다. 쿼타는 IMF 자금의 사용한도를 정하는 데 활용될 뿐 아니라, IMF에서의 표결 시 표의 가중치를 결정하는 기준이 되는 것이다.

IMF에서는 5년마다 각국의 경제력을 고려하여 쿼타를 조정한다. 신흥국들의 경제력 신장을 감안하여 2010년 서울에서 열린 G20 정상회의는 IMF 개혁안에 합의하였지만 미국의회의 반대로 무산된바 있다. 그러나 2015년 12월 IMF 구조개혁안이 미국의회를 통과함으로서 IMF에서 신흥국들의 목소리가 커지게 되었다. 개혁안은 IMF의 기금을 현재의 2배인 6,600억 달러로 늘리고 출자비율의 6%를 선진국에서 신흥국으로 이전하는 것이 핵심이다. 개혁안은 중국·브라질·인도·멕시코·싱가포르·터키·한국 등 신흥공업국가와 개발도상국의 쿼타를 크게 증가시켰다. 이번에 조정된 쿼타시스템에 의하면 미국(17.68%에서 17.41%로), 일본(6.56에서 6.46로), 중국(4에서 6.39로), 독일(6.12에서 5.59로), 프랑스와 영국(4.51에서 4.23로)의 쿼타에 변화가 있었으며, 우리나라의 쿼타는 전체의 1.41%에서 1.8%로 증가되었다.[11]

제4절 외환제도

국제통화제도는 금본위제(gold standard)로부터 시작되었다. 19세기 말과 20세기 초에 걸쳐서 금화가 국제적으로 자유롭게 통용되었다. 금본위제의 장점은 안정화 효과에 있다. 한 국가의 수출이 수입보다 많으면 그만큼 금의 유입이 증가하여 물가가 상승하며, 국내물가가 상승하면 수출은 감소하고 수입은 증가하는 것이다. 반면에 금본위제의 단점은 유동성의 부족에 있다. 세계 금 공급량

10) Herdegen, p. 438.

11) 중앙일보, 2015. 12. 21. ; Ibid., pp. 438-439 ; Folsom, Gordon, and Spanogle, pp. 930-931. 참고로 가장 적은 쿼터를 가진 국가는 팔라우로 전체 쿼타의 0.001%이다.

에 따라 화폐의 공급은 제한을 받을 수밖에 없으며, 대규모 금광의 발견으로 금의 공급이 급증하는 경우에는 물가의 급등을 초래할 수도 있다. 이러한 약점으로 인하여 금본위제는 제1차 세계대전의 발발로 붕괴되었고, 1920년대에는 중앙은행이 금지금을 집중 보유하고 은행권의 태환요구에는 지금으로 응하되 국내유통은 금지하는 금지금본위제도(gold bullion standard)로 대체되었다. 그러나 금본위제는 1929년 미국에서 시작된 대공황으로 다시 붕괴되었다.[12)]

외환문제와 관련하여 IMF는 본래 금본위제에 입각한 환율안정과 회원국 간 통화의 강제태환을 기본으로 삼았었다. 미국은 자국통화인 달러화를 금 1온스당 35달러에 태환해 주기로 하였고, 다른 국가들은 자국통화의 달러에 대한 고정된 환율을 유지하였다. 아울러 경상지출에 대한 제한 철폐와 차별적 통화조치의 철폐 등을 내용으로 하는 외환의 자유화도 요구하였다. 그러나 브레튼우즈체제는 1960년대 미국의 만성적인 적자에 따른 달러가치 불안으로 위기를 맞았으며, 급기야 1968년 IMF는 국제유동성 부족에 대처하기 위하여 특별인출권(Special Drawing Right: SDR) 제도를 창설하였다.[13)]

IMF의 금본위제에 입각한 환율제도는 1971년 미국의 닉슨 대통령이 그간 기축통화의 역할을 담당해 온 달러화의 금으로의 태환을 중지시킴으로써 사실상 종료되었다. 이어서 1976년 자메이카의 킹스턴에서 합의되어 1978년 효력발생에 들어간 킹스턴(Kingston) 협정에 따라 국가들은 자유로이 자국에 적합한 환율제도를 선택할 수 있게 되면서 금본위제는 공식적으로 종식되고 주요국가들은 변동환율제로 이행하였다.[14)]

2015년 IMF의 환율제도보고서에 따르면, 188개 회원국 중 변동환율제를 채택한 국가는 미국과 일본은 물론 대부분의 서구 선진국들을 포함하는 80여개 국가이며, 60여개 국가는 소프트페그제(soft peg)를 나머지 50여개 국가는 하드페그제(hard peg)를 채택하고 있다. 하드페그란 미국 달러화와 같은 특정한 통화에 환율을 고정시켜 놓는 것을 말하며, 소프트페그란 다른 통화와 통화바스

12) Ray August, Don Mayer, and Michael Bixby, International Business Law, 5th edition, Pearson Education International, 2009, pp. 283-285.

13) Ibid., p.279. 대부분의 공적화폐(official currency)는 일상적인 거래와 부채를 갚는데 사용되지만, IMF의 특별인출권(Special Drawing Right : SDR)과 같은 준비통화(reserve currency)는 정부 간의 거래에만 사용된다.

14) Evans, pp. 691-692.

켓에 연동시켜 놓기는 하지만 단계적인 조정이 가능하게 하는 것이다. 중국의 경우가 여기에 해당되는데, 중국은 2005년 이전에는 미국 달러화에 그 이후에는 통화바스켓에 자국화폐의 가치를 연동시켜 놓고 있다.[15]

변동환율제는 일부 긍정적인 기능에도 불구하고 국제수지의 불균형을 해소하지 못한다는 비판을 받고 있다. 오늘날에는 정부나 중앙은행이 외환시장에 전혀 개입하지 않는 자유변동환율제도 또는 순수변동환율제도가 아닌 관리변동환율제도를 취하는 국가들이 많다. 장기적으로는 수요와 공급에 따른 환율 결정을 수용하되 단기적으로는 환율의 지나친 등락을 방지하기 위하여 통화당국이 부분적으로 외환시장에 개입함으로서 환율의 급변에 따른 부작용을 축소하고자 등장한 제도이다.[16]

IMF는 회원국들이 환율조작 등에 의하여 불공정 무역을 하는 것을 방지하기 위하여 회원국들의 환율정책을 감독하고 조정하는 기능을 수행한다. IMF 회원국들은 제8조국과 제14조국으로 분류된다. IMF 협정 제8조는 회원국들에게 경상지급에 대한 제한을 철폐하고, 차별적 통화정책을 포기하며, 외국이 보유하고 있는 자국통화의 상시매입을 요구하고 있다. 그러나 협정 제14조는 특수한 사정에 있는 회원국들이 IMF에 통보하면 이러한 의무들을 잠정적으로 면제받을 수 있게 하였다.[17]

1980년대와 1990년대에는 개발도상국들도 통화의 태환성(convertibility)을 높이고 외환통제를 제거하는 것이 유리하다고 보는 것이 경제학에서는 통설이었다. 그러한 개혁조치가 취해지면 외국인투자가 촉진되고 글로벌 금융네트워크에 연결되게 되어 성장과 개발이 확보된다는 것이었다. 하지만 1990년대 아시아와 중남미 금융위기를 계기로 이러한 이론에 대해 재검토가 이루어졌다. 컬럼비아대학의 바그와티(Jagdish Bhagwati) 교수는 급속한 금융자유화가 금융위기의 원인이 되었다고 하였으며, 노벨상 수상자인 스티글리츠(Joseph Stiglitz) 교수는 IMF 주도의 급격한 금융자유화에 반대하였다.[18] 이들은 자본통제는 단기성 자금의 공황적인 이탈과 일종의 재정붕괴(financial collapse)를 막기 위한 중요한

15) Herdegen, pp. 430-431 ; 연합뉴스, 2015. 12. 16.
16) 최승환, 「국제경제법」, 제3판, 법영사, 2006, pp. 738-739.
17) IMF 협정 제14조는 본래 제2차 대전 이후 과도기 동안 외환자유화를 유예할 수 있게 한 것이다. 한국은 IMF협정 14조국이었으나 1988년 8조국이 되어 외환통제가 어렵게 되었다.
18) Trebilcock, Howse, and Eliason, p. 232.

도구라고 본다. 금융위기 당시 말레이시아는 IMF의 권고를 거부하고 선별적인 자본통제와 고정환율을 실시하였는데, 다른 국가들에 비해 성공적이었다는 평가를 받기도 하였다. 스티글리츠는 최근에도 자본통제가 아이슬란드가 금융위기를 극복하고 재정붕괴를 회피하는데 도움이 되었다고 하였다.[19]

한편 국가나 국제기구가 아닌 사적주체들도 다양한 방법에 의해 통화에 대한 평가에 영향을 줄 수 있다. 자본의 자유로운 이동은 대규모 환투기를 유발하기도 하는데, 특히 캐리트레이드(carry trade)는 자본의 흐름을 왜곡시킬 수 있다. 투자자들은 비교적 싼 이자로 돈을 빌려서 이자가 높은 통화를 매입함으로써 그 금리차이에서 나오는 이익을 누린다. 환율에 영향을 미치는 사적주체로 미국의 피치(Fitch), 무디스(Moody's), 스탠다드 푸어스(Standard and Poor's)와 같은 신용평가사들도 들 수 있는데, 이들은 각국의 재정상태를 평가함으로써 국채의 이율과 환율에 영향을 미친다.[20]

제5절 채무국에 대한 신용공여

IMF는 국제무역의 질서있는 확대에 필수적인 국제통화제도의 안정을 위해 설립되었다. 이를 위해 IMF는 다자간결제제도를 확립하고, 회원국들의 환율정책을 감시한다. 그러나 극심한 수지불균형을 겪고 있는 회원국에 대해서는 외환을 제공하여 정책조정을 지원하기도 한다. IMF는 세계경제의 경찰역할을 수행하고 있으며, 대외채무 지불불능에 빠질 위기에 있는 채무국이 기댈 수 있는 마지막 보루이다.

수지불균형으로 외환위기를 겪고 있는 국가는 위기에서 벗어나기 위하여 여러 가지 방법을 사용하여 재원을 조달할 수 있지만, 그들이 최종적으로 기댈 수 있는 곳은 IMF이다. 그러나 IMF가 제공하는 여신에는 조건이 부가되어 있는바, IMF와 채무국이 체결하는 '대기성차관협정'(stand-by arrangements)을 통해 채무국은 수지불균형을 벗어나기 위해 경제개혁조치를 취할 것을 약속해야 한다.[21] 채무국은 자국과 IMF 간 협의를 거쳐 마련된 집행이사회에 보내는

19) Ibid, pp. 232-233.
20) Herdegen, p. 428.

공식문서인 '의향서'(letter of intent)를 통해 국제수지 문제에 대처하기 위한 경제적·재정적 계획을 이행할 것을 서약한다.[22] 이러한 개혁조치에는 일반적으로 인플레 억제, 임금상승 억제, 정부지출 축소 등 긴축조치들이 포함되는데, 국가들은 그러한 조건들을 부담스러워하여 IMF에 신용공여를 요청하기를 꺼려했다.[23] 그러한 엄격한 융자조건은 그 경제적 효과를 둘러싼 논란은 물론이고 경제적·사회적 정책의 선택과 관련하여 주권의 문제를 제기하기도 하였다. 특히 엄격한 융자조건 때문에 실업과 기타 사회문제가 악화되고 경제개혁 조치도 단기처방에 그친다는 비판이 있지만, 반대로 그러한 융자조건이 보다 효율적이고 투명한 거버넌스와 빈곤의 감소를 가져왔다는 긍정적인 평가도 있다.[24]

이제까지 IMF로부터 신용공여를 받은 국가로는 라틴아메리카의 멕시코와 브라질, 1997년 외환위기 당시 우리나라와 인도네시아 등이 있었다. 2007년 미국발 금융위기이후 IMF는 헝가리와 리투아니아와 같은 유럽연합(EU) 국가들을 처음으로 지원하였고, 2010년 이후 그리스는 유로존 국가 중에서는 처음으로 IMF로부터 신용공여를 받았다.[25]

IMF로부터 신용공여를 받은 국가는 대기성협정의 갖가지 긴축조치들을 부담

21) IMF의 대기성차관협정(Stand-by Arrangement)은 단기적인 국제수지 악화로 어려움을 겪는 회원국이 쿼터의 일정 비율에 해당하는 금액을 단기간(1~2년) 일정한 조건에 추가적인 협의없이 인출·사용할 수 있도록 IMF와 사전에 합의하는 제도이다. IMF에서 회원국의 출자로 이뤄지면, 회원국은 일시적인 국제수지 불균형이 있을 때 필요한 외환을 IMF로부터 자국통화로 사들일 수 있으나, IMF는 1952년 대기성차관협정을 도입해 회원국이 실제로 필요한 대출한도액을 협상을 통해 정할 수 있도록 한 것이다. 대기성 차관을 지원받으려는 회원국이 협정을 체결하고자 하는 의향을 IMF에 전달하면, IMF는 그 국가와 1~2년간 제공이 가능한 차관액과 경제정책을 협의하는 것이다. 대기성차관협정을 체결한 이후에는 IMF는 채무국이 약속한 정책을 제대로 추진하는지 감독하고 심사를 통해 자금의 추가 집행을 결정한다. 연합인포맥스, 2011. 12. 15.

22) Herdegen, pp. 452-453.

23) A. Lowenfeld, The International Monetary System, 1984, pp. 9, 62, 75. 브라질은 1958년 IMF가 제시한 조건을 모욕적이라고 생각하여 IMF와의 협상을 중단하였던 경험이 있다. 그 후 브라질 경제는 양호한 성장을 보여 1982년 8월까지는 문제가 없는 것 같았으나, 그 해 후반에 접어들면서 갑자기 극심한 유동성 부족에 직면하였다. 이러한 위급한 상황에서도 브라질은 처음에는 IMF에 원조를 요청하려 하지 않았다. 그러나 같은 해 11월 선거가 끝난 후 브라질 정부는 IMF에 원조를 요청하게 되었으며, 그 결과 브라질은 금융지원을 받는 대신에 '대기성협정'에 따라 공공부문에 대한 지출을 반으로 줄이는 등 강도 높은 구조조정에 착수하게 되었다.

24) Herdegen, p. 453.

25) Ibid., p. 451.

스러워하여 스스로를 IMF의 관리 아래에 있다고 비하하거나 자신의 주권이 침해당하고 있다고 생각하였다. 그러나 법적으로 IMF 여신에 부가되어 있는 조건들은 법적인 의무는 아니므로 채무국이 조건을 따르지 않더라도 국제법상 불법행위가 되지는 않는다고 본다. 다만 IMF가 부과한 조건들을 따르지 않게 되면 IMF의 추가적인 지원을 받을 수 없게 될 것이고, 다른 국제기구들로부터 추가로 여신을 받을 수도 없게 될 것이므로, 실제로 그러한 조건들을 거부하기는 어렵다고 하겠다.[26)]

26) Malanczuk, pp. 226-227; Herdegen, p. 452.

제3장

국제투자제도

제3장

국제투자제도

제1절 서 론

전통적으로 외국인 직접투자(foreign direct investment: FDI)는 거의 전적으로 영토국가의 주권에 속하는 문제이었으므로, 이 문제는 국제법에서 중요하게 다루어지지 않았다. 오랫동안 국제법에서 외국인투자 문제는 외국인이 입은 피해에 대한 국제책임이란 관점에서 다루어졌으며, 법적으로는 영토국가의 주권의 한계가 주된 관심사이었다.[1)]

그렇지만, 경제의 국제화가 진전되고 이전의 사회주의권 국가들과 개발도상국들이 외국투자자에게 문호를 개방하면서, 국제투자는 국제법 학자들의 관심대상이 되었고, 국제투자의 활성화를 위한 다자조약과 양자조약들도 속속 체결되었다. 무역과 투자는 불가분의 관계에 있으므로, 국제무역제도가 자유무역을 지향하는 한 외국인 투자의 활성화와 투자보호 장치의 강화는 불가피한 부분이 있다. 그러나 국제무역은 WTO를 중심으로 보편화된 다자간제도를 확립하여 효율적으로 운영되고 있는데 비해, 국제투자의 경우에는 그러한 보편화된 제도가 아직 존재하지 않는다. 다만 오늘날 양자간 투자협정이 급증하면서 다자간체제의 결여로 인한 공백을 메워가고 있다.[2)]

오늘날 외국인투자는 저개발국의 경제적·사회적 발전, 지속적인 경제성장, 빈곤의 퇴치, 재정의 안정 등을 위해서도 중요한 요소로 평가되고 있다. 2002년

1) 과거 국제법에서 외국인투자 문제는 영토국가가 국유화를 통하여 투자활동을 파탄에 이르게 한 경우, 일방적으로 국가계약을 폐기한 경우, 과도한 세금을 징수하여 외국인 재산을 몰수한 경우에 제기되었다. A. A. Fatouros,"Towards an International Agreement on Foreign Direct Investment", in OECD, Towards Multilateral Investment Rules, 1996, p. 47.

2) Ibid., pp. 47-48. 국제투자의 활성화에 따라 오늘날 외국인투자에 대한 법적인 접근방식도 정책중심으로 바뀌었으며, 관련 국제법 원칙보다는 어떠한 정책과 조치가 외국자본과 기술의 유치에 유리한가 하는 것이 관심대상이 되었다.

'개발금융에 관한 몬테레이 국제회의'에서 합의된 '몬테레이 컨센서스'(Monterrey Consensus)에서도 사적자본의 국제적인 이동이 빈곤국가의 지속적인 성장에 기여해온 것을 인정하면서, 개발도상국이 직접투자를 유치하기 위해서는 필요한 국내적·국제적 환경을 조성하는 것이 중요하다고 하였다.[3)]

제2절 연 혁

20세기 중반까지 국제투자는 주로 간접투자였으며 직접투자는 주로 천연자원 개발에 집중되었다. 제2차 세계대전 이후에도 1970년대에 이르기까지 개발도상국들은 외국인 직접투자의 규제에 많은 관심을 가졌으며, 그 결과 '천연자원에 대한 영구주권론'이 등장하기도 하였다. 특히 라틴아메리카에서는 칼보주의(Calvo doctrine)의 영향으로 상당히 오랫동안 외국인 투자자 보호에 대하여 부정적인 경향이 있었다.

그렇지만 1980년대 들어서면서 상황이 크게 달라지기 시작하였다. 전세계적으로 경제에 대한 국가의 간섭을 배제하는 주장이 득세하였고, 개발도상국들은 외국인투자에 대한 통제를 완화하였다. 각국의 외국인투자에 대한 규제가 지속적으로 완화되면서 외국인 투자자의 공평한 대우와 보호를 내용으로 하는 양자조약과 다자조약들이 체결되었으며, 외국인 직접투자를 용이하게 하는 국내법들도 속속 제정되었다. 특히 오랫동안 외국인 투자자 보호에 부정적이었던 라틴아메리카 국가들도 외국인투자보호협정을 체결하고 있으나, 최근에 베네수엘라·에콰도르·볼리비아 등은 과거로 회귀하는 행태를 보이기도 하였다.[4)]

3) Report of the International Conference on Financing for Development (Monterrey, Mexico, 18-22 March 2002), UNDoc. A/Conf.198/11. para. 20.

4) Matthias Herdegen, Principles of International Economic Law, Oxford, 2013, p. 381.

제3절 국제투자 관련 국내법과 국제법

국제투자에 관한 법은 크게 관련 국내법과 국제법으로 나누어 볼 수 있다. 국내법에는 외국에 투자하려는 사람이나 기업의 본국법과 투자유치국의 법이 포함되며, 국제투자에 관한 국제법에는 양국간 또는 다자간에 체결되는 조약과 국제관습법이 포함된다.

1. 국내법

1970년대 외국인투자를 규율하는 각국의 국내법에는 크게 두 가지 흐름이 있었다. 하나는 합작기업들을 규율하는 제한적인 법(restrictive law)을 제정하는 것으로, 이미 상당한 규모로 외국인 투자가 이루어졌던 멕시코, 나이지리아, 인도 등이 그러한 방향으로 나아갔다. 이들은 외국의 다국적기업에 대한 통제권을 확대해 가는 방법으로 새로운 법을 제정하였는바, 주식과 경영에 자국인 참여의 확대를 요구하는 규정들을 도입하였다. 반면에 비시장경제권에 속하는 국가들은 합작기업을 수용하는 법률을 제정하고 외국인투자에 문호를 개방하는 등 외국인의 투자를 적극적으로 유치하기 위한 갖가지 제도들을 마련하였다. 중국과 동구권 국가들이 그러한 국가들이다. 비시장경제 국가들이 보다 자유로운 외국인투자법을 제정하게 되면서, 외국인 투자자들은 개발도상의 시장경제 국가들 보다 비시장경제 국가들을 투자처로 선호하게 되었다.[5]

각국의 외국인투자에 대한 입장과 정책은 이처럼 매우 역동적인 과정을 겪어왔다. 한때 외국인투자를 제한하였던 각국의 법은 1990년대 초에는 대부분 외국인투자를 장려하는 방향으로 바뀌었다. 이러한 변화는 내부적으로는 1980년대 초 개발도상국들이 외채에 대한 지불불능 사태를 겪으면서, 외부적으로는 경제협력을 위한 지역협정이나 GATT와 같은 보편적 협정에 가입하면서 확산되었다. 외국인투자법을 개정하기 위하여 관련 헌법 조항을 개정한 국가도 있었다. 중국은 1978년 외국인투자를 금지하고 있었던 헌법조항을 개정한 후,

5) R. H. Folsom, M. W. Gordon, and J. A. Spanogle, International Business Transactions, 3rd edition, West Publishing Co., 1995, pp. 852-853.

1979년 합작기업에 관한 법을 개정하여 외국인 투자를 허용하였다.[6)]

다국적기업의 참입에 대한 제한은 다음과 같은 방법으로 이루어진다. 합작형태의 기업을 허용하는 국가들은 외국인 소유지분에 상한선을 정하거나 경영권을 제한하는 경우가 많다. 그러나 합작기업을 허용하지 않는 국가에서는, 외국인 지분을 소유권 제한이란 방법에 의하여 제한할 수는 없다. 이러한 국가들은 생산과 분배 수단의 사유를 허용하지 않으며 기업에 관한 법률도 가지고 있지 않기 때문에 외국인투자에 대한 통제는 계약(contract)이란 수단에 의존할 수밖에 없었다. 외국인 투자자의 권리는 합작기업 계약서라 부르는 문서에 자세히 기록되는데, 이러한 합의를 통해 외국인은 일정한 이익을 획득하고 정해진 범위에서 경영권을 행사할 수 있었다.[7)]

기업활동에 대한 규제는 최소한의 현지부품사용(minimum local content), 현지 노동력 사용, 생산기술의 종류를 명시하는 방법에 의해 이루어지기도 한다. 기업활동에 대한 이러한 갖가지 규제의 철폐는 GATT와 WTO를 중심으로 하는 다자간 무역협상의 중요한 부분으로 다루어졌으며, 그 결과 그러한 제한은 많이 줄어들었다. 외국자본은 철수할 때에도 갖가지 제약을 받는다. 그러한 제한은 자본의 본국송환 제한, 철수하는 기업의 부채의 모기업이나 자회사에의 이전, 그 국가로 부터의 물적재산 이전에 대한 제한 등의 방법으로 이루어진다.[8)]

국제투자의 경우에는 국제투자자의 본국법에 대한 검토도 필요하다. 본래 기업의 해외활동 보다는 국내적인 활동을 규제하기 위하여 제정된 법령인 증권법이나 독점금지법과 같은 법과 어떤 대외적 목적을 위하여 제정된 일정한 품목의 수출을 제한하는 법에 대한 검토가 필요한 것이다. 그 외에 다국적기업의 해외활동을 규제하는 법, 세법, 관세법, 일반특혜관세제도(GSP)에 관한 법 등도 기업의 해외활동에 영향을 미친다.[9)]

---

6) Ibid., p. 854.
7) Ibid., p. 855.
8) Ibid.
9) Ibid., pp. 852-853.

2. 국제법

(1) 국제관습법

법으로 승인된 일반적 관행임이 증명되는 국제관습 즉 국제관습법은 조약과 함께 가장 중요한 국제법 법원의 하나이다. 최근 들어 관습법의 성문화가 지속적으로 추진되고 새로운 조약이 등장하면서 조약이 상대적으로 중요해졌지만, 통일된 입법기관이 없는 국제사회에서 관습법은 여전히 중요한 법원이다.[10)]

외국인투자에 관한 국제관습법 규범 중에서 가장 중요한 것은 국가주권에 관련된 규범이다. 외국인재산의 국유화 등 국가주권에 관한 규범들은 오늘날의 현실에 비추어 볼 때 진부한 것처럼 보이지만, 국가의 국내관할권의 기초로서 현재도 외국자본의 유입과 활동을 통제하는 근거가 되고 있다.

(2) 양자조약

20세기 초반부터 국가들이 양자간 경제관계 수립을 위해서 체결해 온 전통적인 조약인 '우호통상항해조약'(Treaty of Friendship, commerce, and Navigation: FCN Treay)은 투자의 수용과 보호 등 투자의 대우에 관한 조문들을 담고 있는 경우가 많았다. 또한 수십 년 전부터 국가들은 '양자간투자조약'(Bilateral Investemnt Treaty :BIT)이라 부르는 투자의 촉진과 보호에 관한 별도의 조약들을 체결해 왔다. 최근 서구국가들에 이어서 개발도상국들도 이러한 조약들을 적극적으로 체결하고 있는바, 2011년 현재 전세계적으로 이미 3,000건 이상의 BIT가 체결되었다.[11)]

미국, 캐나다, 중국, 독일 등은 각자의 모델조약을 기초로 양자간 투자관련 조약들을 체결하고 있는데, 모델조약들은 일반적으로 내국인대우, 최혜국대우, '공정하고 공평한 대우' 등에 관한 규정을 두고 있다. 대부분의 BIT는 기존의

---

10) G. M. Danilenko, Law-Making in the International Community, Martinus Nijhoff Publishers, 1993, p. 81. 국제관습법이 형성되려면 관행이 형성되고 이러한 관행이 법으로 인식되어야 한다. 여기서 관행은 관련 규칙의 내용을 명확히 하는데 기여하며, 법적인 인식은 이러한 행위규칙들을 법적인 강제성을 가지는 국제법 규범으로 전환시킨다.

11) Herdegen, p. 380. 중남미 국가들은 한때 칼보주의(Calvo doctrine)의 영향으로 투자조약 특히 외국투자자 보호에 반대하는 입장이었으나, 최근에는 적극적으로 투자보호에 관한 조약들을 체결하고 있다.

투자를 보호하고 투자의 승인을 위한 투자유치국의 법에 관한 규정을 도입하는 사후설정방식(post-establishment approach)을 취하고 있다. 반면에 미국, 캐나다, 일본 등은 내국인대우와 최혜국대우의 관점에서 시장접근을 보장하는 사전설정방식(pre-establishment approach)을 지향하고 있다.[12)]

국가들이 그들 간의 명시적 합의인 조약을 체결하는 데에는 폭넓은 자유가 허용되기 때문에, 양국 간에 체결되는 투자협정들은 매우 다양한 명칭과 내용들을 가지고 있다. 그러나 투자협정들은 일반적으로 외국자본에 대한 내국인대우와 자본의 자유로운 이동, 국유화시 보상과 같은 분쟁해결 방법을 그 내용으로 담고 있어 당사국간 자본이동을 촉진하는데 기여하고 있다.

(3) 다자조약

외국인 직접투자의 모든 것을 규율하는 포괄적인 다자조약은 아직 존재하지 않는다. 따라서 현재 외국인투자에 관한 국제법은 모자이크처럼 여러 종류의 규범과 문서들이 혼재하는 상태에 있다고 할 수 있다. 그러나 오늘날 세계경제는 빠르게 통합되어 가고 있어서 단일경제권의 등장이 현실로 다가오고 있으며, 외국인 직접투자의 중요한 주체인 다국적기업들의 활동범위는 넓어져 가고 있다. 이렇게 세계경제가 통합되어 가는 상황에서 우루과이라운드를 통하여 국제무역에 관한 통일된 규범이 마련되었듯이 국제투자 분야에서도 통일된 규범에 대한 기대가 있었다. 이러한 기대에 부응하여 1995년 5월 OECD 이사회는 빠른 시일내에 「다자간투자협정」(Multilateral Agreement on Investment: MAI)을 체결하는 것을 목표로 협상을 시작하였으나, 국가들의 입장이 극명하게 대립되는 분야가 있어서 결실을 보지는 못하였다.[13)]

최근 국제사회에서는 국제기구를 중심으로 국제투자 문제를 다루었는데 그 중심적인 주제는 다국적기업에 대한 통제이었다. 국제연합과 그 산하기구들은 다국적기업에 대한 효율적이고 보편적인 규제제도를 만들어내기 위하여 다국적기업들이 따라야 할 행위규범을 만들려고 노력하였으나, 아직은 큰 성과를 거

---

12) Ibid., p. 381.

13) MAI협정은 자본자유화와 투자자보호를 추진하며 분쟁해결에 관한 명확한 규칙들을 마련하는 것을 목적으로 하였으며, OECD 회원국은 물론 비회원국에게도 문호를 개방할 예정이어서, 타결될 경우 우루과이라운드 못지않은 충격이 예상되었었다.

두지 못하고 있다.[14)]

그렇지만 국제사회는 그동안 단편적이나마 외국인투자에 관한 규정을 일부 포함하고 있는 다자조약들을 만들어왔다. 이 다자조약들은 그 법적인 지위와 적용범위, 접근방법에 있어서 매우 다양한 모습을 보이고 있다. 보편적인 적용을 목적으로 하는 다자조약 중에서도 IBRD협정, IMF협정, GATT협정은 외국인투자에 관하여 비교적 포괄적인 규정을 두었으며, 우루과이라운드협정 중에서 '서비스무역협정'(GATS)과 '무역관련투자조치협정'(TRIMS)은 관련분야의 국제투자에 적용된다. '국제투자분쟁해결센타'(ICSID)를 창설한 1965년 '국제투자분쟁해결협약'과 '다자산투자보증기구'(MIGA)를 설립한 1985년 협약도 분쟁해결이란 특수한 분야에 적용된다.[15)]

지역적인 차원에서도 포괄적인 조약에서부터 특수한 분야에만 적용되는 조약에 이르기까지 다양한 조약들이 체결되었다. 유럽연합(EU)과 북미자유무역지대협정(NAFTA)에서는 지역경제통합이란 차원에서 이 문제에 접근하고 있으며, '아시아태평양경제협의체'(APEC) 국가들은 1994년 '투자원칙'(Non-Binding Investment Principles)에 합의하였다.[16)] 특히 유럽연합 회원국들은 이미 제3국과 1,300여개에 달하는 투자에 관한 협정을 체결하였으며, 리스본조약은 유럽연합에게 외국인투자에 관한 협정을 체결할 수 있는 권한을 새로이 부여하였다. NAFTA는 역내 무역자유화는 물론 투자분쟁해결 등 투자보호에 관한 규정도 가지고 있다.[17)]

오늘날 세계에서 외국인투자를 가장 많이 유치하고 있는 지역의 하나인 아세안(Association of Southeast Asian Nations : ASEAN) 국가들은 투자유치를 위하여 노력하고 있다. 아세안 국가들은 아세안이 단일투자지역이 되도록 노력

14) 1970년대 개발도상국들이 다국적기업 규제를 위한 국제규범의 창설을 위하여 유엔에서 기울인 노력은 실패로 끝이 났으며, 일반 국제경제법의 발달도 다국적기업에 관한 규범을 창설하는데 보탬이 되지 않았다. 예를 들어 당시 가장 첨예한 문제이었던 국유화에 따른 보상(compensation) 문제가 쟁점이었던 바르셀로나전기회사 사건을 다루면서, 국제사법재판소(International Court of Justice: ICJ)는 이 문제를 국유화에 따른 보상문제가 아닌 다국적기업의 국적 또는 소유권 문제에 초점을 맞추게 되어 사안의 본질이 왜곡되었다.

15) Fatouros, pp. 50-51.

16) Ibid., pp. 51-52; APEC, APEC Non-Binding Investment Principles, endorsed by the APEC Ministerial Meeting(Seattle, November 1994).

17) Ray August, Don Mayer, and Michael Bixby, International Business Law, 5th edition, Pearson Education International, 2009, p. 228.

하고 있는바 아세안투자지역(AIA) 또는 아세안 자유무역지역(AFTA) 등을 통해 경제통합을 추진해 가고 있다.[18)]

국제투자에 관한 국제적인 합의들 중에는 그 형식과 규정에 비추어 법적인 구속력을 가지지 못하는 연성법(soft law)에 해당하는 것들이 종종 발견된다. 보편적 법규범과 법원칙을 보완하는 이러한 합의들은 행위규범(code of conduct)이나, 선언(declaration), 지침(guideline) 이란 명칭들을 주로 사용하고 있다.[19)]

제4절 국제투자자

외국인투자는 직접투자(direct investment)와 간접투자(indirect investment) 또는 증권투자(portfolio investment)로 나눌 수 있다. 직접투자와 간접투자는 투자가 장기적인 투자인가 하는 것, 경영권에 대한 통제의 수준, 사업상 위험에 대한 부담여부 등을 기준으로 구분된다.

IMF는 직접투자란 한 국가의 실체가 다른 국가의 기업의 장기적인 권리를 취득하는 것이라고 하였으며, IBRD는 직접투자란 투자자의 본국이 아닌 다른 국가에서 영업활동을 하는 기업의 경영지분을 취득하기 위하여 투자하는 것이라고 하였다. 반면에 간접투자(증권투자)란 외국인 투자자가 한 국가의 기업의 주식, 지분, 채권을 취득하는 것으로 경영권에 대한 중대한 통제는 수반하지 않는다. 간접투자는 경영권에는 큰 관심이 없으며 주로 적절한 자본이익률(return on investment)에 관심을 갖는다.[20)]

대부분의 투자자는 사기업이나 개인과 같은 사적부문에 속한다. 그러나 투자자 중에는 어떤 국가의 정부가 설립·소유·통제하는 공기업도 있다. 이러한 공기업 중에서 유명한 것은 국부펀드(sovereign wealth fund)인데, 석유 등

18) Ibid., p. 228.

19) 연성법에 속하는 것으로는 1980년 유엔총회가 채택한 '제한적 기업관행에 관한 UNCTAD 행위규범', 1987년 ILO 집행이사회가 채택한 '다국적기업의 노동관계 선언', 1992년 세계은행의 '외국인투자지침'을 들 수 있다.

20) Herdegen, pp. 354-355.

천연자원의 개발이익을 적립하여 조성된 경우가 많다. 현재 거대한 국부펀드를 운영하는 국가로는 아부다비, 사우디아라비아, 쿠웨이트 등 산유국과 중국, 러시아, 노르웨이 등이 공존하고 있다. 이러한 국부펀드의 활동에 대해서는 긍정인 평가와 부정적인 평가가 공존하고 있다.21)

제5절 국제투자보호

외국인투자를 유치하기 위해서는 국제투자에 유리한 환경을 조성해야 한다. 특히 확실한 재산권보호, 독립적이고 효율적인 사법제도 수립, 기업활동 관련 법체계의 수립은 외국인투자의 유치에 우호적인 환경을 제공해 준다. 우호적인 투자환경이란 곧 '법의 지배'(rule of law)의 확립을 의미하는 것이다.22)

1. 외국자본의 도입

전통적인 국제법에서 각국은 영토주권에 따라 자국 내의 외국인과 외국자본에 대해 완전한 통제권을 갖고 있었다. 그러나 20세기 중반 이후 이러한 입장은 바뀌기 시작하였으며, 1970년대 중반 각국은 외국인투자를 선별적으로 받아들이고 통제하는 국내법 제도를 마련하게 되었다. 나아가 1980년대에는 자본자유화 물결이 더욱 거세어지면서 대부분의 국가들은 국방과 같은 특수한 분야를 제외한 대부분의 영역에서 외국인투자를 자유화하였다.

외국인투자의 자유화는 국제적인 차원에서도 진행되었다. 우루과이라운드 협정의 '서비스무역협정'과 '무역관련투자조치협정'은 외국자본의 자유로운 이동을 규정하였으며, APEC도 외국기업에 대한 비차별원칙을 채택하였다.23)

---

21) Ibid., pp. 355-356.
22) Ibid., pp. 353-354.
23) Fatouros, pp. 53-54.

2. 국제투자보호의 범위

국제투자보호조약은 대개 다른 체약당사국에 투자한 모든 체약당사국 국민과 법인을 그 보호대상으로 한다. 법인의 경우에는 당사국 법에 따라서 설립된 회사와 같은 법인이 해당되지만, 조약을 통해 그 적용범위를 체약국들이 소유하고 있거나 지배하고 있는 법인에도 확대하는 경우가 많으며, 체약당사국 기업이 설립한 자회사에도 적용하기도 한다.[24]

국제투자에 관한 조약들은 보호대상 투자를 폭넓게 규정하고 있다. 미국의 모델 BIT는, 투자란 투자자가 직접 또는 간접적으로 소유하고 있거나 통제하고 있는 투자의 특성을 가지는 모든 자산을 의미한다고 하였다. 그리고 그러한 투자는 기업, 기업의 지분·주식·채권, 선물과 기타 파생상품, 지적재산권 등의 형태일 수 있다고 하였다.[25]

3. 국제투자보호의 기준

외국인투자와 관련하여 한 국가에 도입된 외국자본을 어떻게 대우할 것인가 하는 것이 종종 문제가 되었다. 전통국제법에서는 국가의 영토주권을 절대시하여 일단 도입된 외국자본은 그 영토국가의 관할권에 종속된다고 보았다. 하지만, GATT가 국제무역의 증진을 위해 최혜국대우(most-favored-nation treatment)와 내국인대우(national treatment)를 원칙으로 정하면서 외국자본에 대해서도 이러한 원칙들이 적용되게 되었다.

국제투자에 관한 조약에서 공통된 기준의 하나인 내국인대우의 원칙은 한 국가가 '유사한 상황에서'(in like situation) 외국인 투자자와 내국인 투자자를 동등하게 대우하도록 요구한다. 예를 들어서 미국의 모델 BIT는 "각 당사국은 타방당사국 투자자에게, 유사한 상황에서, 기업의 설립, 인수, 확장, 관리, 운영, 판매 등에 있어서 자국투자자에게 부여하는 것보다 불리하게 대

---

24) Herdegen, pp. 384-385.
25) Ibid.

우하지 아니한다"고 하였으며, 한미 FTA 협정 제11.3조도 이와 유사한 규정을 두었다. 내국인대우의 의무에는 법률상 차별의 금지는 물론 사실상 차별의 금지도 포함된다. 실제로 국제경제관계에서는 법률상 차별 보다는 사실상 차별이 핵심적인 사안이 되는 경우가 많다.[26)]

국제투자에서 최혜국대우란 한 국가 내에서 어떤 당사국의 투자자가 제3국 출신인 다른 투자자들보다 불리한 대우를 받지 아니한다는 원칙이다. 미국의 모델 BIT는 "각 당사국은 타방당사국 투자자를 다른 국가의 투자자에게, 유사한 상황에서, 기업의 설립, 인수, 확장, 관리, 운영, 판매 등에 있어서 제3국 투자자에게 부여하는 것보다 불리하게 대우하지 아니한다"고 하였으며,[27)] 한미 FTA 협정 제11.4조도 유사한 규정을 두었다.

국제사회의 실행을 보면 최혜국대우는 비교적 보편적으로 인정되는데 비해, 내국인대우는 널리 인정되지 못하는 경우가 많다. 하지만 최근 국가 간에 외국자본 유치경쟁이 본격화되면서 외국자본을 특별히 우대하는 경우도 나타나고 있다.[28)]

제6절 국제투자활동의 파탄과 분쟁해결

외국인 직접투자와 관련하여 전통적인 국제법에서는 외국인 재산의 국유화 또는 몰수가 중요한 이슈로 다루어져 왔으며, 국유화 조치를 취할 수 있는 합법적인 조건과 보상 문제도 논의되었다. 그러나 최근에는 국유화의 주요 대상이었던 양허계약(concession)이 거의 자취를 감추었을 뿐 아니라, 국가중심의 사고도 개선되어 외국인재산의 국유화 조치는 거의 취해지지 않고 있다. 하지만 영토국가가 외국인에 의한 투자활동에 파탄을 초래할 조치를 취할 가능성은 여전히 남아있는바, 외국투자자를 보호하기 위한 다양한 방안들이 고안되었다.

26) Ibid., p. 391.
27) Ibid., pp. 392-393.
28) Fatouros, pp. 55-56.

종래에는 피해를 당한 외국인 투자자가 직접 영토국가의 법원에 제소하거나 본국에 외교적 보호를 요청하는 방법이 주로 사용되었으나, 오늘날에는 국제투자분쟁해결센터(ICSID)나 국제상업회의소(ICC)의 중재절차가 자주 사용되고 있다.[29] 이는 오늘날의 투자조약들은 대부분 한 국가와 외국인 투자자 간의 분쟁을 중재에 의해 해결하는데 관한 규정들을 두고 있기 때문이다.

특히 최근의 양자간 투자협정들은 투자자-투자유치국간 투자분쟁해결절차(ISD 절차)를 규정하는 경우가 많다. 여기에서는 외국투자자가 국내적 구제절차를 거치지 않고 바로 국제중재에 의한 분쟁해결에 나설 수 있게 하는 경우가 많은데, 이는 외국인 투자자에게는 편리하고 비교적 공정한 해결을 기대하게 하는 규정이다. 이러한 규정으로 인해 외국인 투자자는 각국의 번잡한 국내절차법, 영토국가에게 유리한 사법절차, 여러 단계를 거쳐서 최종결정에 이르기까지의 오랜 시간과 고비용에 따른 낭비를 피할 수 있게 되었다.[30]

제7절 다자간투자협정

우루과이라운드가 외국인직접투자에 관한 포괄적인 규칙을 채택하는데 실패한 이유 중의 하나는 개발도상국들의 소극적인 태도와 반대 때문이라는 의견들이 있었다. 그리하여 우루과이라운드 직후부터 서구의 무역정책 관계자들은 국제투자의 포괄적인 자유화를 위한 메커니즘을 만들어내기 위한 새로운 국제회의를 구상하게 되었다. 이러한 요구에 부응하여 1995년 OECD는 일단 그 조직 내에서 다자간투자협정(Multilateral Agreement on Investment: MAI)에 관한 합의를 이루고 이를 OECD 비회원국으로 확대해 가기로 결정하였다.[31]

---

29) Ibid, pp. 56-57.

30) Herdegen, pp. 411-412. 세계 각국이 체결한 2,676 건의 BIT 대부분에 ISD 규정이 들어 있으며, 우리나라가 체결한 85건의 BIT 중 한미 FTA를 비롯한 81건의 BIT에도 ISD 제도에 관한 규정이 포함되어 있다. 한국국제경제법학회, 「신국제경제법」(중판), 박영사, 2014, pp. 677-680.

31) Herdegen, p. 586.

이를 위해 1996년부터 1997년 4월까지 여러 초안들이 제출되었는데, 그러한 초안들은 최혜국대우, 내국민대우, 분쟁해결과 같은 일반원칙에서는 대동소이한 내용을 담고 있었으나, 일부 분야에서는 상당한 의견의 차이가 있어서 합의에 이르기까지 많은 난관이 예상되었다. 그리하여 1997년 5월까지는 최혜국대우와 내국민대우와 같은 일반적인 원칙에 대한 합의가 이루어졌으나, MAI와 환경 및 근로기준 간의 관계 및 MAI와 문화정책 간의 관계와 관련하여 심각한 견해차이가 드러나기 시작하였다. 동시에 미국, 캐나다, 호주 등에서는 MAI의 환경, 노동, 문화에 대한 영향과 관련하여 격렬한 논쟁이 벌어지기도 하였다.[32]

결국 OECD에서의 MAI 협상은 국제투자에 관한 일반적 원칙에 대한 대체적인 합의에도 불구하고 일부 민감한 분야에 대한 이견과 국제화에 반대하는 여론으로 인하여 동력을 상실해갔다. 그리하여 1998년 12월 MAI 협상은 공식적으로 중단되었다.[33] 한편 2001년 시작된 도하개발라운드(DDA) 협상에서도 투자분야 협상이 진행될 예정이었으나, 회원국들의 무관심으로 협상의제에서 제외되었다.

제8절 세계은행그룹

국제투자를 위한 보편적 국제기구 중에서는 '세계은행'(World Bank)라 불리는 '국제부흥개발은행'(International Bank for Reconstruction and Development: IBRD)이 가장 중요하다. 국제사회에서는 IBRD 이외에 '국제금융공사'(International Finance Corporation: IFC)와 '국제개발처'(International Development Association: IDA)를 묶어서 세계은행그룹(World Bank Group)이라고 한다. IBRD는 회원국들의 특별 프로젝트와 정부의 보증하에 적정금리로 기업에게 자금을 대부해 주는데 비해, IFC는 정부의 보증이 없이도 생산적인 기업에게 자금을 융자하며, IDA는 일반 자금시장의 조건으로는 자금을

32) Ibid., p. 587.
33) Ibid., pp. 586-587.

얻을 수 없는 최빈국들에게 양허자금(concessionary loans)을 제공한다.[34)]

1. 국제부흥개발은행

1945년 브레튼우즈회의는 국제통화의 안정을 위해 IMF를 설립하는 동시에, 전후 경제부흥에 소요되는 자금을 지원하는 기관으로 '국제부흥개발은행'(IBRD)을 설립하였다. 세계은행이라 불리는 IBRD는 설립협정 제1조에서 밝혔듯이 회원국들의 전후 복구와 개발을 지원하고, 개인에 의한 국제투자를 증진하며, 생산활동 자금을 지원하고, 국제무역의 균형성장과 수지균형을 제고하며, 투자정책을 조정하는 것을 목표로 한다. 그 명칭에서 보듯이 실제로 IBRD는 처음에는 유럽의 전후 복구사업 지원에 치중하였으나, 오늘날에는 개발도상국들의 사회간접자본과 경제개발 프로젝트를 지원하는데 자금을 사용하고 있다.[35)]

IBRD의 회원국이 되려면 우선 국제통화기금(IMF) 회원국이 되어야 하기 때문에, 양 기구의 회원국들은 비슷하다. 주요기관의 구성 방식과 표결제도도 유사하므로 IMF에서와 마찬가지로 출자를 많이 한 국가들이 의사결정에서 주도권을 행사한다.

2. 국제금융공사와 국제개발처

'국제금융공사'(IFC)와 '국제개발처'(IDA)는 과거에는 국내사법의 대상이었던 국제적인 자본이동 문제를 국제법의 영역으로 끌어 들였다. 1957년 IBRD가 설립한 IFC는 본국정부의 보증없이 개도국 기업들에게 자금을 융자하여 개도국 민간기업의 활성화에 이바지하고 있다. 반면에 IDA는 IBRD와

34) Peter Malanczuk, Akehurst's Modern Introduction to International Law, Routledge, 1997, pp. 227-228.

35) Ibid, p. 227. 1999년 6월말 현재 IBRD의 융자대상국은 국민소득이 5,225달러 이하인 개발도상국으로 정해져 있다. 우리나라는 1995년 융자대상에서 졸업하였다. 최승환, 「국제경제법」, 제3판, 법영사, 2006, p. 773.

같은 국제기구로부터는 자금을 얻을 수 없었던 최빈국들에게 양허성 자금을 융자하는 일을 맡고 있다

3. 국제투자분쟁해결센타

국제투자분쟁해결센타(ICSID)는 국제부흥개발은행(IBRD) 후원으로 1965년 3월 18일 채택되어 1966년 10월 14일 효력발생에 들어간 '국가와 외국국민 간 투자분쟁해결협약'(Convention of the Settlement of Investment Disputes between States and Nationals of Other States)에 따라 설립된 기구로 미국의 워싱턴에 위치해 있다.[36)]

ICSID는 각국의 경제개발에 필수적인 국제민간투자를 활성화하려면 그로 인한 분쟁가능성을 줄여야 한다는 사실에 유념하여, 이러한 국제투자분쟁을 국제사법을 통한 국내법이나 외교적보호가 아니라 국제조정과 중재를 통하여 해결하고자 설립된 국제기구이다.[37)]

4. 다자간투자보증기구

다자간투자보증기구(Multilateral Investment Guarantee Agency: MIGA)는 1985년 서울 총회에서 합의되어 만들어진 IBRD 산하기구이다. MIGA는 사업외적 위험으로부터 발생하는 손실을 공동보험과 재보험을 통하여 보증함으로써 개도국에 대한 국제투자를 활성화하기 위하여 창설되었다.[38)]

---

36) Edmund Jan Osmanczyk, Encyclopedia of the United Nations and International Agreements, Tayolr and Francis, 1990, p. 408.

37) ICSID는 1963년 세계은행(IBRD) 이사회가 총재에게 지역전문가 회의를 소집하여 국제투자분쟁의 해결을 위한 기관 설립을 검토할 것을 요구한데서 시작되었다. 따라서 ICSID는 출발에서부터 세계은행과 밀접히 연결되어 있었으며, ICSID 이사회에는 세계은행의 위원들이 체약국 대표로 참여하고 세계은행 총재가 ICSID 이사회 의장을 맡도록 되어있어 조직에 있어서도 밀접히 연관되어 있다. 그러나 ICSID 체약국들은 세계은행 회원국과 동일하지 아니하며, 법률상으로도 독립된 국제기구이다.

38) 최승환, pp. 632-633.

제9절 국가의 국제계약과 책임

1. 서 론

한 국가의 주권은 자국 영토 내의 모든 사람과 물건은 물론 법인에까지 미치기 때문에, 한 국가 내의 외국기업의 법적지위에 대해 국제법은 큰 관심을 가지지 않았었다. 국제법상 국가의 전통적 법익이 침해되는 경우에는 외교적보호나 국제책임 추구와 같은 방법으로 국가가 관여하였으며, 기업 간의 국제적 법률관계는 국제사법에 따라 특정한 국가의 국내법에 따라 해결하였다. 결국 과거에는 국가 간의 계약이든 아니면 국적이 다른 사인이나 기업 간의 계약이든 대부분의 국제계약들은 어떤 국가의 국내법에 따라 해결되었던 것이다.[39)]

그러나 경제개발협정이나 자원개발계약처럼 한 국가와 외국 사기업 사이에 대규모적이고 장기적인 계약들이 체결되면서 이러한 계약들을 계속 국내법의 적용 대상으로 남겨두는 것이 적절한가 하는 의문이 제기되었다.

2. 천연자원에 대한 영구주권론

'천연자원에 대한 영구주권'(permanent sovereignty over natural resources)은 1952년 칠레가 처음 주장한 것으로 이 당시 영구주권은 경제적 영역에서의 자결권으로 기본권의 하나로 인식되었다.[40)] 그러나 그 후 20여년간 유엔총회와 산하기구들이 채택한 결의와 선언들은 기본권이 아닌 경제적 형평을

---

39) 이한기, 「국제법강의」, 박영사, 1994, p. 616.

40) 이러한 입장은 1966년에 체결된 두 개의 인권규약, 즉 「시민적·정치적권리에 관한 국제규약」(International Covenants on Civil and Political Rights)과 「경제적·사회적·문화적권리에 관한 국제규약」(International Covenants on Economic, Social and Cultural Rights)에 반영되었다. 이 두 가지 인권규약은 각각 제1조 2항에서 "모든 인간은 스스로의 목적을 위해, 국제경제적 협력에서 나오는 의무를 해하지 않는 한, 상호간의 이익과 국제법 원칙에 따라 자신의 자연적 부와 자원을 자유로이 처분할 수 있다"고 하였다.

위한 방편으로 천연자원에 대한 주권을 주장하였다.[41]

천연자원에 대한 영구주권론은 선진국과 개발도상국, 그리고 그 법학자 간에 많은 논쟁을 불러 일으켰다.[42] 저개발국들은 자신들의 경제적 자결권과 함께 자국 영토내 외국기업을 국유화하거나 통제할 권리도 인정되어야 한다고 하였다. 또한 양허계약을 포함하는 모든 계약에는 국내법이 적용되며 계약위반시 구제절차도 국내법에 따라야 한다고 하였다. 반면에 서구의 투자자들은 천연자원주권이란 명목으로 국제계약의 변경을 요구하는 것은 국제법이 보호하는 권리를 침해하는 것이라고 하였다. 이러한 서구의 견해는 1950년대 개발도상국들의 국유화조치에 맞서 선진국 법률가들에 의해 이론화 되었고, Anglo-Iranian석유회사 사건 당시 영국은 양허계약은 국제법의 보호를 받는 국제적인 합의라고 주장하였다.[43]

---

41) '국가의 경제적 권리와 의무에 관한 헌장'(Charter of Economic Rights and Duties of States) 제2조 1항은 "모든 국가는 자국의 부와 경제적 자원 및 경제활동에 대한 소유·사용·처분을 포함하는 완전한 영구주권을 자유로이 행사할 수 있다"고 하면서, 영토국가는 외국인 투자와 다국적기업의 활동을 규제하고 외국인 재산을 수용할 수 있는 권한을 가진다고 하였다.

42) 이 논쟁을 잘 이해하려면 저개발지역에 대한 외국인투자의 역사를 먼저 알아야 한다. 과거에 외국기업들은 저개발국의 광물자원이나 석유·목재에 관심을 가져왔으며, 개발에 필요한 자본과 기술을 가지지 못한 저개발국 정부들은 이들 기업에게 양허권(concession)을 부여해 왔다. 2차대전 이후 개발도상국들의 사회적·정치적 환경은 큰 변화를 겪으면서 민족주의적·사회주의적 이념들이 득세하였다. 그에 따라 자원에 대한 국가의 소유권을 명확히 하는 것은 이들에게는 경제개발과 독립의 필수요소가 된 것이다. Oscar Schachter, International Law in Theory and Practice, Martinus Nijhoff Publishers, 1991, p. 302.

43) Ibid., pp. 302-303. Schachter 교수는 영구주권선언과 일반적으로 승인된 관습법사이에 충돌이 있을 수 없다는 견해를 밝혔다. Schachter 교수에 의하면 천연자원에 대한 주권과 국제법은 모두 국가들이 자국 영토에서 외국인 투자를 자유로이 규제할 권한을 가지며, 공익을 위해 필요하다고 판단되면 정당한 보상을 한다는 전제하에 자국 관할권내 외국인 재산을 국유화할 수 있고, 자국내 외국기업을 특별대우할 의무는 없으며, 외국기업들이 영토국가의 국내법에 종속됨을 인정하기 때문에 큰 차이가 없다고 한다. 또한 '국가의 경제적 권리와 의무에 관한 헌장'(CERDS)을 위시한 선언이나 결의들도 국제의무에 대한 신의성실원칙을 따르고 있다고 한다. 헌장은 제1장에서 국가간 정치적·경제적 관계를 규율하는 원칙들을 나열하면서 '국제의무의 성실한 수행'을 강조하였는데, 이 규정은 헌장 전반에 영향을 미치는 것으로 국제의무는 그것이 관습법적인 것이든 조약에 의한 것이든 국내법에 의해 무시될 수 없다는 결론이 나온다. CERDS헌장을 기초한 문안작성위원회 의장이었던 Jorge Castaneda도 "헌장은 제2조가 명문의 규정을 두고있지 않더라도 외국인이 피해를 입은 때에는 국제법이 국가의 자유를 제한할 수 있음을 인정한다고 하였던 것이다. J. Castaneda, "La Charte des droits et devoirs economiques des Etats", Ann. francais de droit int., 1974, p. 54; Schachter, pp. 304-305.

천연자원주권의 법적성격에 대해서도 견해는 나뉜다. 개발도상국 학자들은 천연자원주권을 '공통된 법의식'(opino juris communis)의 표현이라 하였으며 일부에서는 강행규정(jus cogens)에 해당한다고도 하였다. 반면에 천연자원 주권 주장은 유엔총회 결의 정도의 권위만 갖는 정치적 슬로건에 불과하다고 보는 학자들도 있다.

천연자원 주권에 관한 논쟁에서 중요한 것은, 이 논쟁이 현실적으로 국제법에 얼마나 큰 영향을 주었는가 하는 것이다. 즉 관련 유엔총회 결의들이 기존의 국제법의 수정을 의도하였는가 하는 점과 그 결과 현실적으로 국제사회가 변화하였는가 하는 점을 살펴보아야 한다. 그러나 여기에 대한 대답은 부정적이다. 더구나 최근 경제의 국제화로 국가 간에 외국자본 유치 경쟁이 벌이지는 판에 외국기업을 국유화할 국가는 없을 것이기 때문이다. 현재도 일부 개발도상국 정부들은 겉으로는 천연자원에 대한 주권을 주장하지만, 실제로는 외국기업에게 필요한 법적권리와 구제수단을 인정해 주고 있다.[44]

3. 국제계약의 준거법

국가가 외국인 또는 외국기업과 계약을 체결하게 되면 그 계약은 국제사법적 측면과 국제법적 측면을 함께 갖는다. 오늘날 각국의 국제사법은 계약의 준거법으로 당사자의 의사를 가장 중요시하고 있다. 최근 미국에서는 준거법 선택에 있어서 '가장 중요한 관계'(most significant relationship)를 따르는데, 계약의 경우에는 역시 당사자의 의사가 가장 중요하다.[45] 국제계약

44) 오늘날 자본 수출국과 수입국 간 투자관련 양자조약에는 대부분 이러한 보호규정들이 들어있다. 물론 이러한 조약들은 당사국들의 의사에 의한 것으로 주권에 손상을 주지는 않는다. 그러나 과거 유엔총회 결의에 표명된 외국기업에 대한 무제한한 주권이 변질된 것은 확실하다. 다만 이러한 합의는 협상에 의한 것이지 관습법과는 관계가 없으므로, 명시적인 합의가 없으면 투자자는 보호받지 못한다. Ibid., pp. 303-304.

45) 미국의 경우 기득권론(vested rights approach)에 입각하여 작성된 제1차 리스테이트먼트(Restatement)에서는, 당사자들의 권리와 의무는 특정한 시간과 장소에서 생성된다는 전제에서 출발, 그 장소의 법이 권리와 의무를 규율해야 하므로 계약의 효력은 계약체결지법에 의하도록 했었다. 그러나 1971년 제2차 리스테이트먼트(Restatement)는 당사자자치의 원칙에 따라 준거법을 당사자들이 정할 수 있게 하는 오늘날의 경향에 따라 계약에 관한 문제에는 당사자 간의 합의를 중요시 하게 하였다. Peter Hay, Conflict of Laws, West

의 준거법 결정에 있어서도 가장 중요한 것은 당사자 간 합의이며, 당사자자치의 원칙은 국가와 외국인 간 계약을 국제화하는 계기가 되고 있다. 국가와 외국인·외국기업 간의 계약은 다음 세 가지 경우에 '국제화된 계약'(internationalized contract)이 되어 국제법이 준거법으로 적용된다.

첫째는 어떤 국가와 외국인이 '국제법'이나 '법일반원칙'을 계약의 준거법으로 지정하는 경우이다.[46] TOPCO/Libya 사건에서 단독중재관 Dupuy교수는 국제법이나 법일반원칙을 계약의 준거법으로 지정하는 계약은 특정 국가의 국내법을 벗어나 "특수한 국제법질서, 즉 국제계약법질서"에 속한다고 하였다.[47]

둘째는 국가와 외국인간 계약의 분쟁해결 조항이 체약국이 아닌 다른 곳에서의 중재를 규정하는 경우이다. 상기한 TOPCO/Libya 사건에서 중재관은 계약이 그 어느 국가의 국내법원에 의한 재판도 배제하고 있다고 하였다. 그는 당해 계약의 준거법은 국제법이고, 중재인은 국제사법재판소 소장이 지명하며, 중재절차규칙 역시 국내법이 아니라고 하면서, 당사자들이 합의한 절차규칙을 수정·보완할 수 있는 중재관의 권한에 따라 중재를 그 어떠한 국가의 국내법에도 종속시키지 않았다.[48]

셋째는 경제개발협정(economic development agreement)이나 양허계약(concession agreement)에 속하는 계약들이다.[49] TOPCO/Libya 사건에서 Dupuy 교수는 양허계약이나 경제개발협정을 '국제화된' 것으로 다루어야 하는 이유를 제시하였다. 그는 양허계약의 당사자인 기업들이 매우 오랜 기간

Publishing Co., 1989, pp. 192-195.

46) R. Jennings,"State Contracts in International Law", Brit. Y.B. Int. L., vol.37, 1961, 156 이하; Mann,"The Proper Law of Contracts Concluded by International Persons", Brit. Y.B. Int. L., vol. 35, 1959, pp. 34. 43; P. Jessup, A Modern Law of Nations, 1948, p. 139.

47) TOPCO/Libya case, para. 4.

48) Schachter, p. 306.

49) 국제계약 중에서 외국의 사기업에게 자원개발에 관한 권리를 부여하는 것을 특별히 경제개발협정이라 한다. 특히 Lord McNair는 Concession 보다 경제개발협정이란 용어를 즐겨 사용하였다. 이 용어는 경제개발이란 계약의 목적을 잘 보여 주는데 비해 Concession은 국가에 의한 일방적 인가라는 의미를 가지고 있어 법률행위의 쌍무적 성격을 흐리게 하기 때문이다. 이한기, pp. 616-617.

동안 개발지역의 국가와 밀접한 관계를 유지하며, 투자규모가 방대하고 콘세션 기간이 길기 때문에 상당한 정도의 안정성이 필요하다고 하였다. 특히 Dupuy 교수는 '입법적 불확실성'(legislative uncertainties)으로 부터의 보호를 강조하였다.[50)]

4. 절차규칙과 구제방법

국제화된 계약에는 위에서 본대로 몇 가지 유형이 있지만, '국제화'가 구체적으로 어떤 국제의무를 가져오며 어떤 구제절차를 사용 가능하게 하는가 하는 것은 별개의 문제이다. 분명한 것은 TOPCO/Libya 사건에서 Dupuy교수가 말한 바와 같이 계약이 국제화 된다고 해서 사적 당사자가 국가와 유사해 진다거나 계약이 조약과 비슷해지지는 않는다는 점이다. 계약이 국제화 되더라도 사적당사자는 제한된 국제법상 능력, 다시 말해 계약에서 나오는 권리만을 갖는다.[51)]

계약에 분쟁해결조항이 있더라도 자동적으로 국제법상의 구제조치를 사용할 수 있는 것은 아니다. 국가가 계약을 위반하였다면 그것이 실질조항의 위반이든 분쟁해결 조항의 위반이든 사적당사자가 외교적 보호에 의하지 아니하고 국제법 제도를 통해 구제를 받을 수 있는 방법은 별로 없다. 계약을 위반한 국가는 당연히 사적 당사자에게 보상의무가 있지만 사적 당사자는 외교적 보호나 국가책임과 같은 간접적인 방법을 사용할 수 있을 뿐 직접 국제적인 절차에 부탁할 수는 없기 때문이다.[52)]

본국정부에 의한 외교적보호가 믿을 수 없고 현지 국내법원에 의한 해결 역시 공정성에 문제가 있다면, 외국투자가로서는 계약 시 미리 분쟁해결 방법에 관한 규정을 마련해 두는 수밖에 없다. 분쟁해결 방법으로는 먼저 당사

50) Schachter, pp. 306-307. 자메이카와 한 미국 보오크사이트 채광회사간의 사건에서 미국 중재법정도 개발도상국의 경제개발 문제는 국제개발절차의 일부이므로 본질적으로 국제적이라고 하였다. Arbitration between Revere Copper and Brass Inc. and Overseas Private Investment Corp., 24 Aug. 1978, Int. Legal Mat., 1978, 1321 이하 참조.

51) Schachter, p. 307.

52) Ibid., pp. 308-310.

자간의 직접교섭과 조정을 생각해 볼 수 있다. 조정제도는 1965년 '국가와 외국인간 투자분쟁해결협약'에 규정되어 있으며, 국제상업회의소(ICC)에 의한 분쟁해결에서도 매우 중요한 위치를 차지하고 있다. 더욱 중요한 것은 중재(Arbitration)인데, 여기에는 상설중재법원(PCA)에 의한 중재와 국제상업회의소에 의한 중재, 국제투자분쟁해결센터(ICSID)에 의한 중재 등이 있다.

5. 계약위반과 국가책임

전통적으로 국가의 영토주권에서 나오는 적법추정성은 한 국가가 자국 영토내에서 행한 모든 행위에 적법성을 부여하기 때문에 국가가 외국인과의 계약을 위반하더라도 국제법을 위반한 것이 아니라고 믿는 것이 일반적이었으며, 이러한 입장은 그간 각종 국제법원의 판례에서도 확인되었다.[53] 물론 일부 학자들과 법률가들은 국가도 계약을 위반하게 되면, 특히 외국인과의 중요한 투자협정을 위반하게 되면 국제불법행위(international delict)가 성립하여 국가책임이 발생한다고 하였다. 그러나 국제사회의 실행을 보면 외국의 사적당사자가 계약위반 국가를 상대로 국제법에 따른 구제를 받은 적은 거의 없으며, 이는 국제적으로 중요한 계약의 경우에도 마찬가지이었다.[54]

그러나 외국인과의 계약을 위반한 국가도 일정한 상황 하에서는 국제책임을 부담하는 데, 그러한 경우로 샥터(Schachter) 교수는 다음의 사례들을 들었다.

(1) 외국인에 대한 재판거부

계약당사국이 외국인에게 계약위반에 따른 구제를 추구할 기회를 부여하지 않으면 국제적인 의무에 반하는 것으로 그 사적 당사자의 본국에 대해 책임을 지게 된다. 이것은 넓은 의미의 재판의 거부(denial of justice)에 해당하는 것으로, 공정하지 못하고 편견을 가진 재판부에 의한 재판이나 재판결과를 집행하지 아니하는 경우도 여기에 해당된다.[55]

53) Ian Brownlie, Principles of International Law, Clarendon Press, 1973, pp. 532-533.
54) Schachter, p. 311.

(2) 계약의 취소 · 변경으로 외국인에게 피해를 주는 경우

일반적인 경우 국가는 외국인과의 계약 때문에 자신의 정상적인 입법권이나 행정권 행사를 제약 당하지 않는다. 그러나 이러한 권한의 행사가 자의적(arbitrary)이고 차별적으로(discriminatory) 이루어져 외국인의 계약상 권리를 침해해서는 안된다. 여기서 말하는 '자의적'의 의미는 명확하지 않으나 정부의 일방적 조치가 기존의 권리와 의무에 변화를 가져오고 그 결과 한쪽 당사자만이 계약상의 의무를 벗어나게 되는 경우를 생각해 볼 수 있다. 어떤 정부가 일반적인 목적이 아니라 어떤 외국인에게서 그의 권리를 박탈하기 위한 의도로 법령을 제정하는 것은 그 전형적인 예가 될 것이다.[56]

(3) 안정화조항위반

국가와 외국인간 계약에는 가끔 그 계약은 언제나 체결당시의 법의 적용을 받는다는 조항이 포함되는데 이것을 '안정화조항'(stabilization clause)이라 한다. 이것은 계약당사자인 국가가 당해 계약을 법의 변경으로 부터 면제시키기로 약속하는 것으로 많은 장기개발협정에서 법의 변경으로 외국인이나 외국기업이 피해를 받지 않도록 해준다. 계약당시의 법으로 '동결'(freeze) 시키는 이 조항은 계약자의 세금이나 경제적 부담을 증가시키는 법령과 국유화 방지를 위해 고려된다.[57]

안정화조항을 수락한 국가는 천연자원에 대한 주권을 근거로 이 조항을 마음대로 폐기할 수 있는가? 한 국가가 자신의 법을 바꾸지 않겠다는 약속은 주권을 포기하는 것으로 그러한 약속에 구속받을 필요가 없다는 주장이 가능하며, 실제로 여러 중재사건에서 이러한 견해가 지지되었다.[58] 그러나

55) Ibid., p. 312.

56) Ibid., pp. 312-313. 외국 사적당사자의 입장에서는 이러한 위험을 회피하려면 안정화조항(stabilization clause) 이나 보장조항(indemnification clause)을 도입하는 것을 고려해야 한다.

57) Ibid., p. 314.

58) 1982년 Kuwait/Aminoil 사건에 대한 중재판정은 천연자원에 대한 항구주권 원칙에도 불구하고 안정화조항은 국가를 구속할 수 있다고 하였지만, 실제로 이 조항을 적용하는 데에는 신중하였다.

오늘날에는 모든 국제중재에 있어서 안정화조항이 구속력을 갖는 것으로 받아들여지고 있다.[59]

(4) 외국인과 외국기업에 대한 차별대우

가. 불법적 차별대우

외국인과 외국기업에 대한 부당한 차별은 불법적인 것이므로 그러한 차별로 인해 이들이 피해를 입게 되면 국가는 그에 따른 책임을 부담해야 한다. 그렇지만 외국인에 대한 차별이 항상 국제책임을 유발하는 섯은 아니다. 예를 들어 일정한 부문에 외국기업의 참입을 제한하고, 이익금의 본국송환을 제한하며, 일정수준까지 현지인을 고용하게 하며, 기술이전에 관한 특별규정을 마련하는 것은 차별적이기는 하지만 국제불법행위(international delicts)에 이르는 것으로 볼 수는 없다.[60]

차별적인 대우가 불법적인 차별이 되려면, 그것은 '자의적'(arbitrary)이고 '비합리적'(unreasonable) 이어야 한다. 미국 법학원(American Law Institute)의 1965년 미국의 '대외관계법에 관한 리스테이트먼트'(Restatement on Foreign Relations Law)는 합리적인 근거없이 외국인을 달리 취급하는 경우 불법적인 차별이 된다고 하였으며, 1987년의 새로운 리스테이트먼트도 주석에 비슷한 내용의 논평을 부가하였다.[61] 결국 불법적인 차별인가 아닌가 하는데 대한 판단은 그러한 조치가 이루어진 전후 사정을 충분히 고려하여 이루어져야 한다.

나. 차별의 유형

샥터(Schachter) 교수는 불법적인 차별에 속하는 3가지 유형을 제시하였다. 첫째는 외국기업이나 외국투자에 대한 차별로서 그 차별이 당해 기업의 경제적 특성이나 국제적 영업활동 및 그 국가의 경제정책과 관련이 있는 경우이다. 둘째는 외국기업에 대한 차별이 그 기업의 본국정부가 취한 조치에

---

59) Schachter, p. 314.

60) Ibid., pp. 315-316.

61) Restatement of the Law of the Foreign Relations Law of the United States, vol. 2, 1986, section 712.

대한 보복인 경우이다. 셋째는 외국기업에 대한 차별이 사회적 편견이나 소수 그룹에 대한 집단적 적대감에 의한 경우이다.

첫 번째 유형에 속하는 외국인 또는 외국기업에 대한 차별적 대우는 이들이 활동하고 있는 국가의 경제정책과 관련이 있다. 기업들을 국유화나 현지화(indigenize)하려는 국가들이 있는가 하면, 어떤 국가들은 일정한 부문에는 국내기업의 참여만 허용하는데, 국제법은 이러한 조치들이 그 국가에게 적절한가 하는 문제에는 관여하지 않으며 특정한 경제정책이나 사회정책을 선택하도록 강요하지도 않는다. 그러나 외국기업에게 자국영역 내 영업을 허용한 국가는 자국기업들에게 보편적으로 인정되는 기본적 권리를 외국기업에게도 부여해야 한다. 외국기업들도 법원에 접근할 수 있는 권리를 가져야 하며, 계약을 체결하고, 사람을 고용하며, 정상적인 기업활동을 수행할 권리를 갖는다. 단지 외국인 소유란 이유에서 어떤 기업에게 세금을 중과하고 재정적 규제를 가해서도 안된다.62)

두 번째 유형은 외국기업의 본국정부에 대한 보복으로 차별적 조치가 취해지는 경우이다. 일부 서방 석유기업들은 자신들이 자국 정부의 소위 '제국주의적' 정책 때문에 국유화 되었다고 주장하였다. 1960년 쿠바정부가 미국인 소유 사탕수수 농장을 국유화한 사건은 Sabbatino 사건으로 미국법원에서 다루어졌는데, 여기서는 미국정부의 쿠바산 설탕 수입금지 조치에 대한 보복으로 쿠바가 미국인 소유 기업들을 국유화 하였는가 하는 것이 쟁점이었다.63) 물론 차별이 있다고 해서 곧 국가책임이 발생하지는 않으며, 국가책임은 차별에 따른 손실에 대한 '적절한 보상'(adequate compensation)이 이루어지지 않는 경우에 발생한다.64)

세 번째 유형은 집단적 편견과 사회적 긴장에서 나오는 외국인에 대한 차별적 조치이다. 정부가 직접 외국인의 재산을 강탈하고 외국인을 추방하는 행위에 개입한다든가 이러한 행위를 하는 폭도들을 묵인하는 것이 이러한

62) Schachter, p. 317.

63) Banco National de Cuba v. Sabbatino, 307 F. 2d 845 (2d cir. 1962). 이 사건에서 법원은 미국인 설탕농장의 국유화가 쿠바 내 다른 설탕관련 기업들보다 10주 먼저 단행된 사실을 중시하여 이는 불법적인 복구(reprisal)로 불법적인 차별행위라고 하였다.

64) Schachter, p. 319.

유형에 속한다.[65)]

6. 국유화 : 보상기준과 방법

한 국가가 외국인의 재산을 수용하거나 계약을 위반하는 경우 국제법상 보상의무가 생기는가 하는데 대해서는 많은 법적논쟁이 있었다. 유엔이 1962년 채택한 '천연자원에 대한 영구주권결의'에 의하면 재산을 몰수당한 사람은 국제법에 따라 '적절한 보상'(appropriatc compensation)을 받을 수 있게 되어 있었으며, 선진국과 개도국 모두 이를 지지했었다.

그러나 1974년 유엔총회는 '국가의 경제적 권리와 의무에 관한 헌장'(CERDS)을 채택하여 영토국가의 국유화 권리와 적절한 보상을 규정하면서 국유화를 단행한 국가의 법에 따라 그 국가의 법원이 보상문제를 판단하도록 하여 모순된 입장을 보였다.[66)] 이 헌장이 채택될 때 대부분의 선진국들은 강력히 반대하였는데, 특히 헌장이 보상문제 해결에 국제법의 적용가능성을 전혀 언급하지 않은 것이 가장 큰 결점으로 지적되었다.[67)]

국유화에 따른 보상기준에 대해 서방국가들은 '신속하고 적절하며 효과적인'(prompt, adequate and effective) 보상을 요구하였다. 이 방식은 멕시코가 미국인 소유의 토지들을 몰수하였던 1938년 당시 미국 국무장관 헐(Hull)이 멕시코에 대한 청구에서 제기하였다고 하여 '헐방식'(Hull formula)이라 부른다. 국제법이 이 기준을 채택하였다는 주장도 있지만, 국제법원이나 중재법원이 이 방식을 일반적으로 승인된 국제법으로 인정한 적은 없었다. 드비셔(De visscher), 라우터팍트(Lauterpacht), 루소(Rousseau)같은 유럽학자들 조차도 이 방식이 국제사회의 지지를 받고 있지 못하다고 하였다. 국제법학회(Institut de Droit International)도 마찬가지 입장을 취하였으며,

---

65) Ibid., pp. 319-320.

66) CERDS 2조 (c) 참조.

67) Schachter, pp. 321-322. 선진국들은 국제법에 따른 적절한 보상이 이루어져야 한다는 기존 국제관습법 원칙은 유엔의 결의나 선언으로 수정될 수 없다고 하였다. 학자들의 학설과 국가들의 실행을 보더라도 국유화로 외국인에게 보상할 때 국제법을 배재한 채 오직 국유화를 단행한 국가의 국내법에 따라야 한다는 주장은 받아들이기 어렵다.

1987년 미국의 리스테이트먼트도 이것을 국제적으로 승인된 방식이라 인정하지 않았다.[68]

국제법원과 국내법원의 실행을 보면 모두 보상에 관한 일반적인 조건으로 1962년 영구주권에 관한 결의에 등장하는 '적절한 보상'을 일반적인 기준으로 사용해 온 것을 알 수 있다. Aminoil/Kuwaitt 사건에서 중재법원은 "적절한 보상액은 추상적인 이론보다는 모든 관련상황에 대한 조사를 통해 결정하는 것이 좋다"고 하였다.[69] 여하튼 '적절한 보상'이나 '정당하고 형평에 맞는 보상'(just and equitable compensation)이란 기준은 협상 시 당사자나 법원에 상당한 재량을 부여하게 된다.[70]

7. 결 론

개발도상국들은 천연자원에 대한 영구주권과 국유화 권리를 주장하는 등 외국기업에 대한 통제권을 확보하기 위한 노력을 기울여 왔다. 그러나 1990년대 들어 한때 법적논쟁의 중심에 있었던 국유화와 수용의 문제는 더 이상 각광을 받을 수 없게 되었다. 동구 사회주의 국가들과 통제경제 국가들은 하나같이 정치적 사회적 변혁을 거쳐 사유화와 자유경제체제로 나아가고 있으며, 현재 거의 모든 국가들은 외국인이나 외국기업의 투자를 유치하기 위하여 노력하고 있다. 다국적기업에 대한 경계심은 남아 있지만 적대감은 사라졌다고 할 수 있다. 국가들도 점차 외국기업들과의 분쟁해결에 비국가적 중재(non-national arbitration)를 사용하는 것을 선호하는 방향으로 나아가고 있다.[71]

68) Ibid., pp. 322-323.
69) Aminoil/Kuwaitt case, ILM., vol. 21, 1982, para. 144.
70) Schachter, pp. 323-324.
71) Ibid., p. 325.

제4장

국제무역법의 역사와 WTO

제4장

국제무역법의 역사와 WTO

제1절 국제무역질서의 구성요소

1. 서 론

국제무역은 오래전부터 행하여져 왔다. 따라서 국제무역에 관한 질서를 역사적으로 추적해 보면 상당히 오래전까지 소급해 올라간다. 그러면 오늘날의 국제무역질서는 어떠한 배경에서 형성되었으며, 그 규범에는 어떠한 요소들이 포함되어 있을까?

오늘날의 무역질서와 유사한 제도가 정착된 것은 20세기 중반 이후이지만 그 논리와 국가들의 관행은 그 이전부터 형성되어 왔다. 국제무역에 관한 원칙들은 자발적으로 형성되기도 하지만, 무역에 따른 이익의 극대화와 무역거래의 안정, 정부의 개입에 의한 불안정성 제거라는 의도를 가지고 계획적으로 형성되기도 한다. 다음에서 보듯이 국제적인 상품과 서비스 거래에 관한 법에는 경제적 요소, 정치적 요소, 섭외상법 원칙, 각국의 국내법 원칙, 국제무역법 원칙이 영향을 미쳤다.

2. 경제적 요소

국제무역의 역사는 고대와 중세 지역 간 상거래까지 거슬러 올라간다. 그러나 무역에 관한 체계적 이론은 아담 스미스(Adam Smith, 1723-1790)와 리카아도(David Ricardo, 1772-1823)에 의해 체계화 되었다. 특히 리카아도는 비교우위론에 입각하여 무역은 모든 국가에게 이익이 된다고 주장하였다.

무역의 자유화가 이루어지면 비교우위에 따라 효율적인 분업이 가능해져서 모든 국가가 이익을 누리게 된다는 이 이론은 자유무역질서 수립을 위한 기본이념이 되었다.[1)]

무역자유화를 통한 자원의 최적배분이란 경제적 목표의 달성은 국제경제법에서는 '공정무역의 원칙'(principles of fair trade)이 지켜지는 환경에서 가능해 진다고 본다. 경제이론에 따르면 시장가격은 오직 경쟁상황에서만 그 기능을 제대로 발휘할 수 있기 때문에 GATT와 WTO는 완전경쟁과 차별없는 무역질서 수립을 위해 '공정무역'을 위한 원칙들을 마련하였다. 덤핑이나 보조금 지급에 따른 시장왜곡을 시정하기 위해 '반덤핑관세'(anti-dumping duties)와 '상계관세'(countervailing duties)를 부과할 수 있게 한 것이 그러한 예이다.[2)]

자유무역과 공정무역의 원칙은 국가들이 경쟁력이 약한 국내산업을 보호하기 위해 개입하는 경우에는 훼손되게 된다. 자국산업 보호는 기업은 물론 노동조합에 의해서도 요구되는바, 각국 정부는 이러한 사회적 요구들을 무시하기 어렵다. 각국 정부가 외국제품의 수입을 규제하고자 할 때 가장 널리 사용되는 방법은 관세의 부과이거나 수량제한이다.[3)]

3. 정치적 요소

각국의 대외정책은 국제무역질서에 많은 영향을 미친다. 15세기에서 18세기까지 서구열강이 채택하였던 중상주의라는 경제정책 속에는 식민지 획득이라는 정치적 목적이 내포되어 있었다. 과거 냉전시대에도 한 국가의 무역정책은 그 국가의 대외정책과 밀접히 관련되어 있었다. 따라서 한 진영에 속하는 우방국가와의 무역은 장려하되, 반대진영에 속하는 국가들과의 무역거래

1) 무역자유화가 이루어지면 소비자들의 선택의 범위가 넓어지고, 소비자 가격이 하락하며, 각국의 국내생산은 생산성 높은 산업으로 전환되고, 규모의 경제를 통하여 생산비가 절감되며, 상품가격과 임금의 상승이 억제된다.

2) GATT협정 제6, 16조 참조.

3) John H. Jackson and William J. Davey, International Economic Relations, West Publishing Co., 1986, pp. 17-19.

는 억제되었다. 그러나 정치적인 목적을 위하여 지나치게 과격한 대외경제정책을 수립하여 실시하는 경우에는 국가 간의 평화상태가 파괴되기도 한다.4)

GATT와 WTO도 국가의 대외정책으로 인한 예외를 인정한다. 협정은 영연방(British Commonwealth), 국경무역(Frontier Traffic), 자유무역지대(Free Trade Areas) 및 관세동맹(Customs Union)에 따른 일부 국가간 무역특혜에 관한 합의를 존중하여 최혜국대우 원칙에 대한 예외로 인정하였다(GATT협정 제24조). '일반특혜관세제도'(GSP)와 같이 개발도상국에게 부여되는 특혜 역시 정치적 목적이 일부 포함되어 있는 제도라고 할 수 있다. 유엔헌장 제41조에 따르면 안전보장이사회의 결의로써 평화를 파괴하였거나 침략행위를 한 국가를 상대로 경제적인 제재를 가할 수 있게 하였는데, 이것은 국제기구도 때로는 국제무역을 정치적 제재수단으로 사용하고 있음을 보여준다.

4. 섭외상법

국제무역은 오래전부터 각국의 상인들에 의해 이루어져 왔으며, 이들 상인 간에는 어느 정도 통일된 상거래 관습과 규칙이 있었다. 이들은 국적을 달리하는 상인 간의 거래나 계약을 한쪽 당사자의 국가의 국내법에 의해 해결하려 한다면 그 공정성에 문제가 생기게 되므로, 국제거래에서는 국내법 보다는 계약의 자유, 신의성실, 상관습과 같은 일반적으로 승인된 법원칙들을 준거법으로 삼아 문제를 해결하였다.5)

오늘날의 국제상법은 새로운 형태의 상관습과 표준계약의 등장, 대외무역에 관한 국내법의 증가, 국제기구와 비정부간기구의 영향력 확대에 따라 변

4) 일부 미국학자들은 1930년 후버(Herbert Hoover) 대통령이 Hawley-Smoot 법안에 서명하여 관세를 크게 올린 것이 제2차 세계대전의 원인의 하나가 되었다고 보고 있다. 이 법의 제정 이후 관세율이 크게 오르고 무역거래가 격감하자 독일과 일본 내 유화론자들의 입지가 약해져 제2차 세계대전의 발발을 막을 수 없게 되었다는 것이다. Ibid, pp. 28-29.

5) 고대 함무라비 법전과 그리스·로마시대 법에서도 이법지역 간의 상거래에 관한 규칙들이 발견된다. 중세 유럽에서는 상관습들이 국제적 규칙으로 발달되었으며, 17세기 이후 '상인법'(*lex mercatoria*)은 점차 국내법화 되어 많은 유럽국가의 상법규정에 편입되었다.

모하고 있다. 특히 '유엔국제무역법위원회'(United Nations Commission on International Trade Law; UNCITRAL)와 '국제상업회의소'(International Chamber of Commerce; ICC)는 표준계약서 모델규칙과 국제상품거래 규칙을 제정하고 분쟁해결제도를 마련하는 등 다양한 활동을 통해 관련법 발달에 기여하고 있다.[6)]

5. 각국의 국내법

과거 국제법에서 무역은 국내문제 중의 하나로 취급되었다. 따라서 국가는 외국상품의 수입여부 결정부터 관세율 결정에 이르기까지 경제정책 결정 시 외부의 간섭을 받지 않는 주권적 권한을 가지는 것으로 간주되었다. 그러나 빠르게 국제화가 진행되어가고 국가 간 상호의존이 높아져가는 환경 속에서 GATT나 WTO와 같은 국제적인 무역기구들에 의하여 국제무역에 관한 법규칙들은 국제적으로 통일되어 가고 있는바, 무역을 국내문제라고 계속 주장 할 수는 없게 되었다.

그렇지만 국가주권이 존재하는 한 무역에 대한 국가의 통제권은 계속 남아있게 될 것이므로, 국제경제법에서는 각국의 국내법인 대외무역법을 고려하지 않을 수 없다. 실제로 국가들은 그 경제적 배경이나 정치적 이념 및 상황에 따라 각각 특수한 법체계를 가지고 있는바, 각국의 무역관련 국내법들도 국제무역질서의 일부를 형성하고 있다고 보아야 한다.

6. 국제경제법

국제무역법이 국제법의 한 분야로 등장한 것은 16세기 들어서이다. 유럽에 속속 등장한 주권국가들은 통상과 항해의 자유가 이론화되는 가운데 한 국

6) 국제사법에서는 당사자자치 원칙에 따라 국제법 규칙들이 국내법 규칙들을 대체해 가고 있다. 과거 국제적인 법의 충돌 시 국가들은 한 국가의 국내법을 준거법으로 지정하여 즉 국제분쟁을 국내화하여 해결하였으나, 요즈음에는 단일의 실질 상법과 중재규칙에 따라 국제중재 등의 방법으로 분쟁을 해결하는 경우가 많아지고 있다.

가의 무역정책이 다른 국가들에게 영향을 미치는 현실을 보게 되었다. 처음에는 경제주권·신의성실·국가책임·항해의 자유 등 전통국제법 원칙들이 국제무역을 규율하는 규범이었으나, 긴 세월을 거치면서 최혜국대우나 내국인대우 같은 국제무역법 원칙들이 형성되었다.

국제무역은 양자조약의 대상이 될 수도 있고 다자조약의 대상이 될 수도 있다. 국제무역에 관한 양자조약으로는 우호통상항해조약과 같은 것이 대표적인 것이지만 그 외에도 매우 다양한 조약들이 체결될 수 있다. 반면에 국제무역에 관한 다자조약 중에서 가장 대표적인 것으로는 GATT협정과 WTO협정을 들 수 있다. 자세한 것은 절을 바꿔서 살펴보기로 한다.

제2절 국제무역법의 역사와 GATT

1. 국제무역법의 역사

1930년대 대공황은 여러가지 점에서 보호무역주의가 초래한 결과 중의 하나이었다. 미국이 1930년 Hawley-Smoot 관세법을 통해 관세를 인상하자 다른 주요 국가들도 유사한 조치로 응수하였다. 국제연맹은 관세휴전회의(Tariff Truce Conference)를 개최하여 관세전쟁의 냉각을 시도하였으나 실패하였으며, 세계의 무역과 산업생산은 크게 위축되었다. 제2차 세계대전 중 연합국들은 국제연맹을 대체할 새로운 국제기구를 창설하는 동시에 무역자유화와 다자간 경제협력을 증진하게 될 국제제도를 만들 것을 요구하였다. 그리하여 1945년 샌프란시스코 회의에서는 유엔헌장이 채택되었고, 1944년 미국 뉴햄프셔주 브레튼우즈에서는 경제관계에 관한 국제회의가 개최되었다.[7]

국제무역은 지난 60여년간 비약적으로 성장해 왔다. 이것은 세계의 국가들이 보호주의적 국내법을 포기하고 자유로운 상품의 이동을 위해 협력하였기 때문에 가능한 것이었다. 과거에 국가들은 자국의 산업과 생산자들을 보호

7) Ray August, Don Mayer and Michael Bixby, International Business Law, 5th edition, Pearson Education International, 2009, pp. 332-333.

하기 위한 법들을 가지고 있었으나, 1940년대 이후에는 관세를 인하하고 무역장벽을 낮추기 위한 지속적인 다자간 노력이 경주되었던 것이다. 그 결과 GATT 협정의 체결, 유럽연합의 등장, WTO 협정의 체결과 같은 국제적인 합의와 국제기구의 등장으로 국제무역은 크게 신장되었다.

그렇지만 무역자유화는 앞으로 해결해야 할 많은 과제를 안고 있으며, 국제화는 거대한 도전에 직면해 있다. 무역이 보다 자유롭게 되면서 승자와 패자가 등장하는 등 불균형이 나타나고 있다. 자유무역이 환경과 노동문제의 중요성을 경시하고 있다는 불만도 터져 나오고 있다. 그럼에도 불구하고 무역자유화와 세계화는 진전될 것이며, 시계를 거꾸로 돌릴 수는 없을 것이다.[8)]

2. GATT

(1) GATT의 설립

국제무역에 관한 질서를 역사적으로 추적해 보면 상당히 오래전까지 거슬러 올라간다. 그러나 오늘날의 국제무역질서와 유사한 형태의 제도가 뿌리를 내린 것은 제2차 세계대전 이후 소위 브레튼우즈체제가 성립된 이후라고 보아야 한다.

'관세 및 무역에 관한 일반협정'(General Agreement on Tariffs and Trade : GATT) 즉 GATT는 국제통화기금(IMF) 및 국제부흥개발은행(IBRD)과 함께 브레튼우즈체제를 지탱해 온 국제조직으로써 국제무역의 자유화를 위하여 노력해왔다. 그러나 오늘날 국제화와 무한경쟁으로 대변되는 세계무역 환경의 변화는 새로운 질서를 요구하기에 이르렀으니, 세계무역질서는 우루과이라운드협상을 통해 GATT시대에서 WTO시대로 옮겨가게 되었다.

GATT는 본래 IMF 및 IBRD와 함께 전후 경제질서를 유지하는 임무를 부여받았던 국제무역기구(International Trade Organization: ITO)가 관장하게 될 하나의 조약으로 의도되었었다. 1948년 3월 53개국이 서명한 ITO설립

8) Ibid.

에 관한 하바나헌장(Havana Charter)에 따르면, ITO는 GATT를 통한 상품무역의 자유화는 물론이고 외국인투자와 제한적인 기업관행에 대한 규제권 및 관련 규범의 준수를 추진하는 강력한 집행력을 가지게 되어 있었다. 그러나 당시 세계경제를 지배하고 있던 미국의 의회는 기업들의 지원아래 ITO 헌장을 비준하지 않기로 함으로써, ITO의 설립을 좌절되고 대신에 GATT가 국제무역질서를 유지·발전시켜가는 역할을 맡게 되었다.[9)]

한편, 아바나회의는 1947년 10월 30일 GATT협정문과 함께 '잠정적용의정서'(Protocol of Provisional Application)를 채택하였는바, 동 협정과 의정서에 따라 GATT협정은 1948년 1월 1일 효력발생에 들어갔다.[10)] 결국 국제무역기구(ITO)가 출범도 못한 채 실패로 돌아가면서 본래 계획과는 달리 GATT가 국제무역을 규율하고 조정하는 중심적인 나자간규범이자 국제조직이 된 것이다.[11)]

(2) GATT의 변화와 한계

1947년 23개국이 조인하여 1948년 1월 1일 효력발생에 들어간 '관세 및 무역에 관한 일반협정'(GATT)은 국제무역의 기본질서를 규율하는 다자간협정으로써 지난 반세기 동안 내국인대우, 최혜국대우, 자유무역, 공정무역의 원칙하에 세계무역의 확대에 기여해 왔다.

그렇지만 그 사이 국제무역환경은 많은 변화를 겪었으며, 그러한 변화에 대응하여 GATT는 우루과이라운드에 이르기까지 모두 8차례의 라운드(round) 또는 다자간 무역협상(multilateral trade negotiations: MTNs)을 타결하였다. 1차 협상부터 6차 협상인 케네디라운드 까지는 관세인하가 주된 관심사였다. 그러나 7차 협상인 동경라운드에서는 비관세장벽의 완화 문제를 본격적으로 다루어 9개의 다자간무역협정(Multilateral Trade Negotiation

9) R. H. Folsom, M. W. Gordon, and J. A. Spanogle, International Business Transactions, 3rd edition, West Publishing Co., 1995, pp. 306-307.

10) Robert E. Hudec, Enforcing International Trade Law : The Evolution of the Modern GATT Legal System, Butterworth, 1993, pp. 3-5.

11) Louis Henkin, Richard Crawford Pugh, Oscar Schachter, and Hans Smit, International Law: Cases and Materials, West Publishing Co., 1993, p. 1397.

Codes: MTN Code)을 체결하였다.[12)]

여러 차례의 다자간무역협상을 통한 대응조치에도 불구하고, GATT는 한계를 맞이하게 되어 8번째 다자간협상인 우루과이라운드를 거쳐 WTO로 넘어가게 되었다. GATT가 가진 한계는 내부적인 것과 외부적인 것으로 나누어 볼 수 있다.

GATT의 내부적인 한계에는 다음과 같은 것이 있다. 첫째, GATT는 본래 국제기구가 아니라 하나의 조약으로 의도되었던 데에서 오는 한계이다. GATT는 협정의 효율적인 운영을 위해 나중에 사무국을 설치하여 국제기구와 비슷한 모습과 지위를 가지게 되었지만, 조직상의 결함은 그대로 남아 있었다.[13)] 둘째, GATT는 분쟁해결 분야에서도 약점을 가지고 있었다. GATT의 분쟁해결 절차는 회원국들의 동의가 없이는 제대로 진행될 수 없도록 되어 있었기 때문에, GATT는 자신에게 맡겨진 분쟁들을 제대로 해결할 수 없었다.[14)] 셋째, GATT협정의 임시적용의정서는 소위 '조부조항에 따른 예외'(grandfathered exceptions)를 널리 허용하여 조약의 보편성에 문제가 있었다. 의정서 채택 이전에 제정되어 효력을 발생하고 있는 국내법이 있는 경우 그 부분에 대해서는 GATT협정의 적용을 면제하는 이 조항은 진정한 보편적 무역체제 수립에 장애가 되었던 것이다.[15)]

GATT의 외부적인 한계에는 다음과 같은 것들이 있었다. 첫째, 당시 선진국들의 경기침체와 높은 실업률, 경상수지 적자확대로 인하여 선진국들 사이에 보호무역주의 경향이 대두되고 있었다. 둘째, 수출자율규제와 시장질서협정과 같은 사실상 GATT체제를 벗어난 회색지대조치(grey area measures)

---

12) 대우경제연구소, 「우루과이라운드와 한국경제」, 한국경제신문사, 1994, pp. 13-14. 동경라운드에서 타결된 9개의 다자간협정은 가입국에게만 적용되는데, 그것은 반덤핑, 보조금, 상계관세, 기술장벽, 수입허가절차, 관세평가, 항공기교역, 정부조달, 낙농품, 우육협정이다.

13) 1980년대 중반부터 10여년간 GATT의 직원은 200에서 350명 수준으로 증가하였으나, 이는 IMF와 IBRD의 직원이 수천명에 달하였던 것에 비추어 보면 상대적으로 적은 인원이었다. 한편 GATT사무총장을 역임한 던켈의 명함에는 GATT는 언급됨이 없이 'ITO임시이사회 사무총장'(Executive Secretary of the Interim Committee of the ITO)이 직함으로 적혀 있었다. Folsom, Gordon, and Spanogle, pp. 306-307.

14) Ralph H. Folsom, Michael Wallace Gorden, and John A. Spanogle, International Trade and Investment, West Publishing Co, 1996, pp. 69-70.

15) Ibid.

와 반덤핑조치 및 상계관세조치의 남용으로 GATT에 대한 불신이 점차 높아져 가고 있었다. 셋째, 경제블록화가 진행되면서 보호무역적인 지역주의에 대한 우려가 팽배하였다. 넷째, 농산물과 서비스무역 및 지적재산권 문제를 다자간무역체제에 포함시켜야 한다는 주장이 제기되었다. 농산물 수출국들은 쌍무협상을 통해 시장개방 압력을 가해오고 있었으며, 서비스와 지적소유권을 둘러싼 갈등 가운데 이들을 다자간무역체제에 포함시키는 방향으로 공감대를 이루어 가고 있었다.[16)]

'관세 및 무역에 관한 일반협정'(GATT)은 출범이래 국제무역의 자유화를 위하여 많은 노력을 기울여 왔고, 그 결과 세계경제는 크게 성장하였다. 그러나 점차 가속도가 붙고 있는 세계경제의 국제화 추세와 급변하는 무역환경으로 인하여 내부적·외부적 한계를 안고 있는 GATT는 퇴장하고 새로운 무역기구가 등장하게 되었다.

제3절 우루과이라운드

1986년 우루과이의 푼타 델 에스테(Punta del Este)에서 시작된 우루과이라운드(Uruguay Round)는 1994년 4월 모로코 마라케쉬(Marrakesh) 각료회의를 끝으로 대단원의 막을 내렸다. 이로서 국제사회는 GATT체제의 한계를 극복하고 향후 보다 효율적인 무역질서를 수립하기 위하여 세계무역기구(World Trade Organization : WTO)를 설립하기로 하였으며, 그간 세계무역을 관장해 온 GATT체제는 막을 내리게 되었다.

우루과이라운드는 포괄분야가 광범위하고, 참가국 수가 120개국을 넘으며, 국가 간 이해관계 대립이 심하였고, 협상분야 간 연관성도 깊어 타결에 상당한 어려움이 있었다. 그러나 1991년 12월 제시된 넌켈초안(Dunkel Clean Text)이 협상의 기초로 받아들여지면서 협상은 급진전 되었다. 그 후에도 미국과 EC간에 체결된 농산물 보조금 감축에 관한 블레어협정이 프랑스의

16) 대우경제연구소, pp. 15-17; 대외경제정책연구원, 「WTO출범과 신교역질서」, 1994, pp. 11-12.

반발로 파기되면서 미국대통령의 신속처리권한(Fast Track Authority)의 시한인 1992년을 넘기게 되어 좌초의 위기를 맞기도 하였다.[17] 미국대통령의 신속처리권한 연장으로 재개된 협상은 1993년 11월부터 12월 중순에 걸쳐 최대의 난제였던 농산물 보조금을 둘러싼 미국과 EC(프랑스)간 협상, 쌀시장 개방을 둘러싼 미국과 일본 간 협상, 서비스시장 개방에 대한 선진국과 개도국 간 협상, 세계무역기구 창설에 대한 합의를 이루게 되어 동년 12월 15일 7년 3개월에 걸친 기나긴 협상을 마무리하였다.[18]

우루과이라운드를 통한 세계무역기구(WTO)의 설립은 ITO의 뒤늦은 출범이라 할 수 있으며, WTO 출범을 계기로 세계경제는 비로소 하나의 규범과 하나의 기구로 통일되어 하나의 경제권을 형성하게 되었다. 동시에 산업과 무역의 명실상부한 세계화와 국경없는 무한경쟁 시대가 개막되었다.[19]

제4절 국제무역규범으로의 WTO협정

자유무역이 모든 국가들에게 이득이 된다는 믿음 아래 국가들은 다른 국가와 조약을 체결하여 상품무역의 자유화를 추진하였다. 국가들의 이러한 노력은 무역자유화를 내용으로 하는 양국 간의 조약이나 다자간 조약을 통해 결실을 보게된다.

과거에 국가들은 수입제한 조치들로 인한 국가 간 무역관계의 파탄을 막기 위하여 '우호통상항해조약'(treaty of friendship, commerce and navigation)을 체결해 왔다. 양자조약인 이러한 조약을 통해 체약국들은 서로 상대방 국가로부터의 상품 수입을 허용하게 되는데, 우호통상항해조약의 최혜국대우 조

17) 1974년 미국무역법(Trade Act)은 대통령에게 무역협상에 관한 실질적인 권한을 부여하여, 양자간·다자간 협상을 통하여 협정을 체결하여 관세와 비관세장벽을 낮출 수 있게 하였다. 그 후 1988년 제정된 통합무역경쟁법(Omnibus Trade and Competitiveness Act)은 대통령의 이러한 권한을 1993년 6월 1일까지 연장하였으며, 추가로 1994년 10월 3일까지 연장하였다. 미국 무역대표부(United States Trade Representative)는 대통령에게 부여된 이러한 권한을 수행하기 위하여 설치되었다. R. H. Folsom, M. W. Gordon, and J. A. Spanogle, International Business Transactions, 3rd edition, West Publishing Co., 1995, pp. 59-62.

18) 대우경제연구소, pp. 18-20.

19) 대외경제정책연구원, pp. 12-13.

항은 국제무역 관계를 보편화하는데 기여하였다.[20] 세계 여러 지역에서는 역내국가들끼리 '관세동맹'(customs union)이나 '자유무역지대'(free trade area)를 결성하여 회원국 간 무역을 촉진하고 역외국가들에 대한 협상력을 강화하였다. 유럽연합(EU)과 북미자유무역지대(NAFTA)는 경제통합과 협력을 목적으로 하는 대표적인 지역적 조직들이다.

세계적인 차원에서는 GATT에 이어 세계무역기구(WTO)가 등장하여 수입제한 조치들의 완화를 통하여 국제무역의 활성화를 위해 노력하고 있다. WTO협정은 그 서문에서 "관세 및 그 밖의 무역장벽의 실질적인 삭감과 국제무역 관계에 있어서의 차별대우의 폐지를 지향하는 상호 호혜적인 약정의 체결을 통하여 이러한 목적에 기여하기를 희망하며, 따라서 가트협정, 과거의 무역자유화 노력의 결과 및 모든 우루과이라운드 무역협상 결과 보다 존속가능하고 항구적인 다자간 무역체제를 발전시켜 나갈 것"이라고 하였다.[21]

이러한 목적을 위하여 WTO협정은 세계무역기구(WTO)라는 국제기구를 창설하는 동시에, 국제무역에 관한 국제규범을 마련하였다. 국제적인 무역규범으로의 WTO법을 이해하려면 우선 그 법원(sources of law)을 알아보아야 하는데, 우루과이라운드 협상결과를 총정리 한 '우루과이라운드 다자간 무역협상 결과를 구현하는 최종의정서'(Final Act Embodying the Results of the Uruguay Round of Multilateral Trade Negotiations)에는 크게는 '최종의정서'(Final Act) 자체와 '세계무역기구 설립을 위한 마라케쉬협정'(Marrakesh Agreement Establishing the World Trade Organization; WTO협정 또는 우루과이라운드협정)이 들어있으며, '각료결정 및 선언'(Ministerial Declarations and Decisions)과 '금융서비스의 서약에 관한 양해'(Understanding on Commitments in Financial Services)도 그 법원을 구성한다.

가장 중요한 세계무역기구설립협정 즉 WTO협정은 전문과 16개 조문으로 구성된 본문과 4개의 부속서(annex)로 구성되어 있다. 협정은 제2조에서 다음과 같이 규정하였다.

---

20) Folsom, Gordon, and Spanogle, pp. 56-57.
21) 세계무역기구 설립을 위한 마라케쉬협정 서문.

제2조 세계무역기구의 범위

1. 세계무역기구는 이 협정의 부속서에 포함된 협정 및 관련 법적문서와 관련된 사항에 있어서 회원국 간의 무역관계의 수행을 위한 공동의 제도적인 틀을 제공한다.
2. 부속서 1, 2 및 3에 포함된 협정 및 관련 법적 문서(이하 "다자간무역협정" 이라 한다)는 이 협정의 불가분의 일부를 구성하며, 모든 회원국에 대하여 구속력을 갖는다.
3. 또한 부속서 4에 포함된 협정 및 관련 법적 문서(이하 "복수국간무역협정" 이라 한다)는 이를 수락한 회원국에 대하여 이 협정의 일부를 구성하며 이를 수락한 회원국에 대하여 구속력을 갖는다. 복수국간 무역협정은 이를 수락하지 아니한 회원국에게 의무를 지우거나 권리를 부여하지 아니한다.
4. 부속서 1가에 명시된 1994년도 관세 및 무역에 관한 일반협정(이하 "1994년도 GATT"라 한다)은 국제연합 무역과 고용회의 준비위원회 제2차회의 종결 시 채택된 최종의정서에 부속된 1947년 10월 30일자 관세 및 무역에 관한 일반협정이 그 이후 정정, 개정 또는 수정된 일반협정(이하 "1947년도 GATT"라 한다)과 법적으로 구별된다.

WTO 규범체제의 특징은 실체법적 내용이 WTO협정이 아니라 협정에 첨부된 4개의 부속서에 들어있다는 점이다. 부속서1에는 부속서1A '다자간상품무역협정', 부속서1B '서비스무역일반협정', 부속서1C '무역관련지적재산권협정'이 들어있다. 부속서1A에는 다시 GATT 1994와 농산물협정, 위생 및 검역조치협정, 섬유류협정, 무역에 대한 기술장벽협정, 무역관련투자조치협정, 반덤핑협정, 관세평가협정, 선적전검사협정, 원산지규정협정, 수입허가절차협정, 보조금 및 상계조치협정, 세이프가드협정이 포함되어 있다. 부속서2는 '분쟁해결규칙 및 절차에 관한 양해'(Understanding on Rules and Procedures Governing the Settlement of Disputes : DSU), 부속서3은 '무역정책검토제도'(Trade Policy Review Mechanism : TPRM)에 관한 것이며, 부속서4는 '복수국간무역협정'(Plurilaretal Trade Agreement)인데, 여기에는 민간항공무역협정, 정부조달협정, 국제낙농협정, 국제쇠고기협정 등 4개의 협

정이 들어있다.[22]

WTO협정의 체결과 효력발생으로 1947년 체결된 '관세 및 무역에 관한 일반협정'(GATT)은 어떻게 되었는가? 일단 1995년 1월 1일 세계무역기구(WTO)가 출범하면서 국제조직으로서의 가트는 해체되었다. 그러나 '1994 관세 및 무역에 관한 일반협정'(GATT 1994)은 제1조에서 GATT 1994는 1947년에 체결되어 그간 여러 차례 개정되어온 'GATT 1947'과 6가지 양해서, 'GATT 1994에 대한 마라케쉬의정서'로 구성된다고 하였다. 따라서 'GATT 1947'은 각종 양해서들과 함께 일단 GATT 1994의 일부로 흡수되었으며, GATT 1947 자체는 1995년 12월 31일 소멸되었다고 본다.[23]

제5절 국제기구로서의 WTO

1. WTO의 법적지위

국제무역규범으로서의 WTO 협정은 이전의 GATT 협정의 중요한 부분을 GATT 1994의 형태로 계승한 것이지만, 국제기구로서의 WTO는 국제기구의 지위를 가지지 못하였던 GATT와 큰 차이가 있다. GATT는 국제무역기구(ITO)의 출범 때까지 관세인하를 통한 자유무역 실현을 위해 존재하도록 예정되어 있었던 잠정적으로 효력발생에 들어간 조약이었다. ITO의 출범이 좌절되면서 GATT는 사실상 국제기구와 유사한 모양을 갖추게 되었으나, GATT는 여전히 'ITO 잠정위원회'(Interim Commission for the International Trade Organization)가 관장하는 다자조약의 지위를 가지고 있었을 뿐 국제기구는 아니었던 것이다.[24]

우루과이라운드 협상과정을 살펴보면 초기부터 국제기구로서의 WTO의 창설이 예정되어 있었던 것은 아니었다. 우루과이라운드 협상이 상당히 진

22) 복수국간무역협정에 대해서는 회원국들이 별도로 가입 여부를 결정한다.
23) 최승환, 「국제경제법」, 제3판, 법영사, 2006, pp. 146-147.
24) 국제경제법학회, 「국제경제법」, 박영사, 2010, p. 35.

척된 1990년 12월 각료회의를 전후하여 캐나다와 EC를 중심으로 '다자간무역기구'(Multilateral Trade Organization : MTO)의 창설이 주장되기 시작하였으며, 1991년 12월 당시 사무총장이 작성한 '던켈초안'에 MTO 초안이 포함된 후 1993년 그 명칭이 WTO로 바뀌었다.[25)]

'세계무역기구 설립을 위한 마라케쉬협정'에 따라 세계무역기구(WTO)는 국제기구로서 설립되었다. WTO협정 제3조는 국제기구인 WTO는 다음과 같은 기능을 수행한다고 하였다.

제3조 세계무역기구의 기능

1. 세계무역기구는 이 협정 및 다자간무역협정의 이행, 관리 및 운영을 촉진하고 그 목적을 증진하며 또한 복수국간 무역협정의 이행, 관리 및 운영을 위한 틀을 제공한다.
2. 세계무역기구는 이 협정의 부속서에 포함된 협정에서 다루어지는 사안과 관련된 회원국 간의 다자간 무역관계에 관하여 그들 간의 협상을 위한 장을 제공한다. 세계무역기구는 또한 각료회의에 의하여 결정되는 바에 따라 회원국 간의 다자간 무역관계에 관한 추가적인 협상을 위한 토론의 장 및 이러한 협상결과의 이행을 위한 틀을 제공한다.
3. 세계무역기구는 이 협정 부속서 2의 분쟁해결 규칙 및 절차에 관한 양해(이하 "분쟁해결양해"라 한다)를 시행한다.
4. 세계무역기구는 이 협정 부속서 3에 규정된 무역정책검토제도를 시행한다.
5. 세계무역기구는 세계경제 정책결정에 있어서의 일관성 제고를 위하여 적절히 국제통화기금과 국제부흥개발은행 및 관련 산하기구들과 협력한다.

세계무역기구는 국제기구로서 국제법상의 법인격을 가지며, 각국은 WTO에게 그에 적합한 법적인 능력을 부여하여야 한다. WTO는 국제기구로서

25) Ibid.

필요한 특권과 면제를 누리며, 소재지 국가와의 본부협정 등 국제조약을 체결할 수 있는 능력을 갖는다. WTO의 법적지위와 관련하여 WTO협정 제8조는 다음과 같이 규정하였다.

제8조 세계무역기구의 지위

1. 세계무역기구는 법인격을 가지며 각 회원국은 세계무역기구에 대하여 이 기구가 자신의 기능을 수행하는 데 필요한 법적 능력을 부여한다.
2. 각 회원국은 세계무역기구에 대하여 이 기구가 자신의 기능을 수행하는 데 필요한 특권과 면제를 부여한다.
3. 각 회원국은 또한 세계무역기구의 관리와 이 기구의 회원국 대표에 대하여도 이들이 세계무역기구와 관련하여 자신의 기능을 독자적으로 수행하는 데 필요한 특권과 면제를 부여한다.
4. 회원국이 세계무역기구, 이 기구의 관리 및 이 기구 회원국 대표에게 부여하는 특권과 면제는 1947년 11월 21일 국제연합 총회에서 승인된 전문기구의 특권과 면제에 관한 협약에 규정된 특권과 면제와 유사하여야 한다.
5. 세계무역기구는 본부 협정을 체결할 수 있다.

2. WTO의 조직

세계무역기구는 3층 구조로 되어 있다.[26] 모든 당사국 대표들로 구성되는 '각료회의'(Ministerial Conference)는 최소한 2년마다 개최되며, 세계무역기구에 부여된 기능을 수행하는데 필요한 조치를 취한다(WTO협정 제4조 1항). 각료회의에서는 새로운 다자간 협상을 시작하고 그 결과를 채택하며, 4분의 3 이상의 찬성으로 긴급한 상황에 처한 국가의 의무를 일부 면제할 수 있다. 각료회의에서 모든 회원국들은 동등한 투표권을 갖는다. '일반이사

26) Folsom, Gordon, and Spanogle, pp. 73-74.

회'(General Council) 역시 모든 회원국 대표로 구성되어 필요에 따라 개최되며, 각료회의가 휴회 중일 때 그 기능을 대신 수행한다(동조 2항). 일반이사회에서도 회원국의 투표권은 동등한 효력을 갖는다.

세계무역기구의 마지막 단계에는 각종 이사회(Council)와 기구(Body) 및 위원회(Committee)가 있다. 각료회의 산하에는 '무역개발위원회'와 '국제수지위원회', '예산재정운영위원회'를 둔다(동조 7항). 일반이사회에는 '분쟁해결기구'(DSB)와 '무역정책검토기구'(TPRB)를 두며, '상품무역이사회'(Council for Trade in Goods)와 '서비스무역이사회'(Council for Trade in Services) 및 '무역관련지적재산권이사회'(Council for TRIPS)도 설치된다(동조 3,4,5항).[27)]

한편 세계무역기구의 행정기능을 담당하는 사무국의 최고 책임자는 사무총장(Director General)이다. 사무총장은 각료회의에서 임명한다(WTO협정 제6조).

3. 회원국과 의결절차

세계무역기구의 원회원국은 1947년 GATT협정의 당사국으로서, WTO설립협정과 다자간무역협정들을 수락하고, GATT 1994와 서비스협정에 자국의 양허표를 부가한 국가들이다(WTO협정 제11조 1항). 그러나 유엔이 인정하는 최저개발국(least-developed countries)들은 각국의 발전 정도 및 능력에 부합하는 수준의 서약과 양허를 함으로서 원회원국이 될 수 있다(동조 2항). 새로운 회원국의 가입은 각료회의가 결정한다. 각료회의는 세계무역기구 회원국 3분의 2 다수결에 의하여 가입조건에 관한 합의를 승인한다(협정 제12조). WTO로부터의 탈퇴는 통지서가 사무총장에게 접수된 날로부터 6개월이 경과하면 효력을 발생한다(협정 제15조).

WTO의 회원자격과 관련하여 특이한 것은 국가이외에 '독자적 관세영역'(separate customs territory)도 회원국이 될 수 있게 한 점이다. WTO협정과 다자간무역협정에서 '국가'에는 독자적관세영역 회원국도 포함되는 것

27) 상품무역이사회는 부속서1A의 다자간상품무역협정들의 기능을 관할하며, 서비스무역이사회는 '서비스무역일반협정'(GATS)의 기능을, TRIPS이사회는 무역관련지적재산권협정(TRIPS)을 관할한다.

이다. WTO협정 제12조는 1항에서 "국가 또는 자신의 대외무역관계 및 이 협정과 다자간무역협정에 규정된 그 밖의 사항을 수행하는 데에 있어서 완전한 자치권을 보유하는 독자적 관세영역은 자신과 세계무역기구 사이에 합의되는 조건에 따라 이 협정에 가입할 수 있다"고 하였으며, "이러한 가입은 이 협정 및 이 협정에 부속된 다자간무역협정에 대하여 적용된다"고도 하였다. 대만, 홍콩 등은 독자적 관세영역으로서 WTO에 가입하였다.

WTO에서의 의사결정과 관련하여 WTO협정은 1947년도 GATT에서 지켜졌던 컨센서스에 의한 결정의 관행을 계속 유지하였다. 그러나 컨센서스에 의하여 결정이 이루어지지 아니하는 경우에는 문제가 된 사안은 표결에 의한다. 각료회의와 일반이사회에서 세계무역기구 각 회원국은 하나의 투표권을 갖는다. 구주공동체가 투표권을 행사할 때는, 세계무역기구의 회원국인 구주공동체 회원국 수와 동일한 수의 투표권이 행사된다. 이 협정 또는 다자간무역협정에 달리 규정되어 있는 경우를 제외하고는, 각료회의와 일반이사회의 결정은 투표과반수에 의한다(협정 제9조 1항). WTO각료회의와 일반이사회에서의 의사결정 절차는 GATT에 있어서와 마찬가지로 컨센서스를 원칙으로 하되, 특정한 안건에 대한 컨센서스는 공식적인 반대를 제기하는 국가가 하나도 없어야 성립되는 것을 감안하여 WTO에서는 다수결에 따른 결정도 일부 가능하게 한 것이다.[28)]

---

28) WTO협정이 다수결로 결정할 수 있도록 명시적으로 인정한 사항에는 다음과 같은 것들이 있다. 첫째, 각료회의와 일반이사회는 회원국 4분의 3 이상의 찬성으로 WTO협정에 대한 해석을 채택하게 하였다(WTO협정 제9조 2항). 둘째, 각료회의는 회원국 4분의 3 이상의 찬성으로 WTO협정이 어떤 국가에게 부과한 의무를 면제할 수 있게 하였다(동조 3항). 셋째, 각료회의와 일반이사회는 회원국 과반수의 찬성으로 자체 절차규칙들을 제정할 수 있게 하였다. 넷째, 분쟁해결기구(DSB)에 의한 결정과 복수국간무역협정에 따른 결정들은 당해 규정들에 따라 이루어지도록 하였다.

제5장

WTO의 기본원칙

제5장

WTO의 기본원칙

제1절 서 론

GATT이래 다자간무역규범은 국제무역의 자유화와 확대를 위하여 몇 가지 기본적인 원칙들을 설정하여 준수해 오고 있다. GATT에 이어 WTO협정에서도 '차별없는 무역의 원칙'과 '수량제한금지의 원칙', '상호성의 원칙'은 기본적인 원칙이다. 차별없는 무역의 원칙은 다시 외국인이나 외국상품 간의 차별을 금지하는 '최혜국대우'(most-favored-nation treatment)의 원칙과 '내국인대우'(national treatment)의 원칙으로 나누어진다. 이러한 원칙 이외에 '자유무역의 원칙'과 '투명성의 원칙'도 기본원칙으로 거론된다.

WTO에서 상품무역에 관한 기본원칙은 GATT 1994에 나타나 있다. 그러나 GATT 1994는 기본적으로 GATT 1947를 기초로 하고 있는바, '체약국'(contracting party)을 '회원국'(member)으로 바꾸는 등 주로 용어를 교체하는데 머물렀다.[1)] GATT 1994가 GATT 1947과 이처럼 유사함에도 불구하고 WTO설립협정이 이들이 "법적으로 상이"(legally distinct)하다고 말한 것은, WTO가 법적으로 과거 GATT의 법적인 계승자가 아니며 GATT 1994의 회원국들이 GATT 1947의 체약국에게 어떠한 법적인 의무도 부담하지 않는다는 의미이다. 그럼에도 불구하고 WTO협정 제16조는 1항에서 "이 협정 또는 다자간무역협정에 달리 규정되지 아니하는 한, 세계무역기구는 1947년도 GATT 체약국단 및 1947년도 GATT의 틀 내에서 설립된 기구의 결정, 절차 및 통상적인 관행에 따른다"고 하여 그 뿌리를 인정하였다.[2)]

---

1) Ray August, Don Mayer and Michael Bixby, International Business Law, 5th edition, Pearson Education International, 2009, pp. 332-333.

2) WTO 협정 제16조는 2항에서 GATT 1947 사무국이 세계무역기구의 사무국이 되며 이 협

제2절 최혜국대우의 원칙

1. 의 미

최혜국대우(most-favored-nation treatment)란 오늘날 국제무역에서 기본적인 원칙에 속하는 것으로 한 국가 내에서 외국상품 간의 차별을 없애는 역할을 한다. GATT협정 제1조는 수·출입과 관련하여 부과되는 관세와 과징금, 규칙, 절차 등을 적용하는데 있어 모든 국가들에게 가장 유리한 대우를 해야 한다는 '최혜국대우' 원칙을 규정하였으며, 이 원칙에 힘입어 전후 세계무역은 크게 신장되었다.[3)]

최혜국대우란 기본적으로 특정한 국가에게 부여된 무역상의 혜택은 다른 모든 체약국에게도 허용된다는 원칙이다. 최혜국대우라는 표현은 어떤 특별한 대우나 특권이 그러한 대우를 받게 될 일부 국가에게 부여된다는 의미로 해석되기 쉬우나, 실제로 이 원칙에 내재해 있는 원리는 그 반대이다. 최혜국대우 원칙의 주요 목표는 어떤 무역상대국에게 부여된 양허를 일반화함으로써 차별을 방지하는 데 있기 때문이다.[4)]

2. 역 사

최혜국대우 조항이 처음 등장한 것은 1055년 신성로마제국 황제가 Mantua시에 다른 도시에 부여된 모든 관세상의 특혜를 누리도록 허가하였

정 제6조 2항에 따라 각료회의가 사무총장을 임명할 때까지 GATT 1947 사무총장이 세계무역기구 사무총장이 된다고 하여 기구의 연속성을 부분적으로 인정하였다.

3) 다자간 무역협상에서 최혜국대우가 잘 지켜진 덕분에 세계 주요 국가들의 공산품 평균관세율은 종전 직후 40%에서 1987년경 5%로 낮아졌고 세계교역량은 610억 달러에서 1984년에는 2조 달러로 성장하였다고 한다. California Council for International Trade and California State World Trade Commission, The GATT and the Uruguay Round of Multilateral Trade Negotiations, 1987, pp. 1-2.

4) Michael Trebilcock, Robert Howse, and Antonia Eliason, The Regulation of International Trade, 4th edition, Routledge, 2013, p. 54.

을 때이며, 12세기와 13세기에 이 조항은 북아프리카 아랍 군주들과의 상사 관계에 있어서 지중해 도시국가 간의 동등한 대우를 보장하기 위하여 사용되었다.[5] 하지만 국제거래에 있어서 최혜국대우(MFN)에 관한 합의의 원형은 17, 18세기 이후부터 발견된다. 당시 국가들이 자국의 상인들이 외국에서 보호를 받을 수 있는 방안을 찾아서 협상을 하다 보니 이미 다른 조약에서 허용된 무역상의 특혜를 간단하게 포함시킬 수 있는 최혜국대우(MFN) 조항을 활용하는 것이 매우 편리한 방법임을 알게 되었다는 것이다. 특히 중상주의의 쇠퇴와 자유무역사상이 강화되는 가운데 비차별 원칙이 중요해지면서 1860년경 MFN조항은 유럽국가간 상법의 커먼로로 발전하였다.[6]

제1차 세계대전 당시 미국의 윌슨대통령이 발표한 '14개조'(Fourteen Points)에는 "모든 국가 간의 무역상의 평등한 조건의 수립"이 포함되어 있었다. 이는 관세는 그것이 높던 낮던 모든 국가에게 평등하게 적용되어야 한다는 의미이므로 결국 최혜국대우 원칙을 지지하는 것이라고 할 수 있다. 국제연맹규약 역시 "모든 회원국의 평등한 상업상의 대우"를 규정하였으며, 1919년 베르사유 강화조약에도 MFN 조항이 포함되었다.[7] 하지만 제1차 세계대전과 제2차 세계대전 사이 기간 경제위기에 대처하기 위해 각국이 취한 다양한 무역규제 조치들로 인하여 국제무역질서는 붕괴되었다. 대공황 발생 이후인 1930년 미국이 Smoot-Hawley법을 제정하여 관세를 높이자 다른 국가들도 대응조치를 취하였다. 특히 영국은 대영제국을 중심으로 차별적인 무역제도를 도입하였는바, 대영제국 구성국가 간의 무역상 우대조치의 해체는 제2차 대전 이후까지 미국의 주요 경제적 목표 가운데 하나이었다.[8]

제2차 세계대전 이후에는 MFN 조항을 국제무역기구(ITO) 헌장은 물론이

5) Ibid., pp. 54-55.
6) Ibid., p. 55 ; Raj Bahla, International Trade Law : Theory and Practice, 2nd edition, Lexis Publishing, 2001, p. 249.
7) Ibid(Bahla).
8) 미국은 대영제국의 무역상 우대제도에 대하여 강력하게 반대하였다. 따라서 1947년 의회에서 행정부 대변인은 그러한 우대제도를 제거하는 것이 제네바회의에 있어서 성공의 전제조건이라고 하였다. 미국이 아바나헌장을 수용하지 못하고 결국 ITO의 실패를 초래하게 된 원인의 하나도 바로 그러한 우대제도의 철폐라는 목표를 달성하지 못한데 있었다고 한다. Ibid., pp. 249-250.

고 다자간 무역협정에도 포함시키는 것에 대하여 국가들 사이에 이견이 없었다. 따라서 국제사회에서는 MFN 조항을 GATT 조약이나 ITO 헌장에 포함시킬 것인지가 아니라 MFN 조항의 범위와 적용에 관심을 갖게 되었다.[9]

3. 내 용

(1) GATT협정 제1조

GATT협정 즉 '관세 및 무역에 관한 일반협정' 제1조는 최혜국대우에 관한 조항이다.[10] GATT협정 제1조 1항은 다음과 같이 규정하였다.

> 수입 또는 수출에 대하여 그리고 수입 또는 수출과 관련하여 부과되거나 또는 수입 또는 수출에 대한 지불의 국제적 이전에 대하여 부과되는 관세 및 모든 종류의 과징금에 관하여, 그리고 이러한 관세 및 과징금의 부과방법에 관하여, 그리고 수입과 수출에 관련한 모든 규칙 및 절차에 관하여, 그리고 제3조 제2항과 제4항에 기재된 모든 사항에 관하여, 체약국이 타국의 원산품 또는 타국에 적송되는 산품에 대하여 허여하는 이익, 특전, 특권 또는 면제는 모든 다른 체약국 영역의 동종 원산품 또는 이러한 영역에 적송되는 동종 산품에 대하여 즉시 그리고 무조건 부여되어야 한다.

GATT 협정에서 최혜국대우란 "수입 또는 수출과 관련한 관세와 과징금", "수입과 수출에 관련된 규칙 및 절차", "수입품의 국내판매와 운송과 유통" 등과 관련하여 다른 국가의 상품에 부여된 각종 이익과 특전, 특권, 면제를 다른 체약국의 동종상품에도 부여하는 것이다. 캐나다-자동차 사건에서 WTO 항소기구도 밝힌바와 같이 GATT 제1조는 한 국가내에서 원산지가 다른 상품 사이에 차별을 금지하는데 목적이 있다고 하겠다.

---

9) Ibid., pp. 250-251.

10) GATT협정에는 최혜국대우에 관한 조항처럼 비차별에 관한 규정을 두고 있는 조문들이 곳곳에 산재해 있다.

(2) 적용범위

최혜국대우가 적용되는 분야 즉 최혜국대우가 적용되는 범위는 상기한 GATT협정 제1조에 나타나 있다. 그에 의하면 최혜국대우는 수출과 수입에 따른 관세 및 부과금 관련 절차는 물론이고, 제3조 2항과 4항을 언급함으로써 내국세와 기타 과징금에도 적용하도록 하였다.[11] 따라서 최혜국대우는 ①수출과 수입에 따른 관세(customs duties) 및 부과금(charges of any kind), ②수출입대금의 국제이체에 대한 관세(customs duties) 및 부과금(charges of any kind), ③이러한 관세 및 부과금의 징수방법, ④수입과 수출에 관련된 모든 규칙 및 절차, ⑤수입품에 대한 직간접의 내국세 및 부과금, ⑥수입품의 국내판매, 판매제의, 구매, 운송, 유통, 사용에 적용된다고 하겠다.

GATT협정 제1조가 말하는 최혜국대우는 오직 상품(product)에만 적용된다. 그러나 최혜국대우 원칙은 수량제한 및 국영무역에도 적용되며, 상품무역은 물론이고 서비스와 재적재산권 무역에도 폭넓게 활용되고 있다.[12]

(3) 이익, 특전, 특권, 면제

회원국들이 부담하는 최혜국대우 원칙에 따른 회원국의 의무는 타국의 원산품 또는 타국에 적송되는 산품에 대하여 허여하는 이익, 특전, 특권 또는 면제를 모든 다른 체약국 영역의 동종 원산품 또는 이러한 영역에 적송되는 동종 산품에 대하여 즉시 그리고 무조건 부여하는 것이다. 여기에서 말하는 이익(advantage), 특전(favor), 특권(privilege), 면제(immunities)는 세금의 환불도 포함하는 넓은 개념이며, '상품'(product)이란 개념은 지재권과 서비스 등을 제외하기 위하여 선택된 용어이다. 또한 '타국'(any other country)과 관련하여서는 회원국이 다른 국가에게 부여한 모든 이익을 다른 모든 회원국에게도 허용한다는 의미이므로, 회원국이 비회원국에게 부여한 이익도 모든 회원국에게 허용된다.[13]

11) Matthias Herdegen, Principles of International Economic Law, Oxford, 2013, p. 189.
12) Bahla, pp. 252-253.
13) Ibid., p. 253,

(4) 무조건

최혜국대우가 '즉시' '무조건적으로' 부여되어야 한다는 것은 시차가 없이 아무런 부가조건 없이 부여되어야 한다는 뜻이다. 그러나 최혜국대우 원칙에 따른 이익, 특전, 특권, 면제가 다른 국가가 원산지인 상품에도 '무조건' 부여되어야 한다는 규정의 해석과 관련하여 정리가 필요한 부분이 있다.

인도네시아-자동차 사건에서 유럽연합과 일본, 미국은 인도네시아가 '인도네시아 국민차계획'(Indonesia National Car Programme)에 따라서 채택한 자동차와 자동차 부품에 관한 일련의 조치와 관련하여 인도네시아를 상대로 제소하였다. 이 계획에 따르면 일정한 기준에 부합하는 경우에는 관세와 내국세를 면제해 주도록 하였는데, 이는 사실상 한국으로부터의 수입품에 혜택을 부여하기 위한 것이었다. 제소국들은 국민차계획이 허여하는 이익은 GATT 협정 제1조 1항 규정에 해당하는 것이므로, 그러한 이익은 조건적인(conditional) 것이면 아니 된다고 하였다.[14] 그 후 캐나다-자동차 사건에서 패널은 '무조건적으로'(unconditionally)의 해석과 관련하여 오직 수입품의 원산지 국가를 차별하는 조건 만이 GATT 협정 제1조 1항을 위반하는 것이라고 하였다. 패널은 협정 제1조 1항의 이익이 '무조건적으로' 부여되었는가 하는 것을 그것이 다른 국가의 동종상품 간의 차별을 포함하고 있는가 하는데 대한 검토와 떼어서 판단할 수는 없다고 하였다. 이 사건에서 패널은 실제로 "그러한 이익에 부가된 조건이 수입품 자체에 관한 것이 아니란 사실이 곧 그러한 조건이 수입품의 원산지와 관련하여 차별적인 것임을 의미하는 것은 아니다"라고 하였다.[15]

(5) 동종상품

GATT에서 최혜국대우의 원칙은 오직 '동종'(like) 상품에만 적용되므로, 상품이 '동종'이란 사실을 확인하는 것은 상품이 비차별적 대우를 받기 위한 전제조건이라고 할 수 있다.[16]

---

14) Trebilcock, Howse, and Eliason, p. 65.
15) Ibid., pp. 65-66.
16) Ibid., p. 69.

GATT협정에서 자주 제기되는 문제로 '동종상품'(like product)의 의미에 관한 것이 있는데, 실제로 '동종상품'(like merchandise)이나 '동종 또는 경쟁상품'(like or competitive product)이란 용어는 협정의 곳곳에서 발견된다. GATT 체약국들이 1970년 채택한 Report of the Working Party on Border Tax Adjustment은 동종상품 또는 유사상품의 해석과 관련하여 제기되는 문제들은 상품의 최종사용, 소비자의 취향과 습관, 상품의 특성과 성격 등을 고려하여 사안별로(case-by-case basis) 검토되어야 한다고 하였다. 그 후의 패널 판정과 상소기구 판결들도 이러한 기준을 따랐으며, 관세분류(tariff classification) 기준을 부가하기도 하였다.[17)]

그런데 판례법에서는 상품의 동종성과 관련하여 두 가지 접근방법이 등장하였다. 첫째는 형식적 접근방법(formal approach) 인데, 관세분류와 상품의 물리적 특성을 중요시하는 것이다. 둘째는 기능적 접근방법(functional approach)으로, 여기에서는 소비자의 관점에서 상품 간의 대체가능성(substitutability)에 주목한다. 예를 들면 버터와 마가린은 물리적 특성은 전혀 다르지만 소비자들이 이들 두 가지 상품을 대체해서 사용한다면 같은 시장에 속하는 것으로 볼 수 있다는 것이다. 다음의 스페인 천연커피 관세사건에서 GATT 패널이 내린 결정도 유사한 것이었다. 생각건대, 형식적 방법은 WTO 법학에서 우세한 입장이지만, 논리적으로는 기능적 방법이 설득력이 있다는 평가이다.[18)]

여하튼 '동종상품'에 대해서는 단일의 명확한 정의가 존재하는 것은 아니며, 이 용어가 GATT협정의 다른 곳에서 사용될 때에는 다른 의미를 가질 수도 있다는 점은 문제이다. 어떤 문맥에서 타당한 '동종상품'에 대한 해석은 유추에 의하여 다른 문맥에서 활용될 수는 있지만, 그 용어의 해석을 관련 GATT 조문의 목적과 연계시켜 파악하는 것이 중요하다. GATT 제6조와 제11조 2항(c)에서 '동종상품'은 매우 좁게 정의되는데, 그 이유는 그 규정들이 GATT협정의 의무에 대한 예외에 관한 것이기 때문이다. 하지만 GATT 협정 제1조에서 '동종상품'이란 용어는 관세분류에서와 유사한 범위를 의도

---

17) Ibid.
18) Ibid., pp. 69-70.

한 것으로 보인다. 그 이유는 제1조 규정에 따른 회원국들의 의무는 유사성 테스트에 있어서 관세분류(tariff classification)가 중요한 관세양허에 관련된 것이기 때문이다.[19]

〈스페인 천연커피 관세사건〉

브라질이 스페인을 제소한 것은 스페인이 1979년 관세양허개정을 통해 로스팅하지 아니한 천연커피 수입에 적용할 관세대우를 수정하였기 때문이다. 이전에 천연커피는 관세율이 하나로 묶여 있었는데 반해, 새로운 제도에 의하면 천연커피를 5가지로 분류하여 관세율에 차등을 두었고, 브라질이 주로 수출하던 커피는 스페인의 이전 식민지 지역에서 수출하는 커피들에 비해 관세율이 높아지게 되었기 때문이다. 이에 브라질은 모든 종류의 커피가 동종제품(like products) 임에도 불구하고 상이한 관세율을 적용하는 것은 GATT 협정 제1조 1항에 대한 위반이라고 주장하면서 스페인을 GATT 분쟁해결절차에 제소하였다. 이에 대해 스페인은 이들은 질적으로 다르고 스페인 소비자들도 그렇게 생각하므로 관세부과에 차이를 둘 수 있다고 주장하였다. 패널은 천연커피는 대부분 여러 가지 종류의 커피를 혼합하여 판매되며, 최종사용에 있어서도 천연커피는 보편적으로 음용에 사용되는 단일 상품으로 다루어지고 있는 사실을 고려하였다. 아울러 패널은 맛과 향의 차이와 같은 관능적 차이(organoleptic difference)가 관세대우에 있어서의 차이를 정당화하지는 않는다고도 하였다. 결국 패널은 모든 종류의 커피는 '동종제품' 임을 인정하여 스페인의 천연커피에 대한 차등관세는 최혜국대우 의무를 위반한 것이라고 판시하였다.[20]

(6) 법적인 차별과 사실상의 차별

최혜국대우 원칙에 의하여 외국 상품 간의 '법적인 차별'(de jure discrimination)은 물론이고 '사실상의 차별'(de facto discrimination)도 금지

19) Bahla, p. 257.
20) Trebilcock, Howse, and Eliason, pp. 72-73 : GATT, Spain-Tariff Treatment of Unroasted Coffee, BISD 28S/102, 1982.

된다. 일부 국가의 상품을 공개적으로 차별하는 법령이 있다면 그것은 법적인 차별로서 당연히 금지된다. 뿐만 아니라 최혜국대우 원칙은 일부 특정한 국가의 상품만을 이롭게 하는 은폐된 차별이나 간접적인 차별도 금지한다.

EEC-Imports of Beef 사건에서 캐나다는 고급 쇠고기 수입에 관한 EEC의 관세양허가 표면상으로는 비차별적이나 그 이행방법으로 인하여 차별적인 효과를 갖는다고 주장하며 EEC를 상대로 GATT에 제소하였다. EEC의 관세양허의 이행을 위한 EEC 이사회 규칙에 의하면 육류선적을 위해서는 품질확인서가 필요한데, 미국 농무성의 Food Safety and Quality Service가 유일한 공인된 인증기관이었기 때문이다. 패널은 미국 이외의 국가가 원산지인 동종제품의 수출이 EEC 시장에 사실상 접근할 수 없음을 확인한 후, EEC의 규정은 GATT 협정 제1조의 최혜국대우 원칙에 대한 위반이라고 판시하였다.[21] WTO 항소기구는 캐나다-자동차사건에서 "GATT협정 제1조 1항이 '법적인' 또는 '사실상의'란 용어는 사용하지 않았지만, 이 조문이 법적인 차별만을 금지한 것으로 볼 수는 없다"고 하였다.[22]

4. 예 외

최혜국대우 원칙에 대해서는 일부 예외가 인정된다. GATT협정은 처음부터 관세동맹, 자유무역지대, 국경무역에 대해서는 최혜국대우에 대한 예외로 인정하였으며, 나중에는 '일반특혜관세제도'(Generalized System of Preferences: GSP)와 '다자간섬유협정'(Multi-Fiber Arrangement: MFA)으로 예외가 확대되었다. 어떤 국가가 국제수지에 있어서 극도의 어려움에 처한 경우와 공중도덕이나 환경보호를 위한 경우에도 예외가 인정된다.

21) Ibid., p. 77 ; Panel Report, EEC-Imports of Beef from Canada, BISD 28S/92, 1981.
22) WTO, Canada : Certain Measures affecting the Automotive Industry, Report of the Appellate Body(2000), WT/DS139/AB/R, para. 78 ; Herdegen, pp. 189-190.

(1) 개발도상국에 대한 특혜

개발도상국 상품이 수출시장에서 선진국 상품과 동등한 조건에서 경쟁하기는 어렵다. 그런데 최혜국대우 제도는 수출국의 발전정도와는 상관없이 모든 국가에게 수출시장에 대한 비차별적 접근을 요구하는 것이어서, 개도국의 입장에서 이 제도는 오히려 그들의 경쟁력 제고에 부담이 되었다. 따라서 GATT는 1971년 6월 25일부터 10년간 개발도상국으로부터의 수입품에만 10년간 우대세율을 적용하는 것을 허용하였다. 이어서 1979년 11월 28일 GATT 체약국들은 약칭 '수권규정'(Enabling Clause)이라 부르는 "Differential and More Favorable Treatment, Reciprocity and Fuller Participation of Developing Countries" 결정을 채택하였다. 이 결정에 따라 선진국은 개도국에게 일반특혜관세제도(GSP)에 따른 특혜를 부여하는 것이 허용되었으며 이는 최혜국대우 의무에 대한 예외로 인정되었다.[23)]

(2) 관세동맹, 자유무역지대, 국경무역

WTO 회원국도 관세동맹(Customs Union)이나 자유무역지대(Free Trade Area) 협정을 체결하는 경우에는 최혜국대우 의무에 대한 예외로 인정받는다. 그러한 협정에 가입한 국가 간에만 무역상의 특혜가 허용되기 때문이다. 오늘날 지구상에는 무역에 관한 수백 개의 지역협정과 양자협정들이 존재한다. 특히 자유무역협정(FTA) 같은 협정이 크게 증가하고 있는데, 그러한 협정이 강력한 경제력을 가진 국가 사이에 체결되어 상호 간에 광범위한 무역특혜를 부여하는 경우에는, GATT/WTO의 최혜국대우 원칙은 훼손되고 실제로는 '최불리국대우'(least-favored-nation treatment) 만이 남게 될 것이라는 우려도 있다.[24)]

한편 GATT 협정 제24조 3항은 국경지역 주민들이 행하는 소규모 거래인 국경무역에 대해서도 최혜국대우 의무를 면제하도록 하였다.

---

23) Mitsuo Matsushita, Thomas J. Schoenbaum, and Petros C. Mavroids, The World Trade Organization : Law, Practice and Policy, Oxford, 2004, p. 130.

24) Herdegen, pp. 191-192.

(3) 역사적 예외

GATT는 그 성립 이전부터 존재하였던 식민지 관계, 보호권, 종주권 등의 국가 간 또는 지역 간의 정치적인 관계를 고려하여 역사적 예외를 인정함으로써 최혜국대우 의무에 대한 예외를 인정하였다. 즉 영연방 국가 간의 특혜, 프랑스공동체 국가 간의 특혜 등은 역사적인 관계를 고려하여 인정된다.[25]

(4) 기타 예외

최혜국대우 제도에 따른 의무는 GATT 협정 제20조 일반적 예외에 따른 규제조치, 덤핑에 따른 반덤핑관세조치, 보조금 지급에 따른 상계관세조치, 기타 분쟁해결절차에 따른 보복조치 등에는 적용되지 아니한다.

〈캐나다 자동차 관세사건〉

캐나다는 자국에 투자한 미국의 빅3와 스웨덴의 볼보회사의 수입자동차에 대해서는 관세를 부과하지 않으면서, 다른 업체의 수입 자동차에 대해서는 6.7%의 관세를 부과하였다. 캐나다 자동차 산업에 많은 투자를 하고 있는 일본은 1998년 7월 캐나다의 관세정책이 WTO협정의 최혜국대우의무에 대한 위반이라는 이유로 WTO에 제소하였고, 동년 8월 유럽연합(EU)도 같은 이유로 캐나다를 제소하였다. 우리나라는 연간 2만 대 정도의 자동차를 캐나다에 수출하는 등 이해관계를 가지고 있어 제3자로 참가하였다. 2000년 2월 WTO 패널은 캐나다의 관세제도가 WTO 협정에 위반된다고 판정하였으며, 동년 6월 상소기구도 패널의 판정을 대부분 지지하였다. 이러한 판정에 따라 캐나다는 모든 자동차 수출업체에 동일한 관세를 부과해야 할 의무를 부담하게 되었다.

---

25) GATT 협정 제1조 2항.

제3절 내국민대우의 원칙

1. 의 미

GATT협정 제3조는 내국민대우(national treatment)에 관한 규정이다. 협정 제3조는 체약국은 수입품에 내국세나 기타 과징금을 부과하거나, 국내 판매와 운송·분배에 영향을 미치는 각종 법령과 규정 등을 적용하여 국내생산을 보호하지 못한다고 하였다. 내국민대우는 최혜국대우와 함께 국제무역에 있어서 비차별을 구현해 가는 원칙으로 GATT와 WTO의 기본원칙에 속한다. 최혜국대우는 상품의 수출입과 관련하여 한 국가의 국경선에서의 비차별을 요구하는 것인데 비해, 내국민대우는 상품이 일단 한 국가에 수입된 후 수입품과 국산품 간의 비차별을 요구하는 것이다.[26)]

GATT 협정상 기본원칙의 하나인 내국민대우는 체약국 내에서 국내상품과 수입상품 간의 비차별을 목적으로 한다. GATT 협정 제3조는 수입상품이 내국세와 과징금, 상품의 마케팅 관련 기타 규제와 관련하여 국내상품과 동등한 대우를 받도록 요구하는 것이다. 내국민대우 원칙은, 국내적으로는 수입상품의 마케팅을 제한하려는 각국의 의도를 억제하여 국내상품과 수입품 간의 공정한 경쟁을 보장하는 효과가 있으며, 보편적으로는 전반적인 무역장벽을 낮추는데 기여하였다.[27)]

2. GATT협정 제3조

GATT협정은 기본적으로 공산품에 대한 관세인하를 통하여 국제무역을 촉진하는 것을 목적으로 하였다. 따라서 GATT는 각국의 관세양허를 기초로 그 효과를 저해하는 차별적 관세제도의 철폐를 위해 노력하였으며, 그 결과 GATT시대에는 최혜국대우 조항이 가장 중요한 부분으로 생각되었다.

---

26) August, Mayer, Bixby, p. 351.
27) Herdegen, p. 195.

그렇지만 지속적인 관세인하로 인하여 관세장벽이 낮아지고 관세의 수입규제 조치로의 효과가 크게 약해진 가운데, 수입규제 효과가 직접적이고 효율적인 조세의 기능에 비추어 내국세의 효용성이 크게 부각되었다. 특히 GATT에서 이루어진 8차례의 다자간무역협상(MTN)을 통해 관세가 대폭인하 되면서 관세와 같은 국경조치 못지않게 조세제도를 비롯한 국내조치가 중요해졌다.[28)]

GATT협정 제3조는 다음과 같이 규정하였다.

제3조 내국과세 및 규칙에 관한 내국민대우

1. 체약국은 내국세, 기타 내국과징금과 산품의 국내판매, 판매를 위한 제공, 구매, 수송, 분배 또는 사용에 영향을 주는 법률, 규칙 및 요건, 그리고 특정한 수량 또는 비율의 산품의 혼합, 가공 또는 사용을 요구하는 내국의 수량적 규칙은 국내생산을 보호하기 위하여 수입산품 또는 국내산품에 대하여 적용하여서는 아니된다는 것을 인정한다.
2. 다른 체약국의 영역내에 수입된 체약국 영역의 산품에 대하여는 동종의 내국산품에 직접 또는 간접으로 부과되는 내국세 또는 기타 모든 종류의 내국과징금을 초과하는 내국세 또는 기타 모든 종류의 내국과징금을 직접 또는 간접으로 부과하여서는 아니된다. 또한, 체약국은 본 조 제1항에 규정된 원칙에 위배되는 방법으로 내국세 또는 기타 내국과징금을 수입산품 또는 국내산품에 부과하여서는 아니된다.
4. 체약국 영역의 산품으로서 다른 체약국의 영역에 수입된 산품은 동 국내에서의 판매, 판매를 위한 제공, 구입, 수송, 분배 또는 사용에 관한 모든 법률, 규칙 및 요건에 관하여 국내 원산의 동종 산품에 부여하고 있는 대우보다 불리하지 아니한 대우를 부여하여야 한다. 본 항의 규정은 교통수단의 경제적 운영에 전적으로 입각하였으며 산품의 원산국을 기초로 하지 아니한 차별적 국내 운송요금의 적용을 방해하지 아니한다.
5. 체약국은 특정한 수량 또는 비율에 의한 산품의 혼합, 가공 또는 사용에

28) 한국국제경제법학회, 「국제경제법」, 박영사, 2010, pp. 132-133.

관한 내국의 수량적 규칙으로서 그 적용을 받는 산품의 특정한 수량 또는 비율을 국내의 공급원으로부터 공급하여야 함을 직접 또는 간접으로 요구하는 규칙을 설정 또는 유지하여서는 아니된다. 그 외에도, 체약국은 제1항에 규정된 규칙에 위배되는 방법으로 내국의 수량적 규칙을 적용하여서는 아니된다.

3. 내 용

(1) 목적과 일반적 내용

관세와 조세 간의 유사성에 비추어 볼 때, 국제무역에서 내국세에 대한 규제는 매우 중요하다. 따라서 GATT협정은 제1조 최혜국대우 규정과 제2조 관세양허 규정에 이어 제3조에 내국민대우에 관한 규정을 배치하였다.[29] 제3조에서도 내국세 및 규제정책과 관련하여 중요한 규정은 1항과 2항이다. 1항은 내국세는 물론 국내입법과 규칙에 적용되는 일반원칙을 담고 있으며, 2항은 내국세와 규제정책을 두 가지 부류로 나누어 보다 세밀하게 다루고 있다.

GATT협정 제3조 1항은 체약국은 내국세와 기타 내국과징금과 상품의 국내판매, 판매를 위한 제공, 구매·수송·분배 또는 사용에 영향을 주는 법률, 규칙 및 요건, 국내법상의 수량적 규칙은 국내생산을 보호하기 위하여 수입상품 또는 국내상품에 대하여 적용하면 아니된다는 것을 인정한다고 하여 내국민대우의 원칙을 선언하였다. 체약국은 국내생산을 보호하기 위한 목적에서 내국세와 과징금을 부과하고, 상품의 판매와 유통에 관한 법규칙과 제도를 마련하며, 수량적 규칙을 도입하여서는 아니 된다고 한 것이다.

내국민대우 원칙에 관한 협정 제3조 1항의 목적은 보호주의적 차별을 제거하는데 있으며, Japan-Alcoholic Beverages Ⅱ에서 항소기구가 언급한바 동조의 중심적인 목표는 수입품과 국내상품 간 경쟁조건의 평등을 확보하는데 있는 것이다. 동 사건에서 항소기구는 GATT협정 제3조의 포괄적이고

29) Bahla, p. 423. GATT협정 제3조가 다루는 내국민대우는 상품무역에 적용되는 것이며, 서비스교역이나 지적재산권 문제에서의 내국민대우는 해당부분에서 다루어진다.

근본적인 목적은 내국세와 규제조치를 적용함에 있어서 보호주의를 회피하는데 있으며, 구체적으로는 국내조치들이 수입품과 국내상품에 적용되어 국내생산을 보호하는데 활용되지 못하게 하는데 있다고 하였던 것이다.[30] 그러나 조문은 체약국들이 그러한 것을 '인정한다'(recognize)고 하여 조문이 법적 의무가 아닌 도덕적 의무를 부과한 것으로 간주되는 바 법적인 구속력을 가지는 것은 아니라고 해석한다. 내국민대우와 관련하여 법적구속력이 있는 내용은 내국세와 국내과징금에 관한 2항과 기타 국내조치에 관한 4항에 나타나 있다.[31]

2항은 1문에서 다른 체약국에 수입된 체약국 상품에 대하여는 동종의 내국상품에 직접 또는 간접으로 부과되는 내국세 또는 기타 모든 종류의 내국과징금을 초과하는 내국세 또는 기타 모든 종류의 내국과징금을 직접 또는 간접으로 부과하여서는 아니된다고 하였다. 이는 '동종상품'(like product)인 내국상품에 부과되는 내국세와 과징금을 초과하는 내국세와 과징금을 수입상품에 부과하지 못하게 하는 규정으로, 동종상품의 정확한 의미를 둘러싸고는 논란이 있다.

한편 2항은 2문에서 체약국은 1항에 규정된 원칙에 위배되는 방법으로 내국세 또는 기타 내국과징금을 수입상품 또는 국내상품에 부과하여서는 아니된다고 하였다. 이는 1문이 적용되는 '동종상품'을 넘어서 내국민대우의 적용범위를 확대하는 것으로 해석된다. 이와 관련하여 '제3조에 대한 주해'(Ad Article Ⅲ)을 고려하면 "직접적 경쟁상품 또는 대체상품"(directly competitive or substitutable)인 내국상품에 부과하는 세금 및 과징금과 비교하여 상당한 차이가 있는 내국세나 내국과징금을 부과하는 것을 금지하는 것이라고 해석할 수 있다.[32] 따라서 GATT협정 제3조의 내국민대우 원칙은 '동

---

30) WTO, Japan: Taxes on Alcoholic Beverages-Report of the appellate Body, 1996, WT/DS8/AB/R, WT/DS10/AB/R and WT/DS11/AB/R, para. 16; Herdegen, pp. 195-196.

31) 한국국제경제법학회, p. 133.

32) 제3조 2항의 주해는 "제2항의 최초의 문장의 요건에 합치하는 조세는 과세된 산품을 일방으로, 유사한 방법으로 과세되지 아니한 직접적 경쟁산품 또는 대체산품을 타방으로 하여 양자 간에 경쟁이 있는 경우에 한하여 제2의 문장의 규정에 모순되는 것으로 간주한다"고 되어 있다.

종상품'(like product)과 함께 '직접경쟁 또는 대체상품'(directly competetive or substitutable product)에도 미치게 된 것이다. 결국 한 회원국이 취하는 내국세의 부과나 기타 경제정책에 있어서 내외국민 동등대우의 원칙은 동종상품에 대한 차별이 있는 경우는 물론이고 직접경쟁 관계 또는 대체관계에 있는 상품에 대한 차별이 있는 경우에도 적용되게 되었다.

4항은 내국민대우 원칙의 구체적인 내용을 담고 있다. 체약국의 상품이 수입된 경우 국내산 동종상품에 비하여 불리한 대우를 받지 아니한다는 내국민대우의 적용범위는 국내판매, 판매를 위한 제공·구입·수송·분배 또는 사용에 관한 모든 법률과 규칙 및 요건에 이르는 매우 광범위한 분야에 미치는 것이다. 4항의 규정에 따라 국내상품과 수입상품 간의 판매나 구매조건을 차별하는 법률과 규칙은 물론이고 국내에서 국내상품과 수입상품간의 경쟁조건을 차별하는 법률과 규칙까지 금지되게 된 것이다.

외국상품에게 '불리하지 아니한 대우'(less favourable treatment)를 부여한다는 것은 국내판매·판매를 위한 제공·구매·수송·상품의 분배나 사용에 관한 법률이나 규칙에 있어서 수입상품에 동등한 대우를 부여한다는 의미이다. 그리고 그러한 동등대우에는 법률상의 동등대우 뿐 아니라 사실상의 동등한 대우도 포함된다.

또한 엄밀한 의미에서 내국민대우 제도가 보호하고자 하는 것은 자국 상품과 타국 상품 간의 경쟁관계에 대한 체약국들의 기대이익 즉 현재의 무역관계를 보호하고 미래의 무역을 계획하는데 필수적인 예측가능성을 형성하는 것으로 본다. 따라서 GATT 제3조는 현재의 차별과 함께 잠재적인 차별을 방지하기 위한 것으로 해석되며, 차별적인 조치가 아직 실행에 옮겨지지 않았다는 것만으로는 적절한 변명이 될 수 없다.[33]

(2) 적용범위

내국민대우 의무의 적용범위를 좌우하는 것은 실제로 동종 상품' (like products) 또는 '직접 경쟁 또는 대체상품'(directly competitive or substitutable

---

33) Matsushita, Schoenbaum, and Mavroidis, pp. 234-235.

products)을 어떠한 기준과 방법에 따라 판단하는가 하는 것이다.

'동종상품' 및 '직접 대체 또는 경쟁 상품' 개념을 이해하는 데 있어서 그 동안 GATT/WTO패널이 취한 입장은 두 가지 방법론으로 집약될 수 있다. 1970년의 '국경과세조정보고서' (Border Tax Adjustment Report) 이래로 GATT/WTO패널이 주로 의존해 온 방식인 상품성질설과, 1992년 '미국 주류 분쟁' 및 1994년 '미국 자동차 분쟁'에서 GATT패널이 취한 방법론인 '조치목적설'이 그것이다.34)

그 동안 GATT와 WTO 패널의 입장을 종합해 보면 '동종상품' 및 '직접 경쟁 또는 대체상품' 여부를 판정하는 기준은 주로 제품의 물리적 성상, 최종용도 및 관세분류라는 세 가지 요소로 집약될 수 있으며, GATT 및 WTO는 이러한 입장을 상당히 일관성 있게 지지해 왔다. 하지만 GATT 패널은 한때 국경과세조정보고서에 기술된 요소들 이외의 것을 기준으로 '동종상품' 여부를 판정하기도 하였다. 그것은 1992년의 '미국주류분쟁' 및 1994년 '미국자동차분쟁'에서 인데, 여기에서 패널은 해당조치를 통해 미국정부가 달성하고자 했던 '목적'(aim)을 결정적인 요소로 보았다. 즉 알코올 도수가 높은 맥주와 낮은 맥주를 차별적으로 대우하는 미국의 제도 및 3만 불 이상의 고급 승용차와 그 이하의 저가 승용차의 조세 간에 차별을 둔 미국의 조치는 국내산업을 보호하기 위한 것이 아니라 청소년의 건강보호와 환경보호라는 나름 정당한 목적에 입각하고 있음을 '동종'(like)의 제품 판정에 반영하였던 것이다.35)

4. 예 외

내국민대우원칙에 대해서도 일부 예외가 인정된다. WTO 협정은 GATT 협정 제20조에 따른 일반적 예외 이외에, 안전보장을 위한 경우에 예외를 인정하였으며(협정 제21조), 문화적 이유에서 영화필름에 대한 쿼터제를 허용

34) 한국국제경제법학회, pp. 139-140.

35) Ibid., pp. 141-142. 사실 이 조치목적설은 당시 GATT사무국의 법률국장이었던 '략슬러'(Frieder Roessler)에 의해 주창된 것이라고 한다.

하였고(협정 제4조), 정부조달 분야에서는 자국산품 우대를 인정하였다.

(1) 기존의 무역협정에 따른 예외

GATT협정 제3조 3항은 제2항의 규정에는 위배되지만 1947년 4월 10일에 유효한 무역협정에 의하여 인정되고 있는 기존의 내국세의 경우에는 그 보호적 요소를 철폐하는 경우에는 내국민대우의 적용을 연기할 수 있게 하였다.

(2) 정부조달과 보조금에 대한 예외

GATT협정 제3조 8항은 정부조달과 보조금에 대한 예외를 규정하고 있다. 이 규정에 따라 정부조달에는 GATT협정이 아닌 '정부조달협정'의 내국민대우 조항이 적용되고, 보조금에 대해서도 GATT협정이 아닌 '보조금 및 상계조치협정'의 내국민대우가 적용된다.

(3) 영화필름에 대한 예외

GATT협정 제3조는 10항에서 영화필름의 상영에 대한 양적조치에 대해서는 예외를 인정하였다.

(4) GATT협정 제20조에 따른 일반적 예외

제20조의 일반적 예외는 그것이 "국가 간에 임의적이며 불공평한 차별의 수단 또는 국제무역에 있어서의 위장된 제한을 과하는 방법으로 적용하지 아니할 것을 조건으로" 회원국이 조치를 취할 수 있게 하였다. 그러한 조치로는 (a)공중도덕을 보호하기 위하여 필요한 조치, (b)인간, 동물 또는 식물의 생명 또는 건강을 보호하기 위하여 필요한 조치, (f)미술적 가치, 역사적 가치 또는 고고학적 가치가 있는 국보의 보호를 위하여 적용되는 조치, (g)유한한 천연자원의 보존에 관한 조치 등이 포함된다.

제4절 수량제한금지의 원칙

1. 의 미

WTO의 원칙과 관련하여 '예외 없는 관세화'라는 말은 자국산업에 대한 보호는 오직 관세에 의해서만 이루어져야 한다는 의미이다. 하지만 오늘날 국제무역에서 WTO 회원국들은 쿼타, 수입허가, 수출허가, 기타 조치를 사용하여 다른 회원국들로부터의 수입을 금지하거나 제한하지 못한다. 쿼타의 사용이나 수출입 허가와 같은 수량제한(quantitative restriction) 조치들은 시장경제에 필수적인 가격메커니즘 기능을 방해하므로 금지되는 것이다. GATT협정 제11조는 수입과 수출에 관하여 수량제한조치를 취하는 것을 금지하였으나, 국제무역에서 주로 문제가 되는 것은 수입에 대한 수량규제조치이다.[36)]

수량제한은 특정한 상품의 수입물량을 직접 규제하기 위하여 사용되는 것으로 주로 수량할당 즉 쿼타(quota)를 설정하는 방식으로 취해진다. 쿼타는 어떤 상품의 가액보다는 수량을 기준으로 설정되며, 통상적으로 1년을 기준으로 정해지는 경우가 많다. 수량제한은 관세인상과 마찬가지로 국내생산자를 보호하는데 효과가 있지만, 수입국이 수입물량을 직접 통제하므로 관세보다 그 효과가 확실하다.[37)]

수량제한은 가장 대표적인 비관세장벽으로서 국제무역을 위축시키므로 이를 규제하게 되자, GATT시대에는 자율수출규제와 같은 각종의 회색지대조치들이 등장하기도 하였다. WTO는 이러한 조치들을 모두 철폐하도록 하였으나, 현재도 일부 예외가 인정되고 있다.

---

36) 한 국가가 특정한 상품의 수출을 제한하는 것은 대부분 그 국가에서 공급부족이 발생하여 그 상품의 가격이 불안정해지는 경우이다.

37) Matsushita, Schoenbaum, and Mavroidis, pp. 269-270.

2. 내 용

수량제한의 금지와 관련하여 GATT협정 제11조 1항은 다음과 같이 규정하였다.

> 체약국은 다른 체약국 영역의 산품의 수입에 대하여 또는 다른 체약국 영역으로 향하는 산품의 수출 또는 수출을 위한 판매에 대하여, 할당제나 수입허가 또는 수출허가 또는 기타 조치에 의거하거나를 불문하고 관세, 조세 또는 기타 과징금을 제외한 금지 또는 제한을 설정하거나 유지하여서는 아니된다.

GATT협정 제11조 1항은 회원국은 할당제나 수출입허가 또는 기타 조치에 의하여 다른 회원국 상품의 수입과 다른 회원국으로의 수출을 금지하거나 제한하면 아니 된다고 하였다. 실제로 수량제한의 방법으로는 쿼터제가 가장 일반적으로 사용되고 있는데, 쿼터제란 일정한 기간동안 특정한 상품을 가액이나 수량을 중심으로 일정한 수준까지만 수입을 허가하는 수입제한조치이다. 주목할 것은 수량제한금지에 관한 이 규정은 관세, 조세, 기타 과징금에는 적용되지 않는다는 점이다. GATT 협정 제2조는 회원국들로 하여금 관세와 조세를 사용하여 국내시장을 보호할 수 있게 하였기 때문이다.[38)]

GATT협정 제11조 1항이 말하는 상품의 수입이나 수출의 '금지'(prohibition)와 '제한'(restriction)의 의미도 살펴보아야 한다. 이러한 용어를 사용한 것은 이 규정이 적용되려면 어떤 조치가 수입과 수출에 그냥 '영향을 미치는'(impact) 수준 이상일 것을 요구하는 것으로 보아야 한다. WTO 패널은 India-Autos 사건에서 인도 정부가 자국기업에게 가액 기준으로 수입한 것만큼 수출을 하도록 요구한 것은 GATT협정 제11조 1항이 규정한 '수입제한'에 속하는 것으로 해석된다고 하였다. 인도는 무역수지에 관한 그러한 규정은 실제로 외국자동차들이 인도로 수입되는데 영향을 주지 않았으므로 수입제한조치에 해당하지 않는다고 주장하였으나, 패널은 인도의 조치가 협정 제11

38) Trebilcock, Howse, and Eliason, p. 280.

조 1항의 범주에 속하는가 하는 것을 판단하는데 있어서 중요한 요소는 수입관련 제한조치로서의 조치의 성격이라고 하였다.[39]

GATT협정 제11조 1항은 수출입 쿼터제와 함께 수입을 제한하는 '기타 조치'(other measures)들도 금지하였다. 여기에서 말하는 '기타 조치'란 수입이나 수출을 막고자 도입된 모든 조건이나 규제를 포함한다. 따라서 자료수집이나 감시활동을 하고, 최저가격제를 실시하며, 특정한 방식으로 생산되지 아니한 상품의 수입을 금지하는 행위는 모두 GATT 제11조 위반이 된다. 아울러 행정지도와 같이 비록 법적인 구속력이 없더라도 실제로 수출입을 제한하는 조치도 동조 위반이 된다.[40] 최근 WTO에서 GATT 협정의 수량제한금지 원칙을 위반한 것으로 판명된 사례로는 다음과 같은 것들이 있다. 즉 Colombia-Ports of Entry에서 일부 상품의 수입 항구를 콜롬비아 내 몇 개 항구로 제한한 조치, Brazil-Retreaded Tyres에서 재생타이어 수입을 실효적으로 금지한 조치, India-Autos에서 특정한 기업의 자동차 수출액이 수입액과 최소한 같도록 요구한 조치는 GATT 협정의 수량제한금지 규정을 위반한 것으로 결정되었다.[41]

3. 예 외

수량제한금지의 원칙에도 예외는 있다. GATT 협정은 국내 농산물시장 안정을 위한 수출제한, 국제무역에서 상품의 분류와 규격에 관련된 제한, 농·수산물의 수입제한, 국제수지방어를 위한 제한, 개발도상국에 의한 수입제한, 특정산품이 국내산업에 피해를 줄 때 발동되는 긴급수입제한, 공중도덕과 인간과 동·식물의 생명과 건강보호를 위한 GATT 20조에 의한 일반적 제한, 국가안보를 위한 제한, 분쟁해결에 따른 보복조치로의 수입제한은 적법한 것으로 인정하여 허용하였다.[42]

---

39) Ibid.

40) Matsushita, Schoenbaum, and Mavroidis, p. 271.

41) Trebilcock, Howse, and Eliason, pp. 281-282.

42) GATT 협정 제11조 2항은 1항의 수량제한금지 원칙의 적용이 배제되는 사례들을 나열하였다. 동조 1항의 규정이 적용되지 아니하는 예외는 다음과 같다. 즉 (a)식료품 또는 수출

(1) 농수산품 수출입제한 관련 예외

GATT협정 제11조 2항은 (a)식료품 또는 수출국에게 불가결한 산품의 부족을 방지하거나 완화하기 위한 일시적인 수출금지 또는 제한, (c)농업 또는 어업 산품에 대하여 수입형식의 여하를 불문하고 수입제한으로서 정부조치의 실시에 필요한 경우로서, ⅰ)시장판매 또는 생산이 허가된 동종 국내산품의 국내생산이 없는 경우와 ⅱ)동종 국내산품의 일시적인 과잉상태 또는 동종 산품의 실질적인 국내생산이 없는 경우, ⅲ)산품의 국내생산이 비교적 근소한 경우에는 예외를 인정하였다.

(2) 국제수지방어를 위한 예외

GATT협정 제12조 1항은 "제11조 제1항의 규정에도 불구하고, 체약국은 자국의 대외 자금사정과 국제수지를 보호하기 위하여" 관련 규정에 따를 것을 조건으로 "수입허가 상품의 수량 또는 가액을 제한할 수 있다"고 하여 국제수지방어를 위한 예외를 인정하였다. 그리고 그러한 수입제한조치를 설정하고 유지하려면 (i)자국의 통화준비의 현저한 감소를 예방 또는 저지하거나, (ii)소액의 통화준비를 가진 체약국이 통화준비의 합리적인 증가를 위한 목적이어야 한다.

(3) 긴급수입제한조치에 따른 예외

긴급수입제한조치란 특정 상품의 절대적 또는 상대적 수입증가로 인하여 동종의 또는 직접경쟁물품을 생산하는 국내산업에 심각한 피해를 주는 경우 4년까지 수입을 규제할 수 있게 하는 것이다. 이는 GATT 협정 및 세이프가드협정이 허용하는 것으로 수량금지 원칙에 대한 예외가 된다.

체약국에 불가결한 산품의 위급한 부족을 방지하거나 완화하기 위하여 일시적으로 적용한 수출금지 또는 제한, (b)국제무역에 있어서 상품의 분류, 등급 또는 판매에 관한 기준 또는 규칙의 적용을 위하여 필요한 수입 및 수출의 금지 또는 제한, (c)농업 또는 어업 산품에 대하여 수입형식의 여하를 불문한 수입제한으로서 정부조치의 실시에 필요한 경우이다.

(4) 자율규제협정

자율규제협정은 상품의 수출국과 수입국 간 합의에 따른 것이지만 형식적으로는 수출국이 수출물량을 자율적으로 규제하는 방식으로 수출입 수량을 제한하는 것이다. 그러나 다자간섬유협정(MFA) 등 우루과이라운드 개최 이전에 존재하였던 갖가지 회색지대(grey area measures) 조치들은 WTO 출범을 계기로 모두 폐지되었다.

제5절 상호성의 원칙과 투명성의 원칙

GATT협정문이나 WTO협정문에 상호성의 원칙에 관한 명문 규정은 없다. 그러나 '호혜적이고 상호간에 이익이 되는 합의'는 협정의 근본을 이루는 것으로 협정 서문을 비롯한 여러 곳에서 언급되었다. 생각건대 분권화된 국제사회에서 상호성이란 경제분야 뿐 아니라 모든 국가 간의 관계를 규율하는 최소한의 조건이라 할 수 있다. 일방적으로 한쪽에게만 유리한 무역은 결국 경제분야에서의 국가 간 협력을 파탄에 이르게 할 것이므로, 상호성은 다른 국제법 분야에서와 마찬가지로 국제무역에서도 기본원칙에 해당된다고 할 수 있다.

GATT에 이어서 WTO에서도 회원국들은 그들의 무역에 관한 법과 제도가 투명해지도록 노력하여야 하며, 이는 WTO의 검토사항이 된다. 따라서 회원국들은 그들의 무역관련 법규를 공표하고, 관련 행정절차를 담당하는 기관을 분명히 밝히고 관련 규정을 투명하게 유지하여야 한다. 이와 관련하여 WTO에서는 그 결정이나 패널의 결정 및 주요기관의 문서를 공표하고, 각종 간행물을 통하여 다자간무역제도 전반에 대한 동향을 알리기도 한다.

제6장

관세제도

제6장

관세제도

제1절 서 론

국가들은 국제무역의 자유화가 자국에 이익이 된다고 믿지만, 자국 산업을 보호하기 위하여 갖가지 수단을 동원하여 외국상품의 수입을 억제해 왔다. 최근 국제무역은 빠른 속도로 자유화되고 있지만, 현재에도 각국의 갖가지 제한적인 조치들로 인하여 국가 간 상품이동은 제한을 받고 있는 것이다. 경제학에서는 각국이 특정한 상품을 특화하여 비교우위가 있는 상품을 집중적으로 생산하여 교환해 사용하면 모든 국가에게 이익이 된다고 하여 자유무역제도를 옹호하였다. 그러나 그것은 전체적인 관점에서 타당한 주장일 뿐, 외국산 제품에 비해 경쟁력을 가지지 못한 상품을 생산하는 생산부문에서는 자국산업 보호를 위한 정부의 개입을 요구하게 된다. 그러한 요구는 기업은 물론 노동조합으로부터도 나오므로, 정부는 이러한 요구들을 쉽사리 무시할 수가 없다.[1)]

수입제한 조치들은 크게 관세장벽(tariff barrier)과 비관세장벽(non-tariff barrier)으로 나눌 수 있다. 관세장벽에 속하는 조치는 주로 수입관세에 관련된 조치들이다. 반면에 비관세장벽에 속하는 조치들은 매우 다양하여, 수입쿼타, 수입허가절차, 안전 및 환경기준, 정부조달정책 등에 관련된 조치들이 있다.[2)]

전통적으로 관세는 외국제품의 수입을 제한하는 가장 보편적이고 편리한 수단이었다. 관세를 부과하면 외국으로부터의 수입은 억제되고, 관세수입을

---

1) John H. Jackson and William J. Davey, International Economic Relations, West Publishing Co., 1986, p. 17.
2) Ibid., pp. 56-57.

통해 국부가 증가되며, 국내기업은 보호를 받고, 자국 내 일자리가 지켜지며, 특수한 산업을 보호하여 육성할 수 있기 때문이다. 그러나 관세는 국제무역의 자유화를 방해하므로 GATT와 WTO는 관세인하를 위하여 노력하게 되었다. 1930년대 대공황을 지나면서 각국은 보호주의적인 경제정책을 실시하여 관세율을 대폭 높이는 등의 조치를 취하였으나, 브레튼우즈 체제의 출범을 계기로 관세인하를 위한 국제적인 공조가 본격적으로 가동되어 상당한 수준의 관세감축이 단행되었다.

관세인하는 오늘날 국제무역의 자유화를 위한 가장 중요한 수단이며, 국제무역의 자유화는 실제로 최혜국대우조항(MFN clause)에 의해 상당부분 달성되고 있다. 1947년 GATT 협정부터 회원국 간에는 최혜국대우가 부여되고 있는데, GATT나 WTO 회원국이 아닌 국가에 대해서도 각국은 최혜국대우를 부여할 수 있다. 예를 들면 신시장경제국가(NME)와 경제적전환기(TE) 국가들은 GATT와 같은 다자간무역체제의 회원국이 아니었으나, 미국은 잭슨-바닉수정안(Jackson-Vanik Amendment)에 의하여 그들의 이민정책이 미국이 설정한 기준에 부합하는 경우에는 최혜국대우를 부여하였다.[3)]

제2절 관세인하

관세(tariff)란 수입시점에 수입품에 부과되는 세금 또는 재정적 부담금이다. 관세문제는 전통적으로 국가의 국내문제에 속하는 것으로 간주되었기 때문에, 국가들은 수입품에 대한 관세율을 독자적으로 결정하여 관세를 부과할 수 있는 권한을 가지고 있었다. 역사적으로 절대왕정시대에는 관세는 주로 국고수입의 증대를 목적으로 하는 '재정관세'로 인식되었으며, 중상주의 시대에는 수입제한을 목표로 하는 '보호관세'로 보았다. 여하튼 높은 관세율은 자유로운 국제무역에 직접적인 장애가 되므로, 국가들은 상호주의를 기초로 관세인하에 합의하게 된 것이다.

---

3) R. H. Folsom, M. W. Gordon, and J. A. Spanogle, International Business Transactions, 3rd edition, West Publishing Co., 1995, pp. 304-305.

GATT협정 제2조는 회원국들의 관세양허계획에 따른 관세인하를 의무화하였으며, 8차례에 걸친 다자간무역협상(MTN)에서도 관세인하는 가장 중요한 이슈였다. GATT시대 관세인하는 주로 공산품 분야에 집중되었다.4) GATT에서의 관세인하는 5차 딜런라운드까지는 품목별협상을 통하여 각국이 준비한 양허계획을 중심으로 협상을 진행하는 품목별 감축방식을 선택하였으나, 이것은 절차가 복잡하고 인하폭이 낮아서 효과적이지 못하였다. 따라서 케네디라운드(1964-1967)부터는 일괄적 감축방식을 택하여 적용대상에서 제외되는 품목을 중심으로 협상을 진행하였는바, 케네디라운드에서는 평균 35% 그리고 동경라운드에서는 평균 34%의 관세인하가 이루어졌다.5)

GATT시대의 이러한 성과에도 불구하고 관세는 여전히 가장 확실하고 매력적인 수입규제 수단이다. 따라서 관세인하는 우루과이라운드(UR)에서도 중심의제의 하나로 다루어졌다. 더구나 수입할당제와 같은 수량제한 조치들은 대부분 금지된 데 반해, 인하된 관세율에도 불구하고 관세를 통한 국내산업 보호는 제한적이나마 허용되었으므로 관세문제는 더욱 중요해졌다.6)

우루과이라운드에서는 GATT 1994에 부가되는 양허표에 담긴 관세협상의 결과, 공산품과 수산물은 WTO 출범 후 5년 이내에 1996년 대비 1/3 이상 인하하며, 일부 품목은 무세화하기로 하였다. 따라서 관세양허가 이루어진 품목의 비율이 선진국은 종전의 78%에서 99%로, 개도국은 21%에서 73%로 상향 조정되었다. 선진국들은 철강, 전자, 종이, 완구 등 13개 분야 192개 품목을 무세화하기로 하는 등 관세율을 인하하여 선진국의 평균관세율은 종전의 6.3%에서 3.9%로 낮아졌으며, 무관세 공산품의 비중은 종전의 20%에서 44%로 높아졌다.7)

---

4) 특히 1964년부터 1967년까지 진행된 케네디라운드에서는 3만개 이상의 품목에 대해 평균 35%에 달하는 관세인하에 합의하였고, 1973년부터 1979년까지의 동경라운드에서는 2만 7000개 품목의 관세율을 평균 33% 인하하였다.

5) Michael Trebilcock, Robert Howse, and Antonia Eliason, The Regulation of International Trade, 4th edition, Routledge, 2013, pp. 261-263 ; 성재호, 「국제경제법」, 박영사, 2006, p. 95.

6) Ray August, Don Mayer and Michael Bixby, International Business Law, 5th edition, Pearson Education International, 2009, p. 355.

7) Trebilcock, Howse, and Eliason, pp. 263-264.

우루과이라운드 협상의 결과 우리나라의 평균 관세율은 1986년 기준 17.9%에서 8.1%로 인하되었으며, 전체품목의 90%에 대해서 양허가 이루어졌다. 맥주 등을 제외한 무세화 대상품목의 관세는 대부분 철폐되었으며, 일부 분야에 대해서는 8-10년간의 이행기간을 확보하였다. 농산물 중에서 쌀에 대해서는 10년간 관세화를 유예하기로 하였고, 기타 농축산물에 대해서도 비교적 높은 관세를 유지하기로 하였다.[8)]

우루과이라운드 협상의 종료 이후인 1996년 12월 싱가포르에서 폐막된 첫 번째 WTO 장관회의는 WTO Ministerial Declaration on Trade in Information Technology Products(ITA) 즉 '정보통신제품무역에 관한 WTO 장관선언'을 통해서 '정보기술협정'(Information Technology Agreement : ITA)을 채택하였다. 이에 따라 참가국들은 컴퓨터, 정보통신장비, 반도체, 반도체생산장비, 소프트웨어와 과학장비 등의 제품에 대한 관세와 기타 과징금을 철폐하기로 하였다. 관세인하는 2001년 시작된 도하라운드(Doha Round) 협상에서도 중요한 의제 중의 하나이다. 비농산물에 대한 시장접근과 관련하여, 회원국들은 관세 및 비관세 무역장벽의 제거 및 완화를 목표로 협상을 시작하였다.[9)]

제3절 관세양허와 변경

1. GATT협정 제2조

GATT협정 제2조는 다음과 같이 규정하였다.

---

8) 한국국제경제법학회, 「신국제경제법」(중판), 2014, 박영사, p. 115.

9) Trebilcock, Howse, and Eliason, pp. 264-265.

제2조 양허표

1. (a) 각 체약국은 다른 체약국의 통상에 대하여 본 협정에 부속된 해당 양허표의 해당부에 규정된 것보다 불리하지 아니한 대우를 부여하여야 한다.
   (b) 어느 체약국에 관한 양허표 제1부에 기재된 산품으로서 다른 체약국 영역의 산품은 동 양허표에 관련된 영역에 수입될 때에는 동 양허표에 규정된 조건 또는 제한에 따라 동 양허표에 규정된 관세를 초과하는 통상의 관세로부터 면제된다. 이러한 산품은 또한 수입에 대하여 또는 수입에 관련하여 부과되는 기타 모든 관세 또는 과징금이 본 협정일자에 부과되는 것 또는 동 일자 현재에 수입 영역에서의 유효한 법률에 의하여 그 후 직접적이며, 의무적으로 부과가 요구되는 것을 초과하는 것으로부터 면제된다.
   (c) 체약국에 관한 양허표 제2부에 기재된 산품으로서 제1조에 의하여 동 양허표에 관련된 영역에 수입될 경우에는 특혜 대우를 받을 권리가 부여된 영역의 산품은 동 영역에의 수입에 있어서 동 양허표에 규정된 조건 또는 제한에 따라 동 양허표 제2부에 규정된 관세를 초과하는 통상의 관세로부터 면제된다. 본 조의 어떠한 규정도 특혜세율에 의한 물품의 수입 적격성에 관하여 체약국이 본 협정일자에 존재하는 요건을 유지하는 것을 방해하지 아니한다.
2. 본 조의 어떠한 규정도 체약국이 상품의 수입에 있어서 다음의 것을 수시로 부과하는 것을 방해하지 아니한다.
   (a) 동종의 국내산품에 관하여 또는 당해수입산품의 전부 또는 일부가 그 것으로부터 제조 또는 생산된 물품에 관하여 제3조 제2항의 규정에 합치하여 부과하는 내국세에 상당하는 과징금, (b) 제6조의 규정에 합치하여 부과되는 "덤핑"방지세 또는 상쇄관세, (c) 제공된 용역의 비용에 상당하는 수수료 및 기타 과징금.
3. 체약국은 관세가격의 결정방법 또는 통화환산방법을 본 협정에 부속된 해당 양허표에 규정된 양허의 가치를 감하도록 변경하여서는 아니된다.
7. 본 협정에 부속된 양허표는 이로써 본 협정 제1부의 불가분의 일부가 된다.

2. 양허표와 양허세율

GATT와 WTO의 회원국은 가입할 때 다른 국가와의 협상을 통해 결정된 상품별 관세율을 자국의 관세양허표에 기재하여 제출해야 한다. 양허표에 기재된 관세율 상한선은 '양허세율'(bound rate)이 되어 체약국이 위반하여서는 아니되는 기준이 된다. 따라서 양허세율보다 낮은 실행관세율(applied rate)을 적용하는 것은 허용되지만, 어떤 회원국이 수입품에 대하여 자국의 양허세율보다 높은 실행관세를 부과하는 경우에는 GATT협정 제1조 1항(a)의 규정에 대한 위반이 된다.[10)]

관세양허표는 제1부(Part Ⅰ)와 제2부(Part Ⅱ)로 구성된다. 제1부에는 최혜국대우관세율(MFN rate)이 기재되며, 제2부에는 특혜관세율(preferential rate)이 기재된다. 어떤 국가의 양허표 제1부에 기재된 수입품은 양허표에 규정된 조건에 따라 양허표에 규정된 관세를 초과하는 관세로부터 면제되며(GATT협정 제2조 1항(b)), 양허표 제2부에 기재된 상품으로서 특혜대우를 받을 권리가 있는 국가로부터의 수입품은 수입 시 양허표에 규정된 조건에 따라 양허표에 규정된 관세를 초과하는 관세로부터 면제되는 것이다(동조 1항(b)).

3. 적용범위

GATT협정 제2조는 2항에서 관세양허의 범위에 속하지 아니하는 것에 대해 규정하였다. 즉 내국세에 해당하는 과징금, 반덤핑관세와 상계관세, 수입관련 용역수수료 및 기타 과징금에 대해서는 관세양허가 적용되지 아니한다. 내국세 또는 조세는 내국민대우에 어긋나지 아니하는 한 허용되며, 반덤핑관세는 덤핑의 방지를 위해서 그리고 상계관세는 보조금 지급을 방지하기 위한 것이므로 적용범위에서 제외되고, 상품의 수입과정에서 발생하는 통관수수료 등의 용역수수료는 관세라 볼 수 없으므로 양허관세와는 상관이 없

10) 한국국제경제법학회, pp. 106-107.

는 것이다.

그 외에 관련협정에 따른 의무면제, GATT협정 제20조가 규정한 일반적 예외, GATT협정 제21조의 국가안보 예외가 적용되는 경우에도 양허관세는 적용되지 않는다.[11]

4. 관세양허의 변경

GATT협정에 따라 관세양허를 한 국가가 관세양허의 의무를 수정하려면 재협상을 통하여 양허표를 수정해야 한다. GATT협정 제28조는 이와 관련하여 3가지 재협상 방법에 대하여 규정하였다.

첫째는 정기적 재협상(open season renegotiation)이다. 재협상을 원하는 국가(신청체약국)는 기존의 양허에 대하여 최초로 교섭한 체약국, 최대공급국과 교섭하여 합의하고, 이어서 최대공급국은 아니지만 동 양허에 대하여 실질적 이해관계를 가지고 있는 '실질적 이해관계국'과 협의하는 것을 조건으로 하여 매 3년마다 관세율을 변경할 수 있다(GATT협정 제28조 1항).

둘째는 특별 재협상(specially authorized renegotiation)이다. 이는 특별한 사정이 있는 경우에 정해진 절차와 조건에 따라 체약국이 양허표에 포함된 양허의 수정 또는 철회를 위한 교섭에 임할 수 있게 하는 것이다(동조 4항).

셋째는 정기적 재협상 사이에 양허변경을 위한 협상을 할 수 있는 권한을 유보해 두었다가 일정한 절차에 따라 협상을 진행하여 양허표를 수정하거나 철회할 수 있게 하는 것으로 유보권 재협상(reserved right renegotiation) 이라고 한다(동조 5항).

GATT에서는 1953년부터 1986년까지 34개국이 250회에 걸쳐 재협상을 하였으며, 그간 매년 100여개 품목에 대하여 재협상이 이루어졌다고 한다.[12]

---

11) Ibid., p. 108.

12) 250차례의 재협상 중에서 74번은 정기적 재협상, 64번은 특별 재협상, 112번은 유보권 재협상에 의하여 이루어졌다. 성재호, pp. 96-97.

제4절 품목분류

관세에는 수입물품의 가격을 과세기준으로 삼아 관세액을 산출하는 종가세(ad valorum duties)와 수입물품의 수량을 기준으로 관세액을 산출하는 종량세(specific duties), 이 두 가지를 절충한 혼합세(mixed duties)가 있으며, 수입물품의 양에 따라 관세율이 달라지는 관세쿼터(tariff quota)가 시행되기도 한다. 수입관세를 부과하려면 먼저 특정상품을 어떤 범주에 넣을 것인지 품목분류(classification) 작업이 이루어져야 하며, 이어서 종가세라면 수입물품의 과세가격을 결정하는 관세평가(customs valuation)가 필요하고, 원산지 문제도 고려되어야 한다.

수입품의 품목분류는 일차적으로는 수입업자나 화주, 통관업자에 의하여 이루어지지만, 관세당국의 합리적인 요구가 있을 때에는 그에 따라 달라진다. 상품별로 적용되는 관세의 수준에 커다란 차이가 있을 수 있으므로, 수입품의 품목분류 결과는 수입품에 부과될 관세를 결정하는데 큰 영향을 미치게 된다. 예를 들어 어떤 한 완구류를 생산하는 기업이 인형을 만드는데 사용할 모발을 수입할 때, 그 가발이 천연모발로 분류되는 경우와 완구류 원자재로 분류되는 경우에 그 관세율은 달라질 것이다. 또한 과거에 미니밴이 처음 등장하였을 때 그것을 승합차로 분류하느냐 아니면 승용차로 분류하느냐에 따라 관세율이 달라질 수 있었다.

품목분류를 둘러싼 관세당국과 수입업자 또는 화주 간의 분쟁은 국내적인 분쟁일 뿐 아니라 동시에 국제적인 차원의 갈등원인이 되기도 하므로, 국제사회에서는 품목분류에 관한 표준적인 제도를 만들어 사용하고 있다. 현재 WTO와 대부분의 국가들은 세계관세기구(World Customs Organization: WCO)의 전신인 관세협력이사회가 개발한 '통일물품품목기호제도'(Harmonized Commodity Description and Coding System: Harmonized System) 즉 HS를 공통된 표준으로 사용하고 있다. HS는 1984년 서명에 개방된 후 1987년부터 일부 국가들에 의하여 사용되기 시작하였으며, 현재는 EU와 137개국이 HS의 체약국이다. 비록 체약국은 아니지만 이를 사용하는 국가들도 있다. HS는 상품을 특성과

용도 등을 기준으로 분류하며, 상품에 대한 오해를 줄이고 거래비용을 절감시키는 등 여러 가지로 편리하여 널리 사용되고 있다.13)

관세부과 목적으로 관세분류가 이루어지면 이는 보호주의적 장치로 사용될 수 있다. 국가는 어떤 수입품을 보다 높은 관세율 적용이 가능한 목록으로 재분류하고자 시도할 수 있기 때문이다. 1994 GATT 협정과 HS 간의 관계는 WTO 패널과 상소기구에서도 다루어진 바 있다. 1997년 미국은 EC의 LAN 장비와 멀티미디어 기능을 갖춘 PC의 관세분류변경을 다룰 패널의 설치를 요구하였다. 미국은 EC의 그러한 변경은 EC의 당초의 관세방어에 비하여 '유리하지 아니한'(less favorable) 대우를 초래하는 것이므로, GATT 협정 제2조를 위반하였다고 하였다. 패널은, 미국은 LAN 장비의 관세대우에 대해 정당한 기대이익을 가지나 그러한 기대가 좌절되었는바, EC는 협정 제2조를 위반하였다고 결정하였다.14)

제5절 관세평가

관세를 부과하려면 품목분류에 이어 수입물품의 과세가격을 결정하는 관세평가(customs valuation) 작업이 필요하다. 1947년 GATT 협정은 제7조에 관세평가에 관한 규정을 두었으나 원칙적인 수준의 것이었고, 1979년 동경라운드에서 체결된 '관세평가협정'은 일부 가입국에게만 적용되는 약점이 있었다. 이에 우루과이라운드에서는 보다 상세한 내용의 협정을 제정하였을 뿐 아니라, 이를 WTO협정에 포함시킴으로써 모든 WTO 회원국을 구속하게 되었다. 정식명칭이 'GATT 1994 제7조의 이행에 관한 협정'(Agreement on Implementation of Article Ⅶ of the GATT 1994)인 'WTO 관세평가협

---

13) Trebilcock, Howse, and Eliason, p. 271; Folsom, Gordon, and Spanogle, pp. 339-340. HS의 분류표는 6개의 숫자로 구성되는데, 그것으로는 부정확하다고 생각하는 국가는 4개의 숫자를 추가로 사용할 수 있다.

14) European Communities - Custumes Classification of Certain Computer Equipment, WT/DS62,67,68/R(Panel Report), paras, 8.60-8.62. 그러나 상소기구는 수출업자의 기대이익이란 양허계획의 해석과는 관련이 없다고 하면서, 패널의 결정은 잘못된 법적추론에 근거한 것이므로 이를 기각한다고 하였다. Trebilcock, Howse, and Eliason, p. 272.

정'(WTO Agreement on Customs Valuation)은 각국의 관세평가 방법을 존중하면서도 관세평가가 관세양허의 효과를 침해하지 않도록 공통된 기준을 마련하고자 하였다.

관세평가협정에 의하면 수입상품의 관세가격(customs value)이란 거래가격(transaction value)이며, 거래가격은 '실제지불가격'(price actually paid) 또는 수입국으로의 수출을 위해 판매될 당시 상품에 대한 지불가능한 가격(price payable for the goods when sold for export to the country of importation)이다(관세평가협정 제1조). 여기서 말하는 '실제지불가격'이란 상품의 구매자가 판매자에게 이미 지불하였거나 지불할 총액을 의미하지만, 그것이 꼭 금액으로 표시되어야 하는 것은 아니다. 실제지불가격을 알 수 없을 때에는 이전에 수입된 동일한 상품의 판매가격을 거래가격으로 보며, 동일한 상품이 존재하지 않는 경우에는 '유사상품'(similar goods)의 가격을 참고한다.[15]

제6절 원산지

수입품의 관세를 정하는데 필요한 또 하나의 단계는 수입품의 원산지(origin of goods)를 확정하는 것이다. 최혜국대우의 일반화에도 불구하고 수입품의 원산지에 따라서 관세가 달라지는 경우가 종종 있기 때문이다. 특히 오늘날에는 생산공정의 국제화로 인하여 상품이 여러 국가를 거치면서 제조·조립·포장·출고되는 경우가 많으므로, 어떤 국가를 당해 상품의 원산지(country of origin)로 결정할지 곤란한 경우가 자주 발생한다.[16]

본래 1947년 GATT협정은 체약국들이 원산지에 관한 법령을 제정할 때 고려할 원칙들을 제시하였으나, 허위표시와 오해 가능성이 있는 지리적 명칭의 사용을 금지하는데 머물렀다(GATT 협정 제9조). 따라서 각국이 자의적

15) Snyder,"Customs Value in the European Economic Community," Georgia J. Int'l and Comp. L., vol. 11, 1981. p. 79 이하 참조.
16) Trebilcock, Howse, and Eliason, p. 275.

이고 불투명하며, 일관성 없는 원산지규정을 운영함으로써 원산지 문제는 심각한 비관세장벽이 되기도 하였다. 이에 1974년 관세협력이사회(Customs Cooperation Council)에서는 International Convention on the Simplication and Harmonization of Customs Procedure를 채택하였는데, 여기에서는 어떤 상품의 원산지를 그 상품이 완전히 생산된 국가 또는 '마지막 실질적인 변경'(last substantial transformation)이 이루어진 국가로 하도록 하였다. 그러나 이 협약은 원산지에 관한 지침을 제공하는 것일 뿐 법규범을 설정한 것은 아니었으며, '실질적인 변경'의 의미를 둘러싸고 많은 의견대립이 있었다.[17]

WTO 체제에서는 우루과이라운드를 통해 마련된 '원산지규정협정'(Agreement on Rules of Origin)이 WTO 협정의 일부로 포함됨으로써, 원산지 문제도 해결의 실마리를 찾게 되었다. 새로운 원산지규정협정은 원산지 결정을 위한 기본적인 조건과 절차들을 담고는 있으나, 통일된 원산지판정기준은 WTO협정의 발효 이후 3년 이내에 장관회의가 관세협력이사회(CCC)와 협력하여 마련하기로 하였다. 그 기본적인 원칙은 '상품이 완전히 취득된 국가'(the country where the good has been wholly obtained), 그리고 여러 국가가 생산에 관련된 경우에는 상품의 '최종적인 실질적 변경이 이루어진 국가'(the country where the last substantial transformation has been carried out)가 원산지가 되어야 한다는 것이다(원산지규정협정 제9조). 하지만 여기에서도 '실질적인 최종변경의 규칙'(rule of last substantial transformation)에 대해 명확하고 구체적인 정의가 제시되지 않았다. 하지만 세번변경기준(Change of Tariff Schedule Criteria)을 중심으로 부가가치기준(Value Added Criteria)과 주요공정기준(Important Operation or Process Criteria)을 보칙으로 사용하여 원산지를 결정하도록 하였다. 세번변경기준을 사용할 때에는 세번단위를, 부가가치기준을 사용할 때에는 부가가치비율의 산정기준을, 주요공정기준을 사용할 때에는 원산지가 부여되는 기준을 명시하여야 한다(동협정 제2조).[18]

---

17) Ibid., p. 276.
18) Ibid., pp. 276-277.

제7절 관세특혜제도 : GSP와 PTA

개발도상국들은 오래전부터 그들의 경제발전을 위해서는 무역상의 우대조치가 필요하다고 주장해 왔다. 개발도상국들은 자기들의 관세율은 그대로 유지함으로써 자국의 산업을 외국의 경쟁업체로 부터 보호하면서, 자국산 상품은 가능하면 관세를 적게 물고 선진국에 수출되기를 희망하였다. 이러한 개발도상국들의 희망은 일부 선진국들에 의하여 받아들여져 개발도상국에서 생산된 일부 상품들은 선진국에 수출될 때 최혜국대우에 의하여 부여되는 것보다 더 낮은 관세율을 적용받게 되었다.[19]

개발도상국에 대한 특혜관세제도로서 가장 중요한 것으로는 선진국들이 개발도상국에서 생산된 공산품에 대한 수입관세를 감면해주는 일반특혜관세제도(Generalized System of Preferences : GSP)가 있다. 일부 개발도상국들은 이러한 관세상의 특혜에 힘입어 공산품 수출을 크게 늘려왔으며, 선진개도국들은 그 수혜대상에서 '졸업'(graduation)을 하기도 하였다. GSP제도에 따른 이익의 상당부분이 몇몇 선진개도국들에게 집중됨에 따라, 선진국들은 자국 내에서 경쟁력을 확보한 일부 개발도상국 상품을 GSP 수혜 대상에서 제외해 가고 있기 때문이다.[20]

무역특혜협정(Preferential Trade Agreement: PTA)이란 2개 이상의 국가가 상호간에 관세 등 시장접근에 있어서 특혜를 부여하기로 합의함으로서 PTA 당사국 간에 무역자유화와 경제통합을 증진해 가기 위한 합의를 말한다. GATT와 WTO에서 이러한 협정은 공식적으로는 지역무역협정(Regional Trade Agreement: RTA)이라고 부른다. 하지만 오늘날 PTA 협정은 특정한 지역의 국가 간에서만 체결되고 있지 아니하며 비차별적 원칙에 입각한 GATT/WTO와는 달리 차별적인 특혜무역을 내용으로 하고 있으므로, 요즘에는 무역특혜협정(PTA)이란 말이 많이 사용되고 있다. PTA는 1948년에서 1990년 사이에는 70여개가 효력을 발생하였으나, 2010년 현재

19) Folsom, Gordon, and Spanogle, pp. 376-377.

20) Glick,"The Generalized System of Preferences Revisited," Fed. Bar News & J., vol. 32, 1985, pp. 139-140.

효력발생 중인 PTA가 300여개에 이르는 등 크게 증가하고 있는바, 그 경제적인 효과와 WTO 협정과의 관계가 주목을 끌고 있다.[21]

전통적으로 PTA 협정의 체결을 주도해 온 국가들은 관세인하 등을 통하여 상대방 국가에의 시장접근을 용이하게 하려는 목적을 가지고 있었으며, 그러한 목표들은 상당부분 달성된 것으로 평가되고 있다. 그러나 2011년 World Trade Report는 PTA의 효과에 대하여 의문을 제기하고 있다. 즉 PTA에 의해 확보된 시장접근에 있어서의 특혜는 다른 국가가 추가로 다른 국가와 PTA를 체결해 가는데 따라서 점차 약화되며, GATT와 WTO 협정 등 다자간무역체제 수립으로 최혜국대우 관세율이 이미 제로에 이르는 등 매우 낮아졌기 때문에 PTA에 따른 관세인하 효과가 예상대로 크게 나타나지 않는다는 것이다.[22]

---

21) Trebilcock, Howse, and Eliason, pp. 83-84.

22) Ibid., pp. 87-88. World Trade Report는 전세계 상품수입액 중에서 절반 정도는 최혜국대우에 따라 무세화된 것이어서 특혜가 존재할 수 없으며, 19%는 최혜국 관세율이 5%이하라고 한다. 세계무역액 중에서 단지 4%만이 10% 이상의 특혜마진(margin of preference)이 가능하다고 한다.

제7장

환경보호조치와 기타 비관세무역장벽

제 7 장

환경보호조치와 기타 비관세무역장벽

제1절 서 론

WTO 체제에서 상품무역에 관한 협정인 '관세 및 무역에 관한 일반협정'(GATT)은 무역자유화를 위한 일반원칙으로 최혜국대우, 내국민대우, 수량제한금지 등의 원칙을 규정하였다. 1947년 설립된 GATT는 이러한 원칙들을 기초로 활동하면서 전세계적으로 엄청난 무역량의 증가와 복지수준의 향상을 가져왔으나, 국가들은 끊임없이 자국산업 보호와 자국민의 일자리 확보를 위하여 외국 상품의 수입을 억제하기 위한 방안을 모색하였다.

전통적으로 국가들이 가장 선호해 온 간편하고도 효과적인 수입억제 방법은 관세를 이용하는 것이었다. 그러나 제2차 세계대전 이후 GATT를 중심으로 이루어져 온 다자간무역협상의 결과 세계 각국 특히 선진국들의 관세는 대폭 낮아졌으며 무세화에 관한 합의도 확산되었다. 이처럼 각국의 관세율이 국제적인 합의를 통해서 결정되면서 소위 관세주권은 사라지고 무역에 대한 관세장벽은 낮아졌는바, 국가들은 관세 대신에 다양한 비관세무역장벽(nontariff trade barrier: NTBs)을 고안하여 사용하게 되었다.

비관세장벽에는 건강과 환경관련 조치, 표준관련 조치, 안전관련 조치, 정부조달관련 조치, 통관관련 조치 등 매우 다양한 조치들이 포함된다. 이러한 갖가지 비관세장벽 조치들이 관세장벽 대신에 국가간 자유무역을 저해하는 장애요인으로 등장하면서, 동경라운드에서는 이러한 조치들을 완화하기 위한 합의들이 이루어지기도 하였다.[1] 1993년 말 타결된 우루과이라운드에서

1) 동경라운드에서는 보조금, 덤핑, 정부조달, 기술장벽, 관세평가, 수입허가에 관한 협정들이

는 기존의 비관세장벽 관련 규범들을 재검토하고 몇 가지 협정들을 추가로 체결하였다. 기존의 제도인 건강과 환경관련 규정과 표준관련 규정 중에서 건강과 환경관련 규정은 농·수·축산물 무역의 제도화로 인하여 그 중요성이 크게 높아져 재검토가 이루어졌으며, 표준관련 규정도 보완되었다. 그 외에 새로이 추가된 협정으로는 무역관련투자조치, 선적전검사, 원산지, 긴급수입제한조치, 무역관련지적재산권에 관한 협정이 있다.[2)]

최혜국대우, 내국민대우, 수량제한금지 등 무역자유화를 위한 GATT 원칙에 대한 예외로 정당화되는 조치 중에서 오늘날 가장 주목을 끄는 것은 환경과 공중보건 보호를 위한 조치이다. 1947년 체결된 GATT 협정은 제20조 일반적 예외에 관한 조문을 통해 환경과 공중보건 보호를 위한 예외를 인정해 온 것으로 해석되었으며, WTO에서는 위생 및 식물위생조치에 관한 새로운 협정이 추가되었다.

여기에서는 환경보호를 위한 무역규제에 관한 국제법 규칙을 검토하며, GATT 협정 제20조의 일반적 예외와 WTO 위생 및 식물위생조치 협정을 살펴보고, 무역에 관한 기술장벽과 기타 비관세무역장벽들도 간단하게 살펴본다.

제2절 국제환경협약의 무역규제조치

오늘날 환경보호는 매우 광범위한 개념이다. 환경보호의 범위는 처음에는 주로 주변의 청결운동과 대기나 수질오염과 같은 문제에 대처하기 위해 오염방지라는 개념에 집중되었으나, 오늘날에는 멸종위기의 동식물 보호와 자연환경 자체의 보존 등으로 확대되었다. 환경문제가 초국경적 문제로 인식되고 환경보호를 위한 국제협력이 국가들의 의무로 인식되게 된 것은 환경에 대한 인식변화에 따른 논리적 귀결이다.

체결되었다. R. H. Folsom, M. W. Gordon, and J. A. Spanogle, International Business Transactions, 3rd edition, West Publishing Co., 1995, p. 94.

2) Ibid., pp. 94-95.

국제법에서 다루는 환경문제는 크게 두 가지로 나눌 수 있다. 하나는 국경을 넘는 오염(transboundary pollution)의 문제로 한 국가에서 배출된 오염물질이 국경을 넘어 다른 국가에게 환경피해를 유발하는데 따른 문제들을 다룬다. 여기서는 환경피해방지의무, 환경피해를 예방·경감하기 위한 국제협력원칙, 환경피해 구제방법 등이 주요 관심사이다.[3] 다른 하나는 전지구적인 문제들을 다루는 분야이다. 주로 인류가 함께 살아가는 공동의 영역을 보존하는데 관한 이 분야에서는 지구온난화와 오존층파괴와 같은 대기오염, 해양과 하천의 오염과 같은 수질오염, 생물다양성 파괴, 유해폐기물이동 같은 문제들을 다룬다.

무역과 환경 간의 관계는 복잡하고 다양한 측면을 가진다. 국제법상 무역규제조치는 그 목적을 기준으로 주로 환경 자체의 보호를 목적으로 하는 규제와 경쟁법적인 목적에서 취해지는 규제조치로 나뉜다. 여기에서는 지구환경 자체의 보호를 위하여 주로 전지구적 관점에서 국가들에게 부과된 규제와 의무들을 분야 별로 살펴본다.

첫째는 대기오염방지를 위한 조치이다. 사람들이 환경오염을 심각한 사회문제로 생각하게 된 것은 대기오염 때문이었다. 공업화에 따라 배출된 오염물질들이 바람을 타고 날아가 대기를 오염시키면서 하천이나 호수에 서식하는 동식물들이 폐사하고, 성층권의 오존층에 구멍이 뚫리고, 온실효과로 지구가 더워지고 기상이변이 잦아지는 현상이 나타나고 있기 때문이다. 그간 국제사회는 산성비를 억제하기 위한 조약을 체결하였고, 오존층을 보호하기 위한 국제협약과 의정서들을 제정하였으며, 이산화탄소의 배출을 줄이기 위한 협약에 합의하였다. 특히 오존층 파괴는 1974년 버클리대학의 로랜드(Sherwood Roland)와 몰리나(Mario Molina)가 성층권의 오존층 파괴로 자외선 침투라는 끔직한 현상이 발생하고 있다는 연구결과를 발표하면서 알려지기 시작하였다. 국제사회는 1985년 '오존층 보호를 위한 비엔나협약'의 채택으로 오존층 파괴물질 규제를 위한 기초를 마련하였고, 1987년에는 유엔환경계획(UNEP) 주최로 몬트리올에서 열린 국제회의에서 프레온가스라 불리

---

3) Zygmunt J. B. Plater, Robert H. Adams, and William Goldfarb, Environmental Law and Policy: Nature, Law, and Society, West Publishing Co., 1992, p. 998.

는 염화불화탄소(CFC)와 할론의 생산과 소비를 규율하는 '오존층 파괴물질에 관한 몬트리올의정서'를 채택하였다. 1989년 1월 효력발생에 들어간 몬트리올의정서는 오존층 파괴물질인 CFC와 할론 생산의 단계적인 감축을 규정하였으며, 비당사국으로부터의 이러한 물질의 수입을 금지하였다. 당사국들은 의정서 효력발생 후 1년 내에 비당사국으로부터의 규제물질 수입을 금지하고, 효력발생 3년 내에 규제물질이 함유된 제품의 목록을 작성한 후 1년 내에 그러한 제품의 수입을 금지하며, 효력발생 5년 내에 규제물질을 사용하여 생산된 제품의 목록을 작성한 후 1년 내에 수입을 금지하여야 한다고 하였다(몬트리올의정서 제4조).

둘째는 야생동식물 보호를 위한 조치이다. 멸종위기의 야생동식물과 서식처 보호를 위해 체결된 국제조약들은 여러 가지가 있으나, 1973년 워싱턴에서 체결된 '멸종위기의 야생동식물 국제거래에 관한 협약'(Convention on International Trade in Endangered Species of Wild Fauna and Flora: CITES협약)의 조치를 살펴본다.[4] 이 협약은 야생동식물이 지구 생태계의 불가분의 일부인 것에 유의하여, 일부 동식물을 국제거래를 통한 남획으로부터 보호하기 위하여 체결되었다(CITES협약 서문). 협약은 야생동식물을 세 가지로 분류하여 그 국제거래를 규제하고 있다. 국제거래로부터 영향을 받고 있으며 멸종위기에 처한 동식물의 국제거래는 대부분 금지하였으며, 국제거래에 대한 규제가 취해지지 않으면 조만간 멸종위기에 처하게 될 동식물의 국제거래는 수출국의 국가기관으로부터 수출허가서를 받는 경우에만 허용하도록 하였고, 국제거래 규제를 위하여 다른 국가들의 협력이 필요한 경우에는 허가조건을 완화하였다.[5] '생물다양성협약'(Convention on Biological Diversity)은 생물다양성의 파괴를 방지하고 생물자원의 경제적 가치를 보호하기 위하여 1992년 5월 채택되어 1993년 12월 29일 효력발생에 들어갔다. 협약은 종이 위치한 생태계나 서식지를 보호구역으로 지정하는 등의 방법으로 종을 보호하는 현지내보존(in-situ conservation)을 원칙으로 하

4) CITES협약은 1973년 채택되어 1975년 효력발생에 들어갔으며, 우리나라는 1993년 7월 9일 가입하였다.

5) Daniel M. Bodansky, International Environmental Law, vol, 4, 1997, p. 75.

고, 생태계나 서식지가 파괴되는 경우에는 현지외보존(ex-situ conservation) 방법의 사용을 허용하였다. 생물다양성 보존을 위한 이러한 규정과 관련 의정서의 규정들은 관련 국제거래를 제한하게 된다.

셋째는 유해폐기물의 이동을 규제하는 조치이다. 국제사회가 유해폐기물의 국제적인 이동을 규제하게 된 것은 폐기물이 통과하는 국가 또는 해양환경에 대한 위험을 방지하고 폐기물 수입국이 그 물질을 처리할 수 있는 기술이나 시설을 가지지 못한 경우에 그 국가에게 초래될 위험 때문이다.[6] 1988년 아프리카단결기구(OAU)는 아프리카에 핵과 산업폐기물을 투기하는 행위는 아프리카와 그 인민들에 대한 범죄행위라는 결의를 채택하였으며, 1991년에는 '바마코협약'(Bamako Convention)을 체결하여 비당사국들이 폐기물을 아프리카에 반입하는 것을 전면 금지하였다. 유해폐기물의 이동을 규제하는 가장 중요한 국제협약은 1989년 3월 체결된 '유해폐기물의 국가간 이동과 처리의 통제에 관한 바젤협약'(Basel Convention on the Control of Transboundary Movements of Hazardous Wastes and their Disposal)이다.[7] 협약은 유해폐기물 수출국이 환경적으로 폐기물을 처리할 적절한 시설이 없거나, 수입국이 재활용이나 자원회수산업에 투입될 원자재로 필요한 경우에만 폐기물의 국가간 이동을 허용한다.[8]

제3절 GATT 협정의 일반예외로서의 환경보호

GATT 협정 특히 그 제1조(최혜국대우), 제11조(수량제한금지)는 일부 예외를 제외하고는 상품의 수출 및 수입과 관련하여 국경제한을 금지하였으며, 제3조(내국민대우)에서는 수입품을 차별하는 국내조치들을 금지시켰다.

6) Patricia W. Birnie & Alan E. Boyle, International Law and the Environment, Clarendon Press, 1992, pp. 301-302. 물론 한 국가 안에서 제대로 처리될 수 없는 폐기물이 다른 국가에서 재활용되거나 안전하게 처리될 수 있다면 폐기물 이동은 환경보호에 오히려 이로운 결과를 가져올 것이다.

7) 우리나라는 1994년 2월 28일 협약에 가입하였다.

8) 바젤협약은 협약의 비당사국으로의 수출, 남극으로의 수출, 환경적으로 처리할 능력이 없는 것으로 믿을 만한 분명한 이유가 있는 국가에의 폐기물 수출을 금지하였다.

이처럼 GATT 협정은 국제무역의 자유화를 위하여 최혜국대우, 내국민대우, 수량제한금지를 일반원칙으로 삼았으나, 협약은 이러한 일반원칙에 대한 예외로서 국가들이 취할 수 있는 조치들에 대하여 규정하였다. GATT 협정 제20조의 일반적 예외에 관한 규정이 바로 그러한 것인데, 거기에는 공중도덕을 보호하기 위한 조치, 인간과 동식물의 생명과 건강을 보호하기 위한 조치, 교도소 노동상품에 관한 조치, 미술적·역사적·고고학적 가치가 있는 국보의 보호를 위한 조치, 유한한 천연자원의 보존을 위한 조치 등이 포함되었다.

환경보호를 중시하는 오늘날의 경향에 비추어, GATT 협정 제20조에 나열된 일반적 예외조치 가운데 특히 중요한 것은 환경보호와 공중보건에 관한 규정으로 해석되는 (b)항과 (g)항의 규정이다. 여기에서는 어떤 회원국이 환경과 공중보건의 보호를 위해 국내조치를 취할 수 있는 조건과 범위의 문제가 제기되는데, 협정 제20조는 일반원칙에 대한 예외규정이므로 그 입증책임이 이를 원용하고자 하는 국가에게 있다. GATT의 일반원칙에 대한 일반적 예외규정인 제20조는 다음과 같다.

제20조 일반적 예외

본 협정의 어떠한 규정도 체약국이 다음의 조치를 채택하거나 실시하는 것을 방해하는 것으로 해석되어서는 아니된다. 다만, 그러한 조치를 동일한 조건하에 있는 국가 간에 임의적이며 불공평한 차별의 수단 또는 국제무역에 있어서의 위장된 제한을 과하는 방법으로 적용하지 아니할 것을 조건으로 한다.

(a) 공중도덕을 보호하기 위하여 필요한 조치,

(b) 인간, 동물 또는 식물의 생명 또는 건강을 보호하기 위하여 필요한 조치,

(c) 금 또는 은의 수입 또는 수출에 관한 조치,

(d) 관세의 실시, 제2조 제4항 및 제17조에 따라 운영되는 독점의 실시, 특허권, 상표권 및 저작권의 보호, 그리고 사기적인 관습의 방지에 관한 법률과 규칙을 포함하여 본 협정의 규정에 반하지 아니하는 법률 또는 규칙의 준수를 확보하기 위하여 필요한 조치,

(e) 교도소 노동산품에 관한 조치,

(f) 미술적 가치, 역사적 가치 또는 고고학적 가치가 있는 국보의 보호를 위하여 적용되는 조치,

(g) 유한 천연자원의 보존에 관한 조치, 다만 동 조치가 국내의 생산 또는 소비에 대한 제한과 관련하여 유효한 경우에 한한다.

(h) 체약국단에 제출되어 부인되지 아니한 기준에 합치하는 정부간 상품협정 또는 체약국단에 제출되어 부인되지 아니한 정부간 상품협정에 의한 의무에 따라 취하는 조치,

(i) 국내원료의 국내가격이 정부의 안정계획의 일부로서 국제가격보다 저가격으로 유지되고 있는 기간 중, 국내 가공산업에 필수적인 수량의 원료를 확보하는데 필요한 국내원료의 수출에 제한을 과하는 조치,

(j) 일반적으로 또는 지역적으로 공급이 부족한 산품의 획득 또는 분배를 위하여 불가결한 조치

GATT 협정 제20조에 의하면 인간과 동식물의 생명 또는 건강을 보호하기 위한 조치와 유한한 천연자원의 보존을 위한 조치가 정당성을 갖추려면 두 가지 요소가 필요하다. 하나는 조치가 갖추어야 할 조건에 관한 것으로 본문에 규정되어 있고, 다른 하나는 그것이 GATT의 일반원칙에 대한 예외조치에 해당하는지 살펴보아야 하는 것이다. 제20조가 규정한 10가지 사례 중 여기에서 중요한 것은 환경보호와 공중보건에 관한 것으로 (b)와 (g)항에 나타나 있다. 그런데 이 두 가지 요소에 대한 검토는 조치 내용이 조문이 규정한 사례에 해당하는지 여부를 먼저 검토한 후, 본문에 규정된 조건에 부합하는지를 검토하는 순서로 진행하는 것이 좋다고 본다.[9] WTO 상소기구도 US-Gasoline 사건에서 이 문제에 대해 입장을 표명한바 있다. 그에 의하면, GATT 협정 제20조는 2가지 단계를 거쳐서 적용되는데, 첫 번째는 어떤 조치가 협정 제20조의 10개 항에 나타나 있는 예외 중 어떠한 것에 해당하는지를 살펴보는 조치의 잠정적 성격결정(provisional characterization)의 단

9) 한국국제경제법학회, 「신국제경제법」(증판), 박영사, 2014, pp. 163-166.

계이고, 두 번째는 본문에 나타난 기준에 따른 조치에 대한 추가적인 평가(further appraisal)의 단계라고 하였다.[10)]

상기한 GATT 협정 제20조에는 '환경'이란 용어는 사용되지 않았다. 하지만 일반적으로 (b)의 "인간, 동물 또는 식물의 생명 또는 건강을 보호하기 위하여 필요한 조치"와 (g)의 "유한 천연자원의 보존에 관한 조치"는 환경과 공중보건에 관한 규정으로 해석된다. 따라서 협정 제20조가 규정하는 예외조치로 인정을 받으려면 어떤 국가의 조치가 환경과 공중보건에 관한 조치인지 먼저 검토되어야 한다.[11)]

참치-돌고래사건(Tuna-Dolphin case)이라고도 불리는 US-Tuna 사건에서 패널은 미국의 국내법조치가 GATT 체제에 대한 위반이라고 보았으며, 미국의 참치와 참치제품에 대한 금수조치는 협정 제20조 (b)의 동물의 건강과 생명을 보호하기 위한 조치가 아니며 (g)의 천연자원 보존을 위한 조치에도 해당되지 않는다고 하였다.[12)]

〈참치-돌고래 사건〉

동부적도 태평양 부근에 서식하는 참치들은 돌고래와 함께 회유하므로, 유자망을 사용하여 참치들을 어획하다 보면 돌고래들이 함께 희생되는 경우가 많았다. 이에 미국의회는 '해양포유류보호법'(Marine Mammal Protection Act : MMPA)을 제정하여 미국 행정부로 하여금 미국이 정한 기준보다 많은 돌고래를 희생시키는 방법으로 어획된 참치와 참치제품의 수입을 금지하게 하였다. 따라서 미국에 참치와 참치제품을 수출하려는 국가는 동부적도 태평양에서 조업하는 자국의 참치 어선단에 의한 평균 돌고래 치사율이 동일한 시기 동부적도 태평양에서 조업하는 미국 어선단의 평균 돌고래 치사율의 1.25배를 초과하지 않음을 입증해야 했다. 결국 MMPA에 따라 미국은 1990년 8월 유자망을 사용하였던 멕시코산 참치와 참치제품에 대하여 수입금지조치를 취하였고, 멕시코는 동년 11월 미국을

10) Michael Trebilcock, Robert Howse, and Antonia Eliason, The Regulation of International Trade, 4th edition, Routledge, 2013, p. 669.

11) 한국국제경제법학회, pp. 165-167.

12) Trebilcock, Howse, and Eliason, pp. 665-666.

GATT에 제소하였다. GATT 패널은 1991년 8월 미국의 조치가 GATT협정에 대한 위반이라고 결론지었다. 그러나 1992년 1월 31일 미국 상무장관은 미국법원의 결정에 따라 5개 중개국가(intermediary nation)로부터 모든 참치와 그 제품의 수입을 금지시켰으며, 6개월 후 이러한 금수조치들은 '펠리수정안'(Pelly Amendment)에 반영되어 대통령에게 어류와 어류제품의 수입을 금지할 수 있는 재량을 부여하였다.[13] 멕시코와 유럽연합은 이러한 금수조치에 항의하며 GATT 분쟁해결절차에 제소하였으며, 1992년 9월 GATT 패널은 미국의 금수조치는 GATT의 어떠한 예외에 의해서도 정당화 될 수 없다고 결론지었다. 그 후 미국은 멕시코 등과 타협을 모색하였으며, 결국 1992년 말 미국 의회가 '국제돌고래보존법'(International Dolphin Conservation Act)을 채택함으로서 문제는 해결되었다. 이 법은 기존의 금수조치를 해제하는 대신에, 관련법을 개정하여 국무성으로 하여금 모든 참치어업국과 양자조약을 체결하여 1994년부터 5년간 유자망 사용을 중지하게 하는 것이었다.[14]

US-Gasoline 사건에서는 문제의 조치가 "인간과 동식물의 생명과 건강을 위한 것"인지 검토가 이루어졌으며, Thailand-Cigarettes 사건에서 패널은 문제의 조치가 무역자유화 보다 인간의 건강에 최우선 순위를 두었다는 사실에 주목하였다. 아울러 GATT의 일반원칙에 부합하지 아니하는 조치가 인간과 동식물의 생명과 건강을 보호하기 위해 필요한가 하는 필요성에 대한 판단도 필요한데, 패널은 Thailand-Cigarettes 사건에서 GATT 규정을 위반하지 아니하고는 국민건강보호라는 목적을 달성할 수 없음을 입증해야 한다

13) 그 후 미국 의회는 '팩우드-마그누손 수정안'(Packwood-Magnuson Amendment)을 채택하여 고래잡이로 국제포경위원회 규칙의 효율성을 떨어뜨린 국가의 선박들의 미국 경제수역내 잉여 어족자원에 대한 접근권을 의무적으로 그리고 자동적으로 제한하거나 박탈하도록 하였다. 미국 의회는, 행정부가 펠리수정안에 따른 제재를 가하겠다고 위협하고 실제로 제재하지 아니하는 것을 보면서, 대통령에게 그러한 제재를 할 수 있는 재량을 부여하기만 한다면 대통령은 그것을 결코 사용하지 않을 것이란 판단에서 그러한 수정안을 채택하였다고 한다. 그러나 미국 대법원은 팩우드-마그누손 수정안에도 불구하고 상무장관의 확인의무를 부인함으로써 국제포경위원회(IWC)의 상업적포경 금지조치에 위반한 국가를 제재하기 위한 절차에 제동을 걸었다. Joseph J. Kalo, Richard G. Hildreth, Alison Rieser, Donna R. Christie, and Jon L Jacobson, Ocean and Coastal Law, West Group, 1999, p. 400.

14) Ibid.

고 하였다. 협정 제20조 (g)의 "유한한 천연자원의 보존에 관한 조치"에 대해서는 사안별로 판단이 필요하다. US-Gasoline 사건에서는 깨끗한 공기가 (g)의 유한한 자원에 해당한다는 입장을 밝힌 바 있으며, US-Shrimp 사건에서 항소기구는 복원이 가능한 천연자원의 경우에도 특정한 상황에서 고갈될 가능성이 있으면 유한한 천연자원에 속하는 것으로 본다고 하였다.[15)]

〈미국-가솔린사건〉

1993년 미국은 '대기청정법'(Clean Air Act)에 대한 '도시지역에탄올보완규정'(Urban Zone Ethanol Supplement)을 제정하였는바, 미국의 10대 대도시 지역의 유류소매점에서는 최소한 15%의 에탄올을 함유한 휘발유만이 판매가 가능하게 되었다.[16)] 미국에 수입되는 석유는 대부분 원유로 수입되므로 도시지역에탄올법이 미국에 원유를 수출하는 국가들에게 별다른 영향을 미치지는 않을 것으로 예상되었으나, 지리적으로 미국에 가까운 베네수엘라와 멕시코에게는 상당한 타격이 불가피해졌다. 더구나 에탄올과 가솔린 화합물을 만들려면 가열 등 복잡한 과정을 거쳐야 하는데, 멕시코와 베네수엘라는 그러한 설비를 갖추지 못하고 있었다. 결국 멕시코는 NAFTA 협정에 따라 미국의 이 법을 문제로 삼았고, 베네수엘라와 브라질은 WTO에 미국을 제소하였다. 이들은 미국이 최혜국대우와 내국민대우 원칙을 위반하였으며, 특히 기술장벽협정(TBT)을 위반하였다고 주장하였다. 이에 대해 미국은 내국민대우에 관한 GATT 협정 제3조에 대한 위반이 있었을지라도, 자국이 취한 차별적인 조치는 협정 제20조의 (b)의 생명과 건강 보호에 필요한 조치로서 또는 (g)의 천연자원의 보존에 관한 조치로서 정당화된다고 주장하였다. 그러나 WTO 패널과 상소기구는 미국의 조치가 GATT 협정 제20조 (b)와 (g)의 조건을 충족하지 못하였다고 결론지었다.[17)]

---

15) Ibid., pp. 166-173.

16) 이 법령은 환경단체들과 주요 농업회사들의 건의에 따라 미국 환경청(EPA)이 발의하였다. 에탄올은 자동차 엔진에서의 연소시 매우 적은 양의 이산화탄소와 분진을 배출하는 것으로 알려져 있어서, EPA와 환경단체들은 에탄올과 휘발유 화합물을 사용하면 미국 주요도시의 대기오염을 크게 줄일 수 있을 것으로 기대하였다. Folsom, Gordon, and Spanogle, p. 457.

어떤 국가의 조치가 GATT 협정 제20조의 인간과 동식물의 생명 또는 건강을 보호하기 위한 것이거나 유한한 천연자원의 보존에 관한 것인 경우에도, 그 조치가 정당한 조치로 인정받으려면 동조 본문 규정의 조건에 부합해야 한다. 그런데 WTO 상소기구가 US-Shrimp 사건에서 밝힌 바와 같이, GATT 협정 제20조 본문은 법적으로 신의성실의 원칙에 관한 것으로서 의무와 예외 간의 적절한 균형을 목표로 한다고 본다. 협정 제20조에는 10가지 예외조치들이 나열되어 있지만, 차별적(discriminatory) 이거나 자의적(arbitrarily)으로 또는 권한을 남용하는(abusively) 방식으로 적용되는 조치들은 정당화될 수 없다는 것이다.[18)]

법학에서는 일반원칙에 대한 예외규정의 해석은 남용을 방지하기 위하여 엄격하게 이루어지는 것이 원칙인바, GATT 협정의 일반원칙에 대한 예외규정인 제20조 본문의 규정도 엄격하게 해석되어야 한다. 본문은 그러한 조치는 "임의적이며 불공평한 차별의 수단 또는 국제무역에 있어서의 위장된 제한을 과하는 방법으로 적용하지 아니할 것을 조건으로 한다"고 하였는바, 어떤 조치들이 "임의적이며 불공평한 차별"과 "국제무역에 있어서의 위장된 제한"을 부과하는 것은 아닌지 살펴보아야 한다. 항소기구는 본문의 규정에 대하여, US-Gasoline 사건에서는 이는 어떤 조치의 내용에 관한 것이라기보다는 조치가 적용되는 방식에 관한 것이라고 하였으며, US-Shrimp 사건에서는 본문의 규정은 제20조에 규정되어 있는 예외를 원용할 수 있는 회원국의 권리와 협정에 따른 다른 회원국들의 실체적 권리 간의 균형을 요구한다고 하였다.[19)]

'임의적'(arbitrary) 또는 자의적인 차별이란 조치의 내용이 예측불가능하고 적용이 경직적이라는 의미를 내포하며, '정당화 할 수 없는'(unjustifiable) 차별이란 조치의 적용으로 인한 차별이 설득력이 없고 논리적으로도 설명이 불가능한 차별이라고 할 수 있다. 실제와는 달리 인간과 동식물의 생명과 건강을 위한 것이라고 '위장된 제한'(disguised restriction)을 부과하는 보호무

17) Ibid., pp. 459-460 : Trebilcock, Howse, and Eliason, pp. 668-669.
18) Matthias Herdegen, Principles of International Economic Law, Oxford, 2013, p. 204.
19) 한국국제경제법학회, pp. 173-175.

역 조치는 GATT 협정 제20조에서 가장 중요한 이슈이었다. 농수축산물에 대한 위생조치에서 종종 그러하듯이 관련 과학적 증거들도 상충되는 경우에는 어떤 조치의 위장된 제한 여부를 판단하는데 상당한 어려움이 있게 된다.[20]

제4절 위생 및 식물위생조치

1. 위생 및 식물위생조치의 적용에 관한 협정

WTO협정의 체결로 농·수·축산물 무역이 자유화되면서 위생 및 식물위생조치의 중요성이 크게 부각되었다. 그러나 각국이 자의적으로 위생기준을 마련하여 적용하게 되면 비관세장벽을 세우는 결과를 가져오게 되므로 우루과이라운드에서는 이에 대한 대비책을 마련하게 되었다. '위생 및 식물위생조치협정'(Agreement on the Application of Sanitary and Phytosanitary Measures: SPS협정)은 그러한 배경에서 등장한 것이다.

SPS 협정은 인간과 동식물의 생명과 건강을 보호하기 위한 무역조치의 기준을 세우기 위한 조약이다. 이 협정은 그 서문에서 밝힌 바와 같이, 국가들이 인간과 동식물의 생명 또는 건강을 보호하는데 필요한 조치를 채택하고 이행할 수 있게 하되, 그러한 조치들이 자의적이거나 부당한 차별 또는 국제무역에 대한 위장된 제한이면 아니 된다는 입장에서 마련된 것이다. SPS 협정은 GATT 협정 제20조의 보건과 환경관련 규정에 비하여 그 의미가 명확하다. SPS협정은 국제무역에 직접적 또는 간접적으로 영향을 미치는 모든 위생 및 식물위생조치에 적용되며, 그러한 조치는 SPS 협정의 규정에 적합하게 마련되고 적용되어야 하는 것이다.[21]

20) Trebilcock, Howse, and Eliason, p. 665.
21) Herdegen, p. 217.

2. 의미와 범위

SPS 협정은 제2조 1항에서 그 조치가 협정에 합치한다는 전제하에 "회원국은 인간, 동물 또는 식물의 생명 또는 건강을 보호하기 위하여 필요한 위생 및 식물위생 조치를 취할 수 있는 권리를 갖는다"고 하였다. SPS협정 제1부속서 1에 의하면, 여기서 말하는 위생 및 식물위생조치란 모든 관련 법률, 법령, 규정, 요건 및 절차를 포함하며 다음의 목적으로 적용되는 모든 조치를 의미한다고 하였다.

가. 병해충, 질병매개체 또는 질병원인체의 유입, 정착, 전파로 인하여 발생하는 위험으로부터 회원국 영토 내 동물 또는 식물의 생명 또는 건강의 보호

나. 식품, 음료, 사료 내의 첨가제, 오염물질, 독소 또는 질병원인체로 인하여 발생하는 위험으로부터 회원국 영토 내 인간 또는 동물의 생명 또는 건강의 보호

다. 동물, 식물 또는 동물 또는 식물로 만든 생산품에 의하여 전달되는 질병이나 해충의 유입, 정착 또는 전파로 인하여 발생하는 위험으로 부터 회원국 영토 내의 인간의 생명 또는 건강의 보호

라. 해충의 유입, 정착 또는 전파로 인한 회원국 영토 내의 다른 피해의 방지 또는 제한

위생 및 식물위생조치를 취할 수 있는 것은 협약상 회원국의 권리에 속한다. 따라서 WTO 체제에서는 대부분 무역규제 조치를 취한 피제소국이 예외적인 조치에 대한 입증책임을 부담하는데 반해, 위생 및 식물위생조치의 경우에는 제소국이 당해조치가 SPS협정에 어긋난다는 것을 입증해야 한다는 점에서 특징적이다.22)

22) 한국국제경제법학회, 「국제경제법」, 2010, 박영사, pp. 230-231.

3. 권리와 의무 : 조치의 조건

SPS협정에 의하면, 회원국은 자국민의 건강보호와 환경보호를 위하여 위생 및 식물위생조치를 취할 수 있으나, 그러한 위생 및 식물위생조치는 인간, 동물 또는 식물의 생명 또는 건강을 보호하는데 필요한 범위 내에서 그리고 과학적 원칙에 근거하여 취해져야 한다. SPS협정 제2조는 다음과 같이 규정하였다.

제2조 기본적인 권리 및 의무

1. 회원국은 인간, 동물 또는 식물의 생명 또는 건강을 보호하기 위하여 필요한 위생 및 식물위생조치를 취할 수 있는 권리를 갖는다. 단, 동 조치는 이 협정의 규정에 합치하여야 한다.
2. 회원국은 위생 및 식물위생조치가 인간, 동물 또는 식물의 생명 또는 건강을 보호하는데 필요한 범위 내에서만 적용되고, 과학적 원리에 근거하며 또한 충분한 과학적 증거없이 유지되지 않도록 보장한다.

위생 및 식물위생조치를 취하는데 있어서 갖추어져야 할 조건은 "인간, 동물 또는 식물의 생명 또는 건강을 보호하는데 필요한" 범위 내에서 취해져야 한다는 것과 '과학적 원리'에 근거하고 충분한 '과학적 증거'가 있어야 한다는 것이다. 즉 필요성과 과학적 근거가 필요한데, 그중에서도 특히 중요한 것은 과학적 근거이다. 그런데 이러한 과학적 근거는 다음의 SPS협정 제5조 "위험평가 및 위생 및 식물위생 보호의 적정수준 결정"과 연결되어 있다.

제5조 위험평가 및 위생 및 식물위생 보호의 적정수준 결정

1. 회원국은 관련 국제기구에 의해 개발된 위험평가 기술을 고려하여, 자기나라의 위생 또는 식물위생조치가 여건에 따라 적절하게 인간, 동물 또는 식물의 생명 또는 건강에 대한 위험평가에 기초하도록 보장한다.

2. 위험평가에 있어서 회원국은 이용가능한 과학적 증거, 관련 가공 및 생산방법, 관련 검사, 표본추출 및 시험방법, 특정 병해충의 발생율, 병해충 안전지역의 존재, 관련 생태학적 및 환경조건, 그리고 검역 또는 다른 처리를 고려한다.

3. 동물 또는 식물의 생명 또는 건강에 대한 위험평가와 이러한 위험으로부터 위생 또는 식물위생 보호의 적정수준을 달성하기 위해 적용되는 조치를 결정함에 있어서 회원국은 병해충이 유입, 정착 또는 전파될 경우 생산 또는 판매에 미치는 손실을 기준으로 한 잠재적 피해, 수입국의 영토 내에서의 방제 및 박멸비용, 위험을 제한하기 위해 대안으로서 접근방법의 상대적 비용 효율성을 관련된 경제적인 요소로서 고려한다.

4. 위생 또는 식물위생 보호의 적정수준 결정 시, 회원국은 무역에 미치는 부정적 영향을 최소화 하는 목표를 고려하여야 한다.

5. 인간, 동물 또는 식물의 생명 또는 건강에 대한 위험으로부터의 위생 또는 식물위생 보호의 적정수준이라는 개념의 적용에 있어서 일관성을 달성할 목적으로, 각 회원국은 상이한 상황에서 적절한 것으로 판단하는 수준에서의 구별이 국제무역에 대한 차별적 또는 위장된 제한을 초래하는 경우에는 자의적 또는 부당한 구별을 회피한다. 회원국은 이 협정 제12조제1항, 제2항 및 제3항에 따라 위원회에서 이 규정의 실제 이행을 촉진하기 위한 지침을 개발하기 위하여 협력한다. 동 지침을 개발함에 있어서 위원회는 사람들이 자발적으로 자신을 노출하는 인간의 건강상 위험의 예외적 특성을 포함한 모든 관련 요소를 고려한다.

6. 제3조 제2항을 저해함이 없이, 위생 또는 식물위생 보호 적정수준을 달성하기 위하여 위생 또는 식물위생조치를 수립 또는 유지하는 때에는, 회원국은 기술적 및 경제적인 타당성을 고려하여, 동 조치가 위생 또는 식물위생 보호의 적정수준을 달성하는데 필요한 정도 이상의 무역제한적인 조치가 되지 않도록 보장한다.

7. 관련 과학적 증거가 불충분한 경우, 회원국은 관련 국제기구로부터의 정보 및 다른 회원국이 적용하는 위생 또는 식물위생조치에 관한 정보를 포함, 입수가능한 적절한 정보에 근거하여 잠정적으로 위생 또는 식물위생조치를 채택할 수 있다. 이러한 상황에서, 회원국은 더욱 객관적인 위험평가를

위하여 필요한 추가정보를 수집하도록 노력하며, 이에 따라 합리적인 기간 내에 위생 또는 식물위생조치를 재검토한다.

8. 다른 회원국이 도입 또는 유지하는 특정 위생 또는 식물위생조치가 자기 나라의 수출을 제한하거나 제한할 잠재력이 있으며 동 조치가 관련 국제 표준, 지침 또는 권고에 근거하지 않거나, 그러한 표준, 지침 또는 권고가 없다고 믿을만한 이유가 있을에는, 동 위생 또는 식물위생조치에 대한 해명이 요구될 수 있으며, 동 해명은 동 조치를 유지하는 회원국에 의해 제공된다.

이는 회원국은 위생 및 식물위생조치가 인간, 동식물의 생명 또는 건강에 대한 위험평가에 기초하도록 하여야 하며, 위험평가에는 이용가능한 각종 과학적 증거와 가공 및 생산 방법, 검사, 특정 병충해 발생율, 생태학적·환경적조건 등을 고려한다는 것이다. 또한 위생 및 식물위생조치시 회원국은 그러한 조치의 무역에 대한 부정적 영향을 최소화 하여야 하며, 국제무역에 대한 차별적 또는 위장된 제한이 초래되지 않게 해야 한다.

SPS협정에서 과학적 근거의 중요성은 WTO에서의 분쟁해결에 관한 실행에서도 확인되고 있다. 패널과 상소기구는 Japan-Apples 사건에서 오직 승인된 과학적 방법만이 SPS 협정 제2조 2항이 규정한 조건인 '충분한 과학적 증거'를 제공하는 것이며, 검증되지 아니한 가설은 증거로서 부적합하다고 하였다.[23] 특히 EC-Hormones 사건에서 상소기구는, SPS 협정 제5조 1항에 따른 위험평가에서 평가되어야 하는 위험은 엄격히 통제된 과학실험실에서 확인이 가능한 위험일 뿐 아니라 실제 인간사회에서의 위험 즉 사람들이 살고 일하며 늙어가는 현실 세계에서 인간의 건강에 대한 실제적이고 잠재적인 악영향이어야 한다고 하였다.[24]

23) Japan-Measures Affecting the Importation of Apples, Panel Report, WT/DS245/R, 2003, para. 8.92.

24) European Communities-Measures concerning Meat and Meat Products(Hormones), Appellate Body Report, WT/DS26/AB/R(1998) and WT/DS48/AB/R, para. 187 ; Herdegen, p. 218.

〈호르몬쇠고기 분쟁〉

미국과 유럽 간의 호르몬쇠고기 분쟁은 1985년 12월 유럽공동체(EC)가 지침을 채택하여 축산에 호르몬기능을 수행하는 일부 물질의 사용을 금지하면서 시작되었다. 이어서 1988년 EU는 식품안전상의 이유로 성장촉진 호르몬으로 사육된 소로부터의 쇠고기 수입을 금지하였다. 호르몬쇠고기의 수입을 금지시킨 이 조치에 대해서는 EU 회원국 간에도 많은 논란이 있었으나, 회원국 간 정책을 조정해 가는 과정에서 호르몬쇠고기의 수입을 전면 금지하기로 한 것이다. 미국은 EU의 이러한 조치는 타당한 과학적 근거를 갖추지 못하였기 때문에 무역에 대한 비관세장벽을 세운 것이라고 비난하였다. 미국은 1996년 캐나다와 함께 이 문제를 WTO 분쟁해결기구(DSB)에 제소하였다. 패널은 호르몬 투여를 이유로 쇠고기 수입을 금지한 EU의 조치는 과학적 근거가 없으며 SPS 협정의 의무를 위반한 것이라고 하면서, 호르몬쇠고기 수입금지 조치의 해제를 요구하였다. WTO 분쟁해결기구의 판정에도 불구하고 EU가 호르몬쇠고기 수입금지 조치를 해제하지 아니하자, 1998년 WTO는 미국과 캐나다로 하여금 EU에 대한 보복조치를 취하도록 승인하였는바, 양국은 EU산 농산물에 대해서 보복관세 조치를 취하였다(미국은 116.8백만 달러, 캐나다는 11.3백만 캐나다 달러). 그 후 2009년 5월 양측은 미국은 EU산 농산물에 대한 제재조치를 단계적으로 줄여나가고, EU측은 호르몬처리를 하지 않은 쇠고기의 무관세 수입물량을 단계적으로 늘려나가기로 합의하였다. 그리고 2011년 5월 미국은 EU산 농산물에 대한 제재조치를 철회하기로 결정하였으며, 유럽의회가 2012년 3월 EU와 미국 간에 20년 이상 지속되어온 호르몬쇠고기 통상분쟁을 종료하는 것을 내용으로 하는 양측 간 합의안을 승인함으로서 분쟁은 최종적으로 해결되었다.

4. 예방의 원칙

국가들이 위생 및 식물위생조치를 취하는데 있어서 중요한 이슈의 하나는 SPS 협정의 기준과 예방의 원칙 간의 관계이다. 과학적 증거가 신뢰할 만한 지침을 제공해 주지 못하는 경우에도 회원국이 위생 및 식물위생조치를 취할 수 있는가 하는 문제가 제기되는 것이다. 관련하여 협정 제3조 3항은 회원국은 과학적 정당성이 있거나 회원국이 관련 규정에 따라 적절하다고 판단하는 경우, 관련 국제기준, 지침 또는 권고에 기초한 조치에 의하여 달성되는 위생 또는 식물위생 보호 수준보다 높은 보호를 초래하는 위생 또는 식물위생조치를 도입 또는 유지할 수 있다고 하였다. 또한 제5조 7항은 "관련 과학적 증거가 불충분한 경우, 회원국은 관련 국제기구로부터의 정보 및 다른 회원국이 적용하는 위생 또는 식물위생조치에 관한 정보를 포함, 입수가 가능한 적절한 정보에 근거하여 잠정적으로 위생 또는 식물위생조치를 채택할 수 있다"고 하였는바, 이는 관련 과학적 증거가 부족한 경우에도 회원국들은 잠정조치를 취할 수 있다는 의미이다. 이러한 규정은 SPS 협정이 예방의 원칙을 받아들인 결과이며, 결국 잠정조치를 인정함으로서 과학적 원칙의 적용이 일부 완화된 것이라는 해석이 나오게 되었다.[25)]

EC-Hormones 사건에서 상소기구는, 예방의 원칙(precautionary principle)이 SPS 협정에 반영된 것은 사실이지만, 이 원칙으로 인하여 협정 제5조 1, 2항에 규정된 정당화 기준에서 벗어나는 것이 허용되는 것은 아니라고 하였다. 상소기구는 예방의 원칙과 SPS협정의 관계에 대하여 언급하면서, 예방의 원칙이 협정에 포함되었지만 그것은 회원국의 의무에 합치하지 아니하는 위생 및 검역조치를 정당화하기 위한 것이 아니며, 실제로 교섭당시 협약 제5조 7항이 예방의 원칙을 밝힌 것은 아니라고 하였다.[26)]

제5절 무역에 대한 기술장벽

1979년 GATT의 동경라운드에서는 다자간무역협상을 통해 '무역에 대한 기술장벽협정'(Agreement on Technical Barriers to Trade)이 체결되었다. '표준협정'(Standard Code)이라고도 부르는 이 협정은 국가들이 자국의 표

25) Herdegen, pp. 218-219.
26) Ibid.

준제도를 의도적으로 까다롭게 하거나 다른 나라의 제도와 다르게 만들어 일종의 무역장벽으로 사용하는 것을 방지하기 위한 것이었다. 따라서 이 협정에서 어떤 표준의 타당성을 판단하는 가장 중요한 기준은 그 표준이 "무역에 대한 불필요한 장애"를 만들지 않았는가 하는 것이었다. 그러나 이 협정은 가입한 국가가 적고 지방정부들에 대한 구속력도 확보되지 않아 실효를 거두지 못하였다.[27)]

WTO에서는 새로운 '무역에 대한 기술장벽협정'(Agreement on Technical Barriers to Trade: TBT협정)에 의하여 표준화와 기술장벽 문제를 WTO 체제 가운데 포함시켰다. 특히 기술규정과 표준의 범주에 '관련공정 및 생산방법'(PPMs)을 포함시켜서 기술규정과 표준, 적합판정절차가 무역장벽이 되지 않도록 하였으며, 지방정부들에게도 협정의 이행의무를 부과하였다.

TBT협정은 서문에서 국제표준과 적합판정제도가 생산능률을 향상하고 국제무역을 원활하게 하는데 중요한 기여를 할 수 있음에 유념하면서, 포장, 표시 및 상표부착 요건을 포함한 기술규정과 표준 그리고 기술규정 및 표준에의 적합여부 판정절차가 국제무역에 불필요한 장애가 되지 아니하도록 보장하여야 한다고 하였다.

기술규정을 제정하고자 하는 WTO 회원국은 두 가지 방법을 사용할 수 있다. 즉 독자적으로 규정을 제정하든지 아니면 국제표준을 따르는 것이다. TBT협정 제2조 2항은 회원국의 독자적인 규정 제정과 관련하여 "회원국은 국제무역에 불필요한 장애를 초래할 목적으로 또는 그러한 효과를 갖도록 기술규정을 준비, 채택 또는 적용하지 아니할 것을 보장한다"고 하면서, 이를 위해 "기술규정은 정당한 목적수행에 필요한 이상으로 무역을 규제하지 아니하여야 한다"고 하였다. 여기에서 말하는 정당한 목적이란 특히 국가안보상 요건, 기만적 관행의 방지, 인간의 건강 또는 안전, 동물 또는 식물의 생명 또는 건강, 환경의 보호이다.[28)]

---

27) Ibid., p, 480.

28) SPS 협정 제2조 3항은 "기술규정은 그 채택을 야기한 상황 또는 목적이 더 이상 존재하지 아니하거나, 변화된 상황 또는 목적이 무역에 덜 제한적인 방법으로 처리될 수 있는 경우에는 유지되면 아니된다"고 하였다.

TBT협정은 기술규정의 제정시 국제표준을 따를 수 있게 하였다. TBT 협정 제2조 4항은 "기술규정이 요구되고 관련 국제표준이 존재하거나 그 완성이 임박한 경우, 회원국은 이러한 국제표준 또는 관련부분을 자기나라의 기술규정의 기초로서 사용한다"고 하였다. 그런데 TBT 협정은 SPS 협정과는 달리 그러한 표준제정 기관들을 명시하지 않았다. 따라서 ISO(International Standard Organization) 표준조차도 사례별로 판단되어야 한다는 것이 원칙이다. EC-Sardines 사건에서 패널과 상소기구는 형식적인 입장에서 Codex Alimentarius 표준을 국제표준으로 인정하였다. 그 이유는 Codex Alimentarius 표준은 TBT 협정이 말하는 국제표준에 해당되며, 당사국들도 Codex Alimentarius Commission를 국제표준화 기구로 인정하기 때문이라고 하였다.[29] 결국 국제표준은 Codex Alimentarius Commission처럼 표준화 활동이 보편적으로 승인되고 있고, 모든 WTO 회원국에게 개방된 기구에 의해 정해지는 경우에 타당하다고 할 수 있다.[30] 국제적으로 승인된 표준은 국내법규정 마련을 위한 지침이나 표준으로 사용되는바, EC-Sardines 사건에서 패널과 상소기구는 국제표준의 이러한 역동성을 인정한 바 있다. WTO 회원국들은 새로운 국제표준을 참고하여 자국의 관련 법령을 검토하고 필요한 경우에는 이를 수정해야 하는 것이다.[31]

29) Mitsuo Matsushita, Thomas J. Schoenbaum, and Petros C. Mavroids, The World Trade Organization : Law, Practice and Policy, 2nd edition, Oxford, 2006, pp. 489-490.
30) Herdegen, p. 224.
31) Ibid.

제6절 기타 비관세장벽

1. 선적전검사

선적전검사(Preshipment Inspection)란 농산물이나 공산품의 수입과 관련하여, 수입국이 자국의 정부기관 또는 중앙은행이 지정한 검사기관으로 하여금 상품의 품질·수량·가격의 적정성을 검사하게 하는 것이다. 선적전검사는 무역거래를 통한 자본의 해외도피를 차단하는 장점이 있는 반면에, 주로 개도국에 의해 이루어지는 선적전검사는 수출업자에게 시간적 지체와 과도한 비용(보세창고, 수수료, 서류비용)을 발생시켜 비관세장벽으로 변질될 우려가 있다.[32)]

우루과이라운드를 통해 채택된 WTO '선적전검사에 관한 협정'(Agreement on Preshipment Inspection: PSI협정)은 회원국에게 선적전검사절차를 명료하게 하고 그러한 절차는 모든 수출업자들에게 평등하게 적용되어야 한다고 하였다. 회원국은 모든 관련 법령을 신속히 공표하여야 하며 분쟁해결을 위한 패널을 설치할 수 있게 하였다.

2. 수입허가절차

수입허가란 외국으로부터 물건을 수입하는 경우 수입국의 관련 행정기관에 신청서 등 각종 서류를 제출하여 허가를 받도록 하는 제도를 말한다. 이 제도 역시 때때로 외국상품의 수입을 막고 자국산업을 보호하는 비관세장벽으로 사용된다. 이 제도의 투명성을 보장하기 위해 GATT시대에는 동경라운드를 통해 '수입허가절차협정'(Agreement on Import Licensing Procedures)이 체결되었으나 일부 국가만이 가입하여 효과가 미미하였다.[33)]

---

32) 대외경제정책연구원, 「WTO 출범과 신교역질서」, 1994, pp. 204-208.
33) Ibid., pp. 237-238.

우루과이라운드를 통해 '수입허가절차협정'은 WTO협정의 일부로 편입되었다. 협정은 수입허가절차의 간소화와 투명성 보장을 위하여, 회원국들의 수입허가절차를 국제규범에 맞추게 하고, 수입허가절차의 적용에 있어 중립성과 공평성이 보장되도록 의무화하였다. 또한 수입허가에 관련된 정보를 공표하고 신청서식 및 절차를 간소화하며, 자동수입허가제를 도입하게 하였다.

3. 무역관련투자조치

무역관련투자조치란 기업으로 하여금 국산품이나 국내공급제품을 구매·사용하도록 하거나 수입제품의 구매·사용을 국산품의 수출과 연계시키는 등 외국인투자에 영향을 미치는 투자유치국의 조치들을 의미한다. 이러한 조치들은 국제투자를 방해하고 무역을 왜곡시키는 결과를 가져오기 때문에 우루과이라운드 협상에서는 '무역관련투자조치협정'(Agreement on Trade Related Investment Measures; TRIMs)을 체결하여 이를 규제하게 되었다.

협정은 회원국들은 GATT 1994 제3조의 내국민대우와 제11조의 수량제한금지 규정에 어긋나는 모든 투자관련 제한조치들을 적용하면 안된다고 하였다(협정 제2조). 그러나 개발도상국들은 당분간 이러한 규정의 적용을 유예받을 수 있다(협정 제3조).

제8장

국제경제분쟁과 WTO 분쟁해결제도

제8장

국제경제분쟁과 WTO 분쟁해결제도

제1절 국제경제분쟁 해결제도

1. 서 론

국제법에서 말하는 '분쟁'(dispute)이란 무엇일까? 1924년 마브로마티스(Mavrommatis) 사건에서 상설국제사법재판소(PCIJ)는 분쟁을 정의하여 "법이나 사실문제에 대한 의견의 불일치 또는 법적인 견해와 이익의 충돌"이라고 하였다.[1] 넓은 의미에서의 국제분쟁에는 국가와 국가 간, 한 국가와 외국인 또는 외국기업 간, 한 국가의 국민 또는 기업과 외국인 또는 외국기업 간의 분쟁이 모두 포함된다. 따라서 넓은 의미에서 국제경제법에서 말하는 분쟁에는 WTO협정과 같은 다자조약이나 양자조약에 대한 위반과 같은 국제법상 의무위반에 관련된 국가 간 분쟁, 한 국가의 정부와 외국기업간의 계약에 관한 분쟁, 국적을 달리하는 기업 간의 분쟁이 모두 포함된다고 할 수 있다.

법률관계라는 측면에서 국제법은 전통적으로 최소한 법률관계의 한쪽 당사자는 국가이어야 한다는 기준을 유지해 온 만큼, 국제경제법에서는 주로 기본적인 국제경제질서, 국가 간 경제관계, 한 국가와 외국인 또는 외국기업 간의 경제관계를 다룬다고 보아야 한다. 그러나 한 가지 유의할 점은 오늘날 국제경제법에서는 과거에는 엄격히 구분되던 국제공법과 국제사법 간의 융

1) Mavrommatis Palestine Concession Case, PCIJ, Series A, No. 2, 1924, p. 11.

화현상이 벌어지고 있다는 것이다. 국제경제법은 국가 뿐 아니라 기업이나 개인과 같은 사적주체들의 행위를 규율하고 조정하는 기능을 수행하고 있어서 국제적인 공법관계는 물론 사법관계도 부분적으로 규율하는 것이다. 결국 국제경제법의 연구 대상인 국제경제분쟁에는 주로 국가 간의 경제적인 분쟁과 한 국가와 외국기업 간의 분쟁이 포함되지만 때로는 국적을 달리하는 개인이나 기업 간의 분쟁도 다루어진다고 보아야 한다.[1)]

국제법에서 국가 간 분쟁의 전통적인 해결방법은 국제사법재판소(International Court of Justice : ICJ)에서의 분쟁해결이다. 그러나 ICJ는 국가 간의 분쟁만을 다루고 있고, 당사국이 합의하는 경우에만 관할권을 인정하는 임의관할을 원칙으로 하고 있어서 국제분쟁해결에 있어서의 역할이 제한적이었다. 국제적인 사법기관으로서의 ICJ의 역할은 특히 국제경제분쟁의 해결에 있어서 미약하였다. 실제로 국제경제법에서 대부분의 분쟁들은 임시중재법정이나 제도화된 중재기관, 또는 WTO의 분쟁해결기구와 같은 어떤 조약이 규정한 분쟁해결제도를 통하여 해결되고 있다.[2)]

국제경제활동에 관련된 분쟁이 발생하는 경우, 분쟁의 법적인 해결과 관련하여 검토해야 할 사항으로는 다음과 같은 것들이 있다. 첫째, 어느 법정에서 분쟁해결을 모색할 것인가 하는 것이다. 즉 국제법원에 제소할 것인지 아니면 어느 한 국가의 국내법원에 제소할 것인지를 결정해야 한다. 둘째, 사법적 해결을 추구할 것인지 중개나 중재(arbitration)와 같은 대안분쟁해결방법(Alternative Dispute Resolution: ADR)을 통한 분쟁해결 방법을 사용할 것인지도 고려해 보아야 한다. 셋째, 어떠한 법에 따라 분쟁을 해결할 것인지 검토해 보아야 한다. 예를 들어 상품거래에서 구매자 또는 판매자의 본국법을 따를 것인지 아니면 국제법을 준거법으로 사용할 것인지 검토해 보아야 한다.

1) 국제법의 명칭으로 처음에는 국제공법과 국제사법을 포괄하는 개념인 'law of nations'가 주로 사용되었다. 그러나 1789년부터 영국의 공리주의 철학자 벤담(Jeremy Bentham)이 'international law'라는 명칭을 사용하기 시작하였는데, 이 용어는 오직 국가 간의 권리·의무관계를 표현하는 용어로 사용된 것이다. Mark W. Janis, An Introduction to International Law, Little, Brown and Co, 1993, pp. 228-231.

2) Matthias Herdegen, Principles of International Economic Law, Oxford, 2013, pp. 147-148.

국제경제분쟁이 발생하면 위의 사항들을 고려하여 분쟁해결 방법을 결정해야 하는데, 국제경제관련 분쟁의 해결을 위해서는 다음의 몇 가지 방법을 생각해 볼 수 있다. 첫째는 국제사법에 따른 해결방법이다. 국적을 달리하는 사람 또는 기업 간의 분쟁해결에 사용되어온 이 방법은 분쟁당사자들과 일정한 관련을 가진 국가의 법원에서 분쟁해결을 모색하는 것이다. 둘째는 국제사법재판소에 의한 분쟁해결이다. 국제사법재판소에서는 원래 국가 간의 분쟁만을 다루지만, 국가가 외교적 보호를 행사하는 경우에는 한 국가와 외국인 또는 외국기업 간의 분쟁도 다룰 수 있다. 셋째는 국제중재와 같은 대안분쟁해결(ADR) 방법에 의한 분쟁해결이다. 국제사회에는 매우 다양한 대안분쟁해결 방법이 존재하는데 특히 중재가 중요하다. 넷째는 WTO협정에 포함된 분쟁해결절차를 이용하는 것이다. 우루과이라운드를 통해 미련된 '분쟁해결양해'에 따라 분쟁을 해결하는 것으로 국제무역에 관한 분쟁들을 다룬다.

2. 국제사법에 의한 해결

국가는 국내법원이 관할권을 가진다고 생각하는 분쟁에 대해 관할권을 가지게 할 수 있다. 그러나 국가들은 일반적으로 자국과 인적 또는 영토적인 관련을 가지는 사건에 대해서만 국내법원의 관할권을 인정하고 있는바, 그러한 관련성이 없는 경우에는 판결의 적법성에 의문이 생기게 되고 판결의 집행도 원활하게 이루어질 수 없다. 각국의 국내법에서 국제적인 사법분쟁에 적용할 준거법을 정해주는 법은 국제사법이므로, 국제적인 경제분쟁의 해결과 관련하여 중요한 국내법은 국제사법이라고 하겠다.

국제사법이란 순전히 국내적이 아닌 분쟁 즉 외부적 요소(foreign element)를 가진 사법관계의 해결을 위하여 적용할 준거법을 찾아서 적용하는 법이다. 국제사법이란 법적인 분쟁 중에서 당사자의 국적이나 주소가 서로 다르거나 계약 당사자의 국적이 상이한 경우 처럼 하나의 법률관계에 적용가능한 국가의 법이 다수 존재하는 경우에, 어떤 국가의 법에 따라 분쟁을 해결하는 것이 합리적인지 결정하여 분쟁을 해결하게 하는 법이다.

국제사법(private international law)은 그 명칭 때문에 법적성격에 대하여 오해를 받는 경우가 많이 있었다. 즉 국제사법의 '국제'라는 표현 때문에 국제사법을 국제법의 일부로 오해하기 쉬우나, 실제로 국제사법은 국내법에 속하는 법이다. 국제사법의 임무를 보다 잘 표현하는 명칭은 미국에서 주로 사용하고 있는 '충돌법'(conflict of laws)이다. 국제사법 또는 충돌법이란 하나의 법률관계를 놓고 여러 법이 충돌하고 있을 때, 그러한 충돌을 해결하여 당해 법률관계에 적용할 준거법을 찾아서 적용하도록 하는 법인 것이다.[3]

국제사법에서는 일반적으로 문제가 되는 법률관계가 무엇에 관한 것인지 그 성질을 결정하고(법률관계의 성질결정), 국적과 주소·물건소재지·행위지 등의 연결점을 확정하여(연결점의 확정), 준거법을 찾아서 적용하는(준거법의 적용) 단계를 거친다. 그런데 이러한 절차를 따라 확정·적용되는 준거법은 결국 어떤 국가의 국내법이다. 국제사법은 국제적인 법률문제를 국내화하여 어떤 국가의 법원에서 어떤 국가의 국내법을 적용하여 해결하려고 시도하는바, 그에 따른 태생적인 약점을 가지고 있다.

국제사법에 따른 분쟁해결의 가장 커다란 약점은 공정성에 있다. 국제사법적인 방법에 따른 분쟁해결은 대부분 분쟁당사자 일방의 본국 법원이 그 국가의 법에 따라 판결하는 방식으로 이루어지기 때문에, 패소한 측에서는 종종 판결의 공정성 문제를 제기한다. 이처럼 판결의 공정성 문제가 제기되면 당해 판결을 집행하는 데에도 문제가 생기게 된다. 원칙적으로 한 국가의 법원이 내린 판결은 그 국가의 영역 안에서만 효력을 가지기 때문이다. 국제사법에 의한 분쟁해결의 또 하나의 단점은 재판이 어느 국가의 법원에서 진행되는가 하는데 따라 판결의 결과가 달라질 수 있다는 점이다. 그 결과 분쟁당사자들은 자신에게 유리한 판결을 내려 줄 것으로 기대되는 법정지를 찾아다니게 되어 소위 '포럼쇼핑'(forum shopping) 현상이 나타나게 된다.[4]

---

3) 그런 의미에서 국제사법(private international law)이란 명칭은 정확한 용어라고 할 수는 없다. 그러나 이 명칭은 충돌법이란 용어보다 더 넓은 내용을 담을 수 있다는 점에서 장점이 있다. 장문철, 「국제사법총론」, 홍문사, 1996, p. 24.

4) 소송당사자들이 가장 유리한 조건을 찾아다니는 것은 합법적이다. 포럼쇼핑이 문제가 되는 것은 선택된 법정이 당해 분쟁과 매우 약한 관련성을 가지는 경우이다. Herdegen, p. 163.

3. 국제사법재판소에 의한 해결

국제사법재판소(International Court of Justice : ICJ)는 국제연맹 시대에 존재하였던 상설국제사법재판소(Permanent Court of International Justice; PCIJ)를 계승하여 1945년 채택된 유엔헌장과 재판소규정(Statute of the Court)에 따라 창설되었다. 재판소는 유엔 주요기관의 하나로서 네덜란드 헤이그에 위치해 있으며 임기가 9년인 15명의 재판관들로 구성된다.[5]

국제사법재판소에서는 국가만이 소송당사자가 될 수 있다.[6] 따라서 국가는 국가 간의 경제분쟁을 국제사법재판소를 통해서 해결할 수 있지만, 개인이나 기업은 국제사법재판소에서 소송당사자가 될 수 없다. 그렇지만 어떤 개인이나 기업의 본국정부가 그 국민이나 기업의 이익을 보호하기 위하여 외교적 보호에 나서는 경우에는 당해 사건은 국가 간의 분쟁이 되므로 국제사법재판소는 그 문제를 다룰 수 있게 된다. 상설국제사법재판소(PCIJ)가 1924년 마브로마티스 사건에서 이 사건은 처음에는 그리스인 마브로마티스와 영국 간의 문제였지만, 그리스 정부가 외교적 보호를 통하여 이 사건을 맡게 되면서 양국 간 분쟁이 되어 국제법의 영역으로 들어오게 되었다고 한 것도 바로 그러한 이유에서 이었다.

국제경제분쟁도 국제사법재판소에서 다루어 질 수 있다. 특히 국제조약이나 국제관습법상의 국가 간 권리·의무관계에 관한 분쟁은 당사국들이 원하는 경우에는 얼마든지 국제사법재판소에서 다루어질 수 있다. 그러나 국적을 달리하는 개인이나 기업 간의 국제경제분쟁이나 한 국가와 외국인 또는 외국기업 간의 분쟁을 국제사법재판소에서 해결하는 데에는 현실적으로 여러 가지 어려움이 있다. 첫째, 그러한 사건이 국제사법재판소에 부탁되려면

5) 국제사법재판소에는 임시재판관(ad hoc judge) 또는 국적재판관(national judge)이라 부르는 제도가 있다. 재판소에 분쟁당사국 중 한 국가의 국적을 가진 재판관만 있으면 다른 분쟁당사국도 자국출신 임시재판관을 소송에 참여시킬 수 있으며, 분쟁당사국이 모두 자국 출신 재판관을 가지고 있지 못하면 분쟁당사국들은 자국출신 재판관을 1명씩 선정하여 당해 재판에 참여하게 한다.

6) 유엔헌장 제93조는 1항에서 모든 유엔 회원국은 당연히 ICJ규정의 당사국이 된다고 하였으며, 2항에서는 유엔 회원국이 아닌 국가도 안보리의 권고에 의거하여 총회가 결정하는 조건을 충족하는 경우 당사국이 될 수 있다고 하였다.

개인이나 기업의 본국정부가 분쟁해결에 상당히 적극적이어야 한다. 하지만 국가를 대표하는 정부들은 대개 자국민이나 기업을 위해 외교적 보호권을 행사하는 것을 즐겨하지 않으므로 그러한 일이 자주 발생하지는 않는다. 둘째, 국제사법재판소에서의 소송은 국가를 상대로 제기되어야 한다는 데에서 오는 한계이다. 한 국가가 자국민이나 자국기업을 위해서 외교적 보호권을 행사하여 국제사법재판소에 제소를 하기로 결정하더라도, 국제사법재판소를 이용한 분쟁해결은 본래 국가 간의 분쟁에만 적용되므로 그러한 소송의 상대방은 국가이어야 하기 때문이다.[7)]

4. 국제중재에 의한 해결

중재재판이란 외교적 해결에서와는 달리 구속력이 있는 결정을 하지만, 사법적해결과는 다르게 재판정의 구성과 재판절차 및 준칙을 결정하는데 있어서 당사국들의 폭넓은 재량이 허용되는 분쟁해결 제도이다. 중재판정을 담당하는 기관은 분쟁당사국들이 지명하는 중재관을 위주로 하고 중립국 출신을 보완하여 구성되는데, 분쟁당사국들에 의해 임시로 설치되기도 하고 일정한 범주에 속하는 분쟁들을 다루기 위해 상설화되기도 한다.[8)] 중재는 이처럼 분쟁당사자들의 의사가 많이 반영되므로 국제사법재판소에 의한 사법적 해결에 비하여 유연할 뿐 아니라 절차도 비공개로 진행할 수 있어서 분쟁당사자들이 선호하고 있다.[9)]

미국과 영국간의 제이조약(Jay Trety)에 따른 분쟁해결은 오늘날 국가간 중재제도 발전을 위한 토대를 닦았으며, 이란의 회교혁명이후 미국과 이란 간의 극심한 갈등 가운데 제기된 분쟁을 해결하기 위해 설치된 '이란-미국 청구권 재판소'(Iran-US Claims Tribunal)는 양국 간의 문제뿐만 아니라 양

7) R. H. Folsom, M. W. Gordon, and J. A. Spanogle, International Business Transactions, 3rd edition, West Publishing Co., 1995, pp. 1098-1099.

8) Louis Henkin, Richard Crawford Pugh, Oscar Schachter, and Hans Smit, International Law: Cases and Materials, West Publishing Co., 1993, p. 788.

9) Peter Malanczuk, Akehurst's Modern Introduction to International Law, Routledge, 1997, p. 293.

국 국민 간의 분쟁도 다루었기 때문에 국제중재제도와 국제경제법 발전에 크게 기여하였다.[10]

국제사회는 중재제도의 법적·제도적 발전을 위하여 노력한 결과 중재제도는 오늘날 상당히 제도화 되었다. 특히 국제경제분쟁의 해결을 위한 중재제도에 많은 발전이 있었다. 유엔무역법위원회(UNCITRAL)가 개발한 '표준중재규칙'과 국제상업회의소(ICC)가 만든 '조정 및 중재규칙'은 각종 상사분쟁 해결에 널리 사용되고 있다.[11] 국제사회에서는 중재판정의 국제적인 집행을 확보하기 위해서도 많은 노력을 경주하였다. 그 결과 1954년 일반적으로 '뉴욕협약'이라고 부르는 '외국중재판정의 승인과 집행에 관한 뉴욕협약'이 채택되어 중재판정의 상호 간 승인과 집행이 용이해졌다.[12]

중재제도의 장점으로는 다음과 같은 것들을 들 수 있다.[13] 첫째는 중재제도의 유연성(flexibility)이다. 중재에서 재판정과 적용할 법, 절차는 분쟁당사자들에 의하여 결정되는바, 그에 따른 유연성은 전문가들을 중재관으로 받아들일 수 있게 하여 다른 재판제도가 가지지 못한 장점으로 활용되고 있다. 둘째는 영업비밀보호에 유리하다는 점이다. 중재에서는 재판제도에서처럼 증거조사를 철저히 하지 않기 때문에 영업비밀의 공개를 우려하는 기업들에게는 커다란 장점으로 부각된다. 더구나 중재판정은 비밀로 유지되어 일반에게 공개되지 않는 경우가 많기 때문에 기업들은 중재에 의한 분쟁해결을 좋아한다. 셋째는 중재판정 이후에도 당사자 간에 상사관계를 원만하게 유지할 수 있게 한다는 점이다. 승패가 분명히 갈리는 재판은 자칫 당사자 간의 거래관계에 파멸적인 결과를 가져오지만, 중재는 분쟁당사자 간의 관계를 그러한 지경까지 몰고 가지는 않는다. 넷째는 중재에서는 완승과 완패가 없다는 점이다. 중재는 엄격한 절차에 따라 운영되는 제도가 아니므로 분쟁을 둘러싼 갈등이 비교적 약하며, 당사자들에게 명예롭게 물러날 수 있는 길을 열어주어 분쟁해결 과정에서 과도하게 체면이 손상되는 것을 막아 준다.

---

10) Herdegen, pp. 148-149.

11) Nelson, "Alternatives to Litigation on International Disputes," International Lawyer, vol. 23, 1989, pp. 198이하.

12) Ibid.

13) Ibid.

오늘날 재판에 대한 대안분쟁해결(Alternative Dispute Resolution: ADR) 방법들이 국내법적으로나 국제법적으로 관심을 끌고 있으며, 특히 중재제도가 관심대상이다. 더구나 최근에는 매우 많은 국제경제분쟁들이 국제상사중재(international commercial arbitration)에 의하여 해결되고 있어 더욱 관심이 높아졌다.[14] 여기서 말하는 중재는 전통적인 분쟁해결수단으로의 국제중재와 유사한 부분이 있지만 다른 점도 있다. 국제중재와 상사중재는 모두 스스로 적용할 법을 정한다는 점에서 상당히 유사하다. 그러나 상사중재는 항상 그렇지는 않더라도 비교적 국내법을 준거법으로 하는 경우가 많은데 비해 국제중재는 대부분 국제법을 준거법으로 한다는 점에 큰 차이가 있다.[15]

중재가 국제적인 상거래의 분쟁해결 수단으로 선호되는 데에는 여러 가지 이유가 있다. 그러한 이유로는 중재제도의 중립성과 유연성, 중재합의의 효율성을 높이고 경제적인 중재판정 집행을 가능케 하는 다자간 국제협약 체결, 국제적인 상사관련 사건들에 대한 해외의 중재관할을 인정해가는 각국 국내법원의 태도변화를 들 수 있다.[16] 더구나 보다 효율적인 중재조항은 당사자들의 계약위반을 저지하는 효과를 가지므로 분쟁의 발생 자체를 방지하기도 한다.[17]

이러한 장점에도 불구하고 중재란 당사자 간에 합의가 있어야 사용될 수 있고, 중재조항이 타당성을 인정받으려면 여러 가지 조건들을 충족해야 하기 때문에, 분쟁의 해결수단으로 중재를 사용하려면 사전에 중재에 관해 상세하고 명확한 규정이 마련되어 있어야 한다.

상사중재제도의 유용성에도 불구하고 계약 시 중재에 관한 합의가 존재하

14) 오늘날 국제거래가 활성화 되면서 이를 기획하고 구상하는 일에 조언하고 지원하는 일은 점차 법률가들의 일상적인 일이 되었다. 이처럼 여러 국가의 관할권이 인정될 수 있는 계약을 계획하는 일 중에서도 발생가능한 분쟁을 예견하고 미리 분쟁해결을 위한 규정을 마련하는 일은 가장 중요한 대목에 속한다. 국제상사중재(International Commercial Arbitration) 는 이러한 계약에 있어서 당사자 간 합의에 의한 분쟁해결 수단으로 점점 자주 선택되고 있다. M. Reisman, International Commercial Arbitration(Materials prepared for a course at the Yale Law School), 1992, p. 1.

15) J. G. Merrils, International Dispute Settlement, Grotius Publications, 1991, p. 101.

16) Reisman, p. 1.

17) Stephen R. Bond,"How to Draft an Arbitration Clause", The ICC International Court of Arbitration Bulletin, vol. 1, no. 2, p. 14.

지 않으면 중재에 의한 분쟁해결은 어려워진다.[18] 그 이유는 분명하다. 일단 분쟁이 발생하면 당사자들은 대부분 어떠한 합의도 할 수 없게 되는 경우가 많으며, 분쟁해결 방법에 대한 합의도 어려워진다. 각 당사자는 대부분 자국에게 가장 유리한 국가의 법원에 사건을 맡기려고 하므로 합의가 어렵다. 사전에 중재에 관한 구두합의가 있었다 하더라도 1958년 '외국중재판정의 승인과 집행에 관한 뉴욕협약'(New York Convention on the Recognition and Enforcement of Foreign Arbitral Awards)은 서면으로 이루어진 중재조항만을 인정한다는 점도 고려해야 한다.[19]

중재를 분쟁해결수단으로 사용한다는 합의가 필요하다면 그러한 합의는 가능하면 분쟁의 발생 이전에 미리 이루어져야 실효성을 갖게 된다. 국제거래의 당사자들이 중재에 합의하려면 먼저 앞으로 발생할 문제들을 맡길 중재기관을 결정해야 한다. 중재는 당사자 간 합의에 의해 구성되는 임시적 중재(ad hoc arbitration)와 상설적인 기관에 의한 중재 및 국제상업회의소(ICC)나 기타 국제중재기관과 같은 국제적 중재기관에 의해 이루어질 수 있다. 아울러 중재에 적용될 법과 절차규칙을 선택해야 하며, 중재를 수행할 장소도 결정해야 한다.

이러한 상사중재의 중요성과 나라와 지역에 따라 법이 상이한 현실을 감안하여, 유엔에서 국제통상법의 정비를 담당하고 있는 '유엔국제무역법위원회'(United Nations Commission on International Trade Law : UNCITRAL)가 중재규칙을 제정하였다. 1976년 제정된 이 규칙은 이념과 체제·경제발전의 정도가 다른 국가들이 공통적으로 사용할 수 있는 특징이 있다. 계약 당사자들은 그들의 분쟁을 'UNCITRAL중재규칙'에 넘긴다는 합의에 의해 그들 간의 문제를 이 규칙에 따라 해결하기로 할 수 있다. 중재인의 선정방법 이나 중재절차에 대해서는 별다른 합의가 없는 한 중재규칙이 적용되며, 중재장소와 준거법에 대해서도 별도의 합의가 없는 한 중재판정부가 제반사정을 고려하여 결정한다.

---

18) Ibid., pp. 14-15.
19) Ibid., p. 15.

5. WTO 분쟁해결절차에 의한 해결

국제경제분쟁 중에서도 무역분쟁의 해결과 관련하여 중요한 것은 GATT와 WTO의 분쟁해결제도이다. 우루과이라운드를 통하여 GATT시대가 막을 내리고 WTO시대가 열리게 된 데에는 여러 가지 이유가 있지만, GATT의 분쟁해결분야에서의 약점이 주요 이유 중의 하나이었다. 때문에 분쟁해결제도의 정비는 우루과이라운드에서 매우 중요한 의제 중의 하나가 되었으며, 그 결과 '분쟁해결규칙 및 절차에 관한 양해'(Understanding on Rules and Procedures Governing the Settlement of Disputes:DSU)가 채택되어 '분쟁해결기구'(Dispute Settlement Body: DSB)에 의한 단일화 된 분쟁해결제도가 수립되었다.

6. 결 론 : 국제경제분쟁 해결절차의 다양화

오늘날 국제사회에는 국제분쟁해결제도의 확산(proliferation of dispute settlement mechanisms) 현상이 나타나고 있으며, 그것은 국제경제분쟁 해결제도의 경우에도 마찬가지이다. 이처럼 국제분쟁해결제도의 확산으로 국제분쟁의 국제법화가 진전되고 국제법 준수의무가 높아지면 국제사회에서의 법의 지배도 공고해지는 결과를 가져올 것이다. 그러나 국제사회에 전문화된 국제적 사법기관과 중재기관이 무분별하게 증가하게 되면, 국제법 각 분야별로 독립적인 발전이 이루어져 국제법은 일관되지 못하고 파편화된 형태로 남게될 것이라는 우려가 있으며, 각 국제법원과 재판소 간의 관할권 경쟁과 상호모순되는 결정으로 오히려 혼란이 초래될 가능성도 있다.[20]

관할권 경합이 이루어진 사례로는 EU와 칠레 간의 황새치(Swordfish) 사건이 있다. 이 사건은 칠레가 황새치 어업에 종사한 외국어선의 자국항구 입항을 거부함으로써 발생하였는데, EU는 GATT 협정의 통과에 관한 규정을 원용하여 WTO 분쟁해결기구에서 칠레의 조치를 다루기를 원하였고, 칠레

20) Herdegen, p. 150.

는 해양법협약의 회유성어족의 보호에 관한 규정을 원용하여 국제해양법재판소에 제소하였다. 재판관할권의 경합은 WTO 분쟁해결제도와 FTA나 관세협정 같은 지역기구 분쟁해결제도 간에도 발생할 수 있다. 아일랜드해 입구인 영국 셀라필드(Sellafield)에 건설된 핵발전소와 연구시설로 부터의 방사성물질 배출에 대한 아일랜드의 불만에서 시작된 아일랜드와 영국간 MOX 공장사건은 좋은 예이다. 아일랜드는 해양환경에 대한 심각한 피해를 언급하면서 사건을 해양법협약의 분쟁해결절차에 부탁하였으나, 유럽사법재판소(European Court of Justice : ECJ)는 이것이 유럽원자력공동체(EAEC)법의 적용을 받는 분쟁에 대한 재판소의 배타적인 관할권을 위반한 것이라고 판시하였다.[21]

국제경제법의 경우에도 다양한 분쟁해결기관의 설립으로 그러한 기관간의 관할권 경합과 상이한 결정에 다른 부작용이 나타날 수 있다. 그러나 전통적인 국제사법에 의한 해결 이외에 중재 등 다양한 분쟁해결수단의 등장과 ICSID와 ICC에 의한 중재와 같은 제도화된 국제중재기관의 설립은 국제경제분쟁의 신속하고 공정한 해결에 기여하고 있다. 특히 국제무역분쟁의 해결을 위해 우루과이라운드가 채택한 WTO 분쟁해결제도에 의해 마련된 분쟁해결제도가 주목을 받고 있다.

제2절 GATT의 분쟁해결제도

'관세 및 무역에 관한 일반협정'(GATT)은 본래 '국제무역기구'(International Trade Organization: ITO)의 일부분을 형성하는 하나의 조약으로 출발하였다. 그러나 미국이 ITO 헌장을 비준하는데 실패하면서 ITO의 설립은 좌절되고 대신에 GATT가 그 공백을 메우는 역할을 떠맡게 되었다. 즉 아바나에서는 ITO헌장의 채택이 지체됨에 따라 당시 회의에 참가하였던 23개국 대표들이 모여 1947년 10월 30일 GATT협정문과 함께 '잠정적용의정서'(Protocol of Provisional Application)를 채택하였는바, 이 협정과 의정서는 1948년 1월 1

21) Ibid., pp. 150-151.

일 효력발생에 들어갔다. 그러나 국제무역기구(ITO)가 끝내 출범도 못한 채 실패로 돌아가는 바람에 본래 계획과는 달리 GATT가 국제무역을 담당하는 국제적인 조직이 된 것이다.[22)]

이처럼 국제무역기구(ITO)의 실패로 본래 하나의 조약으로 의도되었던 GATT가 갑자기 세계무역의 관리자가 되다보니, GATT는 분쟁해결제도를 제대로 갖추지 못한 상태에서 출발하게 되었다. GATT협정에는 국제법에서 일반적으로 사용되는 국제분쟁 해결수단인 국제중재나 국제사법재판소(ICJ)에 의한 사법적 해결 대신에 협의(consultation)와 합의(consensus) 같은 외교적 해결 방법이 중요한 수단으로 규정되어 있었다.[23)]

본래 GATT협정은 분쟁해결과 관련하여 제22조에 '협의'(consultation) 그리고 제23조에 '무효 또는 침해'라는 제목 하에 관련 규정을 두었었다. 제22조는 협정의 운영에 영향을 미치는 사항에 관한 다른 체약국의 설명에 대하여 호의적인 고려를 하여야 하며 협의를 위하여 기회를 부여하여야 한다고 하였다. 제23조에서는 협정에 따라 직접 또는 간접으로 자국에 부여된 이익이 무효화 또는 침해되는 경우에는 이를 체약국에게 설명하며, 합리적인 기간 내에 관계 체약국 간에 만족할만한 조정이 이루어지지 아니한 경우에는 동 문제를 체약국단에 의뢰하여 분쟁을 해결한다고 하였었다.

1960년대 이후 무역환경이 변하고 각종 비관세장벽이 등장하면서 GATT의 분쟁해결제도는 더욱 부적합한 것이 되어갔다. 때문에 주로 비관세장벽의 문제를 다루었던 동경라운드에서는 GATT의 분쟁해결 기능을 강화하고자 '통고, 협의, 분쟁해결, 감시에 관한 양해'(Understanding Regarding Notification, Consultation, Dispute Settlement, and Surveillance)를 채택하였으나 역시 그 역할이 기대에 미치지 못하였다.[24)]

분쟁해결 분야에 있어서 GATT의 근본적인 약점은 GATT가 본래 하나의 다자조약으로 의도되었던 그 태생적 한계에서 유래하는 것이다. GATT

22) Henkin, Pugh, Schachter, and Smit, p. 1397.

23) Michael Trebilcock, Robert Howse, and Antonia Eliason, The Regulation of International Trade, 4th edition, Routledge, 2013, p. 170.

24) Ibid., pp. 173-174.

는 일반적인 의사결정은 물론 분쟁해결에서도 컨센서스를 기초로 활동하였기 때문에, 패널은 패소국이 보고서의 채택을 '봉쇄'(block)하면 분쟁해결 보고서를 채택할 수 없었다. GATT에서 패소국의 법적인 의무는 패널보고서 채택을 거쳐서 부과되는바, 분쟁당사국이 보고서 채택을 봉쇄하는 경우에는 분쟁의 해결은 원초적으로 불가능하였다.

GATT의 분쟁해결절차가 단일화된 절차를 유지할 수 없었던 것도 중대한 약점이다. 1947년 GATT 협정이 채택되고 효력발생에 들어간 이후 다자간 무역협상을 통해서 반덤핑협정이나 보조금협정 등이 체결되었는데, 이들은 GATT에 부속된 협정이 아니어서 협정에 별도로 가입한 국가 간에만 적용되었으며 분쟁해결절차도 각 협정별로 마련되어 있었다.[25)]

제3절 WTO의 분쟁해결제도

1. 서 론

우루과이라운드 협상에서 가장 중요한 의제 중의 하나는 새로운 분쟁해결제도를 마련하는 것이었다. 협상에서는 단일화 된 분쟁해결제도 수립을 위한 교섭이 진행되었으며 그 결과 '분쟁해결규칙과 절차에 관한 양해'(Understanding on Rules and Procedures Governing the Settlement of Disputes : DSU)가 채택되어 '분쟁해결기구'(Dispute Settlement Body: DSB)에 의한 분쟁해결제도가 도입되었다. '분쟁해결양해'는 '양해'(understanding)라는 명칭 때문에 그 법적성격에 대해서 오해가 있을 수 있으나, WTO의 다른 협정들과 마찬가지로 법적으로 조약의 지위를 가지며 모든 WTO 회원국을 구속한다.[26)]

WTO 분쟁해결제도의 특징으로는 다음과 같은 것들이 있다. 첫째, 분쟁해

25) 한국국제경제법학회, 「신국제경제법」(증판), 박영사, 2014, p. 54.
26) GATT협정에도 비효율적이었지만 분쟁해결에 관한 조항은 있었고 당시 '양해' 또는 '결정'이란 명칭의 분쟁해결관련 문서를 발전시켜 온 것을 고려하여, 우루과이라운드에서는 분쟁해결 관련 협정의 명칭으로 양해(Understanding)라는 표현을 사용하게 되었다고 한다. 국제경제법학회, pp. 50-51.

결양해를 통해 독립된 패널에 의한 심리절차가 강화되고 상설항소제도가 도입되는 등 분쟁해결절차의 사법적 성격이 강화되었다. 우루과이라운드 협상의 결과에 대하여는 법의 외교에 대한 승리라거나 법률가들의 외교관들에 대한 승리라는 평가가 나올 정도로 분쟁해결제도에 법적인 성격이 강화되었고 법률가들의 역할이 중요해졌다. 둘째, 분쟁해결절차가 보다 제도화되었고 각 단계별로 엄격한 시간제한이 도입되어 분쟁해결절차의 신속성이 제고되었다. 분쟁해결양해에 의하면 WTO에서의 분쟁해결은 협의, 패널에 의한 조사 및 보고서 작성, 상소기구의 재심, 패널 또는 상소기구 결정의 채택, 결정의 집행 등 다섯 단계로 진행되며, 각 단계별로 시한이 정해져 있다. 셋째, WTO에서의 분쟁해결에서 컨센서스에 관한 관념이 완전히 사라진 것은 아니지만 분쟁해결기구가 총의로 보고서를 채택하지 않기로 합의하지 않는 한 보고서는 채택되므로, GATT에서처럼 분쟁이 해결불능에 이르는 사태는 대부분 피할 수 있게 되었다.[27] 넷째, 패널이나 상소기구와 같은 법적인 해결방법 이외에 협의, 주선, 조정, 중개 등 당사국 간 외교적 해결도 사용된다.

분쟁해결양해는 제3조 일반규정의 7항에서 분쟁해결제도의 궁극적인 목표에 대하여 다음과 같이 말하였다.

> 분쟁해결제도의 목표는 분쟁에 대한 긍정적인 해결책을 확보하는 것이다. 분쟁당사자가 상호 수락할 수 있으며 대상협정과 합치하는 해결책이 명백히 선호되어야 한다. 상호 합의된 해결책이 없을 때에는 분쟁해결제도의 첫 번째 목표는 통상 그 조치가 대상협정에 대한 위반으로 판정이 내려진 경우 동 조치의 철회를 확보하는 것이다. 그러한 조치의 즉각적인 철회가 비현실적일 경우에만 대상협정에 대한 위반조치의 철회 시까지 잠정조치로서 보상의 제공에 의지할 수 있다. 이 양해가 분쟁해결절차에 호소하는 회원국에게 부여하는 최후의 구제수단은 분쟁해결기구의 승인에 따르는 것을 조건으로 다른 회원국에 대하여 차별적으로 대상협정상의 양허 또는 그 밖의 의무의 적용을

27) 패소국은 다른 모든 WTO 회원국을 설득하여 보고서 채택을 봉쇄할 수 있으나, 그것은 실제로 거의 불가능하다. 새로운 분쟁해결제도는 패소국이 자국에게 불리한 패널보고서 채택을 봉쇄함으로써 법적인 의무를 회피할 수 있는 길을 차단함으로써 '구속력있는'(binding) 제도가 된 것이다.

정지할 수 있다는 것이다.

2. 분쟁해결기구

WTO 분쟁해결기구(Dispute Settlement Body : DSB)는 WTO 일반이사회의 특별회의로서 '분쟁해결양해'에 제시된 분쟁해결 임무를 수행하기 위하여 소집된다. 분쟁해결기구는 패널을 설치하고, 패널 및 상소기구 보고서를 채택하며, 판정 및 권고의 이행상황을 감독하고, 대상협정에 따른 양허 및 그 밖의 의무의 정지를 허가하는 권한을 갖는다.[28]

분쟁해결기구는 자체 의장을 선출할 수 있으며, 임무수행에 필요한 절차규칙을 마련하고, 분쟁해결양해에 규정된 시한 내에 자신의 기능을 수행하기 위하여 필요시 회의를 개최한다.

분쟁해결양해 제2조 4항은 "이 양해의 규칙 및 절차에 따라 분쟁해결기구가 결정을 하여야 하는 경우에는 컨센서스에 의한다"고 하였는데, 이는 GATT이래의 전통인 총의제를 규정한 것이다. 그러나 그 각주(remark)는 "결정의 채택시 분쟁해결기구 회의에 참석한 회원국 중 어떠한 회원국도 그 결정에 대하여 공식적인 반대를 하지 않을 경우, 분쟁해결기구는 검토를 위해 제출된 사안에 대하여 컨센서스로 결정하였다고 간주된다"고 하여 소위 역총의제(reverse/negative consensus system)를 채택한 것으로 해석된다. 따라서 패널설치, 패널보고서와 항소보고서의 채택, 양허 또는 기타 의무의 중지의 승인, 중재판정상의 보복조치의 승인 등의 경우에 참석회원국의 총의에 의한 반대가 없는 한 총의에 의한 찬성이 이루어진 것으로 간주하게 되었다.[29]

28) WTO분쟁해결양해 제2조 1항.
29) 최승환, 「국제경제법」, 제3판, 법영사, 2006, p. 198.

3. 협의와 주선, 조정, 중개

(1) 협 의

국제법상 분쟁해결에서 협의(consultation)란 교섭(negotiation)에 의한 분쟁해결의 일부이거나 그와 유사한 개념이다. 그런데 분쟁해결과 관련하여 국제법에서 말하는 교섭이란 분쟁당사국들이 다른 국가나 국제기구의 도움 없이 직접 만나서 그들 간의 분쟁을 해결하는 것을 의미하지만, 때로는 조약문의 교섭을 포함한 국가 간의 접촉을 의미하기도 한다. 여하튼 협의 또는 교섭은 국제분쟁의 평화적 해결을 위해 제일 먼저 시도되는 방법이며, 가장 효과적인 분쟁해결방법이다.

WTO 분쟁해결양해는 모든 분쟁해결에서 당연히 시도되는 협의절차에 시한을 부과하고 체계화함으로써 보다 효율적인 분쟁해결이 가능하도록 하였다. 이를 위해 WTO 회원국은 회원국이 활용하는 협의절차의 효율성을 강화하고 개선하려는 결의를 확인하고, 자국 영토에서 취하여진 조치로서 대상협정의 운영에 영향을 미치는 조치에 관하여 다른 회원국이 표명한 입장에 대하여 호의적으로 고려하고, 적절한 협의기회를 부여할 것을 약속한다고 하였다(분쟁해결양해 제4조 1,2항).

협의요청이 있는 경우 그 요청을 접수한 회원국은 달리 합의하지 아니하는 한 요청접수일로부터 10일 이내에 답변하며, 요청접수일로부터 30일 이내의 기간 내에 해결책에 도달하기 위하여 성실하게 협의에 응한다. 회원국이 요청접수일로부터 10일 내에 답변하지 아니하거나 30일 이내의 기간 내에 또는 달리 합의 한 기간 내에 협의에 응하지 아니하는 경우, 협의요청국은 직접 패널설치를 요구 할 수 있다(동조 3항).

협의요청은 협의요청국에 의하여 분쟁해결기구 및 관련 이사회와 위원회에 통보된다. 협의요청은 서면으로 제출되며, 협의요청시 문제가 되고 있는 조치의 명시 및 제소에 대한 법적 근거의 제시를 포함한 협의요청 사유를 제시한다. 협의는 비공개이며 다음 단계에서의 당사국의 권리를 저해하지 아니한다(동조 4,6항).

협의요청 접수일로부터 60일 이내에 협의를 통한 분쟁해결에 실패하는 경우 제소국은 패널설치를 요청할 수 있다. 그러나 협의당사국들이 공동으로 협의를 통한 분쟁해결에 실패했다고 간주하는 경우에는 제소국은 그 전에도 패널설치를 요청할 수 있다(동조 7항). 부패성 상품에 관한 분쟁 등 긴급한 경우에는 회원국은 요청접수일로부터 10일 이내에 협의를 개시한다. 협의요청 접수일로부터 20일 이내에 협의를 통하여 분쟁이 해결되지 아니하는 경우 제소국은 패널설치를 요청할 수 있다(동조 8항).

분쟁해결양해는 협의과정에서 개발도상회원국의 특별한 문제점과 이익에 대하여 특별한 고려를 하도록 하였다(동조 10항). 한편 협의회원국이 아닌 회원국이 관련 협정의 규정에 따라 개최되는 협의에 대하여 실질적인 무역상의 이해관계를 갖고 있는 경우에는 협의요청 문서가 배포된 날로부터 10일 이내에 협의회원국 및 분쟁해결기구에 협의에 참여할 의사를 통보할 수 있다. 협의요청을 받은 회원국이 실질적인 이해관계에 대한 주장에 충분한 근거가 있다고 동의하면 이러한 회원국도 협의에 참가한다(동조 11항).

(2) 주선, 조정, 중개

분쟁회원국 간의 협의는 패널설치 이전에 진행되어야 하는 일종의 전제조건인데 반하여, 분쟁해결양해 제5조에 규정된 주선, 조정 및 중개는 그러한 전제조건은 아니다. 그럼에도 분쟁해결양해에 분쟁의 정치적·외교적 해결방법인 주선, 조정, 중개를 포함시킨 것은 WTO가 분쟁해결에 있어서 법적방법 뿐만 아니라 정치적 해결도 중시하고 있음을 보여준다.

협의와는 달리 주선, 조정 및 중개는 분쟁당사자가 합의하는 경우 자발적으로 취해지는 절차이다(분쟁해결양해 제5조 1항). 분쟁당사자는 언제든지 주선, 조정 또는 중개를 요청할 수 있으며, 이러한 절차는 언제든지 개시되고 종료될 수 있다. 주선, 조정 또는 중개절차가 종료되면 제소국은 패널설치를 요청할 수 있다(동조 3항). 주선, 조정 및 중개 절차에서 분쟁당사자가 취한 입장은 공개되지 아니하며 다음 단계의 과정에서의 분쟁당사자의 권리를 저해하지 아니한다(동조 2항).

협의요청 접수일로부터 60일 이내에 주선, 조정 또는 중개절차가 개시되는 경우, 제소국은 협의요청 접수일로부터 60일의 기간을 허용한 후에 패널의 설치를 요청할 수 있다. 분쟁당사자가 모두 주선, 조정 또는 중개과정이 분쟁을 해결하는데 실패하였다고 판단하는 경우에는, 제소국은 위의 60일의 기간 중에 패널의 설치를 요청할 수 있다(동조 4항). 그렇지만 분쟁당사자가 합의하는 경우, 주선, 조정 또는 중개절차는 패널절차가 진행되는 동안에도 계속될 수 있다(동조 5항).

주선, 조정, 중개 등 정치적·외교적 분쟁해결 방법의 최대의 약점은 그러한 결과들이 구속력을 가지지 못하는 것이다.

4. 패널절차

(1) 의 의

GATT 시절부터 패널(Panel)은 분쟁해결에서 중요한 역할을 맡고 있다. 패널의 가장 중요한 임무는 분쟁에 관한 패널보고서를 작성하여 분쟁해결기구(DSB)의 결정을 보조하는 것이지만, 분쟁당사국과의 협의를 통하여 분쟁당사국들에게 만족스런 해결을 모색할 수 있는 기회를 부여하는 것도 중요하다.

분쟁해결양해는 제6조부터 제16조 사이에 패널에 관한 규정을 두었다. 패널은 분쟁해결기구(DSB)가 '분쟁해결양해'와 관련 협정상의 임무를 수행하는 것을 지원하는데, '분쟁해결양해'는 패널에 관한 GATT 체제에서의 관행을 개선하고 그 역할을 강화하였다.

분쟁해결양해는 패널의 설치여부와 패널보고서의 채택여부를 결정하는데 '역총의제'(revese consensus system)를 도입하여 그 권한을 강화하였으며, 패널구성에 있어서 전문성과 독립성을 제고하였고, 패널절차의 각 단계별 시한을 설정하였으며, 사실상 패널판정의 법적구속력을 강화하고 판정에 대해 항소를 허용하였다.[30)]

---

30) Ibid., pp. 206-207.

(2) 패널의 설치와 구성

가. 패널의 설치

제소국이 패널설치를 요청하면 분쟁해결기구에서는 패널을 설치한다. 패널설치는 서면으로 요청되는데, 요청서에는 관련 협의가 있었는지 여부와 문제가 된 조치의 내용과 제소의 법적인 근거를 명시해야 한다.

제6조 패널설치

1. 제소국이 요청하는 경우, 패널설치요청이 의제로 상정되는 첫번째 분쟁해결기구 회의에서 컨센서스로 패널을 설치하지 아니하기로 결정하지 아니하는 한, 늦어도 그 분쟁해결기구 회의의 다음번에 개최되는 분쟁해결기구 회의에서 패널이 설치된다.
2. 패널설치는 서면으로 요청된다. 이러한 요청은 협의가 개최되었는지 여부를 명시하고, 문제가 된 특정 조치를 명시하며, 문제를 분명하게 제시하는데 충분한 제소의 법적 근거에 대한 간략한 요약문을 제시한다. 제소국이 표준위임사항과 상이한 위임사항을 갖는 패널의 설치를 요청하는 경우, 서면 요청서에는 제안하고자 하는 특별위임사항의 문안이 포함한다.

나. 패널의 구성

패널은 충분한 자질을 갖춘 정부인사 또는 비정부인사들로 구성되며, 분쟁당사국 국민은 분쟁당사국간에 별도의 합의가 없는 한 패널에 참여할 수 없다. 패널은 3인의 패널위원으로 구성하지만, 패널구성 10일 이내에 당사국들이 합의하면 5인으로 구성할 수도 있다. 사무국이 패널의 명단을 제시하면 당사국들은 특별한 사유가 없는 한 이를 받아들인다.

제8조 패널구성

1. 패널은 패널에서 일한 경력이 있거나 패널에 자기나라의 입장을 개진한 경력이 있는 자, 세계무역기구 회원국의 대표나 1947년도 GATT 체약당

사자의 대표로 근무한 경력이 있는 자, 또는 대상협정이나 그 협정의 선행협정의 이사회나 위원회에서 대표로 근무한 경력이 있는 자, 사무국에서 근무한 경력이 있는 자, 국제무역법이나 국제무역정책에 대하여 가르치거나 저술한 경력이 있는 자, 또는 회원국의 고위급 무역정책 관리로서 근무한 경력이 있는 자 등 충분한 자격을 갖춘 정부 및/또는 비정부인사로 구성된다.

2. 패널위원은 패널위원의 독립성과 충분히 다양한 배경 및 광범위한 경험이 확보될 수 있도록 선정되어야 한다.
3. 자기나라 정부가 분쟁당사자인 회원국의 국민 또는 제10조 제2항에 규정된 제3자의 국민은 분쟁당사자가 달리 합의하지 아니하는 한 그 분쟁을 담당하는 패널의 위원이 되지 아니한다.
4. 패널위원의 선정을 돕기 위하여 사무국은 제1항에 기술된 자격요건을 갖춘 정부 및 비정부인사의 명부를 유지하며, 동 명부로부터 적절히 패널위원이 선정될 수 있다.
5. 패널은 분쟁당사자가 패널설치로부터 10일 이내에 5인의 패널위원으로 패널을 구성하는 데 합의하지 아니하는 한 3인의 패널위원으로 구성된다.

(3) 패널의 기능과 절차

가. 패널의 기능

패널의 기능은 분쟁해결기구가 분쟁해결양해 및 대상협정에 따른 책임을 수행하는 것을 지원하는 데 있다. 따라서 패널은 분쟁의 사실부분과 관련 대상협정의 적용가능성 및 그 협정과의 합치성을 포함하여 자신에게 회부된 사안에 대하여 객관적인 평가를 내려야 하며, 분쟁해결기구가 대상협정에 규정되어 있는 권고를 행하거나 판정을 내리는 데 도움이 되도록 조사결과를 작성한다. 패널은 분쟁당사자와 정기적으로 협의하면서 분쟁당사자가 상호 만족할 만한 해결책을 찾기 위한 적절한 기회를 제공한다(분쟁해결양해 제11조).

나. 패널절차

패널은 관련규정에 따라 제소국이 제기한 문제점을 검토하고, 분쟁해결기구가 WTO 협정에 규정된 권고나 판정을 내리는데 필요한 조사보고서를 작성·제출한다(양해 제11조). 패널은 분쟁당사국이 답변서를 제출할 수 있는 충분한 시간을 주어야 한다. 분쟁당사국들이 상호 간에 만족스런 해결에 도달하지 못하면, 패널은 그에 관한 서면보고서를 분쟁해결기구에 제출한다. 서면보고서에는 분쟁사실 및 관련 규정들과 패널의 제안이 수록된다.

패널이 구성되어 분쟁당사국에게 최종보고서를 전달하기까지의 기간은 최대한 6개월이다. 그러나 부패하기 쉬운 물건과 같이 긴급한 사안인 경우에는 3개월 이내에 보고서를 제출해야 한다. 어떤 분쟁당사국이 분쟁해결기구에 상소의사를 통보하거나 분쟁해결기구가 총의로서 보고서를 채택하지 않기로 결정하지 않는 한, 패널보고서는 회원국에게 회람된 날로부터 60일 이내에 분쟁해결기구에서 채택된다.

패널은 자신이 적절하다고 판단하는 모든 개인 또는 기관으로부터 정보 및 기술적 자문을 구할 수 있다. 패널이 필요하고 적절하다고 간주하는 정보를 요청하는 경우, 회원국은 언제나 신속히 그리고 충실하게 이에 응한다. 비밀정보가 제공되는 경우, 동 정보는 이를 제공하는 회원국의 개인, 기관 또는 당국으로부터의 공식적인 승인 없이는 공개되지 아니한다(양해 제13조 1항). 패널은 모든 관련 출처로부터 정보를 구할 수 있으며, 사안의 특정 측면에 대한 의견을 구하기 위하여 전문가와 협의할 수도 있다. 패널은 일방 분쟁당사자가 제기하는 과학적 또는 그 밖의 기술적 사항과 관련된 사실문제에 관하여 전문가 검토단에게 자문보고서를 요청할 수 있다(동조 2항).

패널의 심의는 비공개를 원칙으로 하며, 패널보고서는 제공된 정보 및 행하여진 진술내용에 비추어 분쟁당사자의 참석없이 작성된다. 개별 패널위원이 패널보고서에서 표명한 의견은 익명으로 한다(양해 제14조).

다. 패널보고서의 채택

패널은 반박 서면입장 및 구두주장을 심리한 후 자신의 보고서 초안 중 서술적인 부분(사실 및 주장)을 분쟁당사자에게 제시하며, 패널이 설정한 기간 내에 분쟁당사자는 서면으로 논평을 제출한다(양해 제15조 1항). 패널은 분쟁당사자로부터 논평을 접수하기 위하여 정해진 기간이 경과한 후 서술부분과 패널의 조사결과 및 결론을 모두 포함하는 잠정보고서를 분쟁당사자에게 제시하며, 분쟁당사국은 잠정보고서의 특정부분을 회원국에게 배포하기 전에 검토해 줄 것을 서면으로 요청할 수 있으며, 패널은 분쟁당사자와 서면논평에 명시된 문제에 관하여 추가적인 회의를 개최한다. 논평기간 내에 어떤 분쟁당사자도 논평을 제출하지 아니하는 경우 잠정보고서는 최종 패널보고서로 간주되며 신속히 회원국에게 배포된다(동조 2항).

회원국에게 패널보고서를 검토할 충분한 시간을 부여하기 위하여 동 보고서는 회원국에게 배포된 날로부터 20일 이내에는 분쟁해결기구에서 채택되지 아니한다(양해 제16조 1항). 패널보고서에 이의가 있는 회원국은 적어도 동 패널보고서가 심의되는 분쟁해결기구 회의가 개최되기 10일 이전에 회원국에게 배포되도록 그 이유를 서면으로 제출한다(동조 2항). 일방 분쟁당사자가 정식으로 분쟁해결기구에 자국의 상소결정을 통지하지 아니하거나, 분쟁해결기구가 컨센서스로 패널보고서를 채택하지 아니하기로 결정하지 아니하는 한, 패널보고서는 회원국에게 배포된 날로부터 60일 이내에 분쟁해결기구 회의에서 채택된다. 일방 분쟁당사자가 자국의 상소결정을 통지하는 경우, 패널보고서는 상소절차 종료 후까지 분쟁해결기구에서 채택을 위한 논의의 대상이 되지 아니한다(동조 4항).

5. 상소절차

(1) 의 미

오늘날 WTO 분쟁해결제도에서 상소절차는 패널의 법적쟁점에 대한 입장과 해석을 통일하여 법적문제에 대한 WTO의 일관된 입장을 정리하는 중요한 절차로 기능하고 있다. 과거 GATT시절 유사한 사안에 대한 패널보고서가 종종 일관되지 못하고 모순되어서 오히려 혼란을 초래하였던 것을 감안하면, WTO 분쟁해결제도에 상소제도가 도입된 것은 법적으로 커다란 발전이라 할 수 있다.

분쟁해결양해에 합의한 우루과이라운드에서도 처음부터 상소절차의 도입이 논의된 것은 아니었다. 다만 분쟁해결보고서 채택이 '긍정적총의'(positive consensus)에서 '부정적총의'(negative consensus)로 바뀌고 분쟁해결기구에서의 패널보고서 채택이 거의 자동적인 절차가 되면서 패널보고서에 대한 재검토 절차가 필요해진 것이 상소절차가 등장한 배경이다. 우루과이라운드에서 상설상소기구의 도입은 1989년 12월 협상단회의에서 처음 논의되었으며, 1991년 12월 마련된 던켈초안 등을 거치면서 수정되고 보완되어 분쟁해결양해에 등장하게 되었다.[31]

(2) 상설상소기구의 구성

상설상소기구(Standing Appellate Body : SAB)는 분쟁해결기구(DSB)에 의하여 설치되며, 패널사안으로부터의 상소를 심의한다. 상소기구는 7인의 위원으로 구성되며, 이들 중 3인이 하나의 부(division)를 형성하여 하나의 사건을 담당한다(분쟁해결양해 제17조 1항). 분쟁해결기구는 4년 임기의 상소기구 위원으로 임명되며 각 상소기구위원은 1차에 한하여 연임할 수 있다.[32] 상소기구는 법률, 국제무역 및 대상협정 전반의 주제에 대하여 입증된 전문지식을 갖춘 권위자로 구성된다. 상소기구위원은 어느 정부와도 연관되지 아니하며, 세계무역기구 회원국을 폭넓게 대표하도록 구성한다. 상소기구 위원은 직접 또는 간접적인 이해의 충돌을 이야기할 수 있는 분쟁의 심의에는 참여하지 아니한다(동조 3항).

패널은 제소국의 요청이 있은 후 구성되는데 비하여 상소기구는 세계무역기구 내에 별도로 설치된다는 점에서 차이가 있다. 또한 패널의 경우와는 달리 상소기구 위원들은 그 국적은 문제 삼지 아니하며, WTO 회원국을 폭넓게 대표하도록 함으로써 국제사법재판소의 경우에서와 유사하게 지역적인 안배와 법제도의 다양성을 고려하도록 하였다.

---

31) 한국국제경제법학회, 「국제경제법」, 2010, 박영사, pp. 76-77.

32) WTO 협정의 발효 이후 처음 임명되는 7인의 위원 중에서 3인의 임기는 2년 후 만료되었는데, 이는 추첨으로 결정되었다.

(3) 상소기구의 업무

상소기구에 상소할 수 있는 자격은 분쟁당사자에게만 인정되며 패널보고서에 대하여 상소할 수 있을 뿐이다. 상소기구의 업무는 패널보고서에서 다루어진 법률문제 및 패널이 행한 법률해석에만 국한된다(양해 제13조 6항). 상소절차에서 사실에 관한 문제는 제외되며, 분쟁당사국이 제기한 문제라고 할지라도 패널에서 다루어지지 아니한 문제는 상소심에서 배제된다.

문제는 사안에 따라 법률 및 법률해석의 문제 즉 법적문제와 사실문제 간의 구분이 명확하지 아니하며 혼합되어 있는 경우가 많다는 점이다. 상소기구는 EC-Measures Concerning Meat and Meat Products에서 법적문제와 사실문제 간의 구분을 시도하였지만, 그러한 구분은 여전히 모호한 상황이었다. 따라서 당사자가 법률문제와 사실문제가 혼합되어 있는 문제를 법률문제로 간주하여 상소하는 경우에 상소기구가 이를 다루기를 거부하기는 어려울 것이다.

(4) 상소적격

상소할 수 있는 것은 오직 분쟁당사자이다. 분쟁해결양해 제17조 4항은 "분쟁당사자만이 패널보고서에 대하여 상소할 수 있으며 제3자는 상소할 수 없다"고 하였다. 상소는 제소국은 물론이고 피소국에 의하여도 가능하며 제소국과 피소국이 함께 상소할 수도 있다. 주요 법적인 쟁점에 대한 패널의 판정에 이의가 있는 경우에는 승소한 국가가 상소하기도 한다.

제3자의 참여에 대해서는, 분쟁해결양해 제10조 2항에 따라, 사안에 대한 실질적인 이해관계가 있음을 분쟁해결기구에 통지한 제3자는 상소기구에 서면으로 입장을 제출하고 상소기구에서 자신의 입장을 개진할 수 있다고 하였다(양해 제17조 4항).

(5) 절 차

일방 분쟁당사자가 상소를 통지한 날로부터 상소기구가 자신의 보고서를 배포하는 날까지의 절차는 60일을 초과하지 아니하며, 어떠한 경우에도 그

절차는 90일을 초과할 수 없다(양해 제17조 5항).

상소기구는 분쟁해결기구 의장 및 사무총장과 협의하여 상소절차를 회원국들에게 통보한다(동조 9항). 상소기구의 심의과정은 공개되지 아니하며, 상소기구보고서는 제공된 정보 및 행하여진 진술내용에 비추어 분쟁당사자의 참석 없이 작성된다(동조 10항). 상소기구는 제기된 법률문제와 패널에 의한 법률해석의 문제를 상소심의과정에서 검토하며(동조 12항), 패널의 법률적인 조사결과와 결론을 확정, 변경 또는 파기할 수 있다(동조 13항).

분쟁해결양해가 안고 있는 미비점 중의 하나로 환송(remand) 권한의 미비가 지적되고 있다. 일반적인 사법절차에 있어서는 상급심이 하급심의 판결을 파기환송함으로써 하급심으로 하여금 상급심이 제시하는 법률해석의 기준에 따라 다시 판결하도록 한다. 그러나 WTO 분쟁해결제도에서는 이러한 제도가 미비하여 판결의 공백이 발생할 가능성이 있다는 것이다.[33]

(6) 상소기구보고서

분쟁해결양해 제17조 14항은 "상소기구보고서가 회원국에게 배포된 후 30일 이내에 분쟁해결기구가 컨센서스로 동 보고서를 채택하지 아니하기로 결정하지 아니하는 한, 분쟁해결기구는 이를 채택하며 분쟁당사자는 동 보고서를 무조건 수락한다"고 하였다.[34] 상소기구보고서는 패널보고서와 마찬가지로 분쟁해결기구에서 채택될 것이 거의 확실하다. 이는 분쟁해결기구에서의 이들 보고서 채택이 '부정적총의'(negative consensus)에 따라 결정되기 때문이다. 즉 DSB가 상소기구보고서를 회람한 후 30일 이내에 총의로써 채택하지 않기로 결의하지 않는 한 DSB는 보고서를 수락해야 하는 것이다.[35]

패널 및 상소기구는 조치가 대상협정에 일치하지 않는다는 결론에 도달하게 되면, 관련 회원국에게 동 조치를 대상협정에 합치시키도록 권고하며, 자신의 권고에 추가하여 관련 회원국이 권고를 이행할 수 있는 방법을 제시할

---

33) 한국국제경제법학회, pp. 80-81.

34) 이에 대해 주석 8(Remark 8)은 분쟁해결기구의 회의가 동 기간 중 계획되어 있지 않은 경우, 동 목적을 위하여 분쟁해결기구 회의가 소집된다고 하였다.

35) 국제경제법학회, pp. 67-68.

수 있다(양해 제19조 1항). 그러나 패널과 상소기구는 자신의 조사결과와 권고에서 대상협정에 규정된 회원국의 권리와 의무를 증가 또는 감소시킬 수는 없다(동조 2항).

상소절차에서는 법률문제와 패널에 의한 법률해석의 문제만을 다루므로, 패널절차에 비하여 상당히 신속하게 절차가 진행되고 있다.

6. 권고와 판정의 이행 및 감독

패널보고서나 상소기구보고서가 분쟁해결기구(DSB)에서 채택되면 이는 분쟁해결기구에 의하여 이행된다. 분쟁해결기구가 패널을 설치한 날로부터 패널 또는 상소보고서의 채택을 심의하는 날까지의 기간은, 분쟁당사자가 달리 합의하지 아니하는 한, 패널보고서에 대하여 상소를 제기하지 아니한 경우는 9개월 그리고 상소를 제기한 경우에는 12개월을 초과하지 아니한다.[36]

분쟁의 효과적인 해결을 위해서는 분쟁해결기구의 권고 또는 판정을 신속하게 이행하는 것이 중요하다. 따라서 패널 및 상소기구는 보고서에서 문제의 조치가 대상협정에 일치하지 않는다고 판단하는 경우에 관련 회원국에게 동 조치를 그 대상협정에 합치시키도록 권고하며 권고를 이행할 수 있는 방법을 제시하기도 한다(분쟁해결양해 제19조 1항 참조). 그런데 보통 분쟁해결기구의 권고와 판정은 이행에 대한 권고일 뿐이며 구체적인 이행방법은 당해 국가가 자국의 정치적·경제적·사회적 제반여건을 감안하여 결정한다.[37]

관련 회원국(피소국)은 패널 또는 상소보고서가 채택된 날로부터 30일 이내에 개최되는 분쟁해결기구 회의에서 분쟁해결기구의 권고 및 판정의 이행에 대한 자국의 입장을 분쟁해결기구에 통보하며, 권고 및 판정의 즉각적인

36) 다만 패널이나 상소기구가 분쟁해결양해 제12조 9항 또는 제17조 5항에 따라 보고서의 제출 기간을 연장하기로 한 경우, 추가로 소요된 시간은 동 기간에 합산된다.

37) 일본주세분쟁(Japan-Taxes on Alcoholic Beverages)에서 패널은 동종상품인 소주와 보드카, 직접경쟁 또는 대체가능 상품인 소주와 위스키, 브랜디, 럼, 진 등에 대한 차별대우를 근거로 일본에게 그 주세법을 GATT 1994에 합치시키도록 요구하였으나, 그 구체적인 방법은 제시하지 않았다.

준수가 불가능한 경우에는 '합리적인 기간'(a reasonable period of time)을 부여받는다(양해 제21조 3항).[38] 패널 또는 상소기구가 보고서의 제출기간을 연장한 경우를 제외하고는, 분쟁해결기구가 패널을 설치한 날로부터 합리적인 기간 확정일까지의 기간은 분쟁당사자가 달리 합의하지 아니하는 한 15개월을 초과하지 아니한다. 패널 또는 상소기구가 보고서 제출기간을 연장하기로 한 경우에도 분쟁당사자가 예외적인 사정이 존재한다고 합의하지 아니하는 한 전체기간은 18개월을 초과하지 아니한다(동조 4항).

분쟁해결기구(DSB)는 기구에 의해 채택된 권고 및 판정의 이행상황을 감독한다. 권고 및 판정의 준수를 위한 조치가 취해지고 있는 지 여부 또는 동 조치가 대상협정에 합치하는지 여부에 대하여 의견이 일치하지 아니하는 경우에는, 가능한 한 원패널(the original panel) 또는 이행패널(compliance panel)에 회부하는 것을 포함하여 분쟁해결절차를 이용하여 결정된다(동조 5항).[39] 또한 모든 회원국은 권고 또는 판정이 채택된 후 언제라도 그 이행문제를 분쟁해결기구에 제기할 수 있다.(동조 6항).

분쟁해결기구로 하여금 채택된 권고와 판정의 이행상황을 감독하게 하고 또한 회원국으로 하여금 그 이행문제를 분쟁해결기구에 제기할 수 있게 한 것은 국제법상 분쟁해결제도에 있어서 특이한 것이다.[40]

---

38) 분쟁해결양해 제21조 3항의 '합리적인 기간'이란 i)분쟁해결기구의 승인을 받는 것을 조건으로, 관련 회원국이 제의하는 기간, ii)권고 및 판정이 채택된 날로부터 45일 이내에 분쟁당사자가 상호 합의하는 기간, iii)권고 및 판정이 채택된 날로부터 90일 이내에 지속적인 중재를 통하여 확정되는 기간이다.

39) 이러한 경우 패널은 사안이 회부된 날로부터 90일 이내에 보고서를 배포하며, 패널이 이러한 시한 내에 보고서를 제출할 수 없다고 판단하는 경우에는 지연사유를 패널보고서 제출에 필요하다고 예상되는 기간과 함께 서면으로 분쟁해결기구에 통보한다.

40) 분권화 되어있는 국제사회의 현실을 감안할 때 각종 국제법원의 결정이 제대로 이행되지 못하는 상황을 우려하지 않을 수 없으나, 이러한 상황에 대처하기 위한 대책은 대부분 마련되어 있지 아니하다. 그것은 국제사법재판소의 경우에도 마찬가지 이다. 유엔헌장은 국제사법재판소 판결의 효율적인 집행을 위하여 헌장 제94조 2항에서 만일 어떤 국가가 재판소가 판결을 통해 자신에게 부과한 의무를 이행하지 않는 경우에 다른 국가는 이를 안보리에 제소할 수 있고, 안보리는 판결의 집행을 위하여 권고를 하거나 필요한 조치를 취할 수 있다고 하였다. 여기에서 말하는 필요한 조치에는 강제조치도 포함되는 것으로 보지만, 판결의 이행상황을 재판소가 감독하거나 다른 회원국이 문제를 제기하는 길이 열려있는 것은 아니다.

7. 보상과 양허정지

WTO에서의 분쟁해결에 있어서 협정위반조치의 철회와 대상협정에의 합치를 위한 권고의 이행은 매우 중요한 데, 이러한 조치를 통하여 분쟁은 완전한 해결에 도달한다. 따라서 분쟁해결양해 제22조에 규정된 보상(compensation)과 양허의 정지(suspension of concessions)는 피소국이 시한 내에 관련 조치를 이행할 수 없을 때 취하는 '잠정적인 조치'(temporary measure)일 뿐이다. 분쟁해결양해 제22조 1항이 "보상 및 양허 또는 그 밖의 의무의 정지는 권고 및 판정이 합리적인 기간 내에 이행되지 아니하는 경우 취할 수 있는 잠정적인 조치이다. 그러나 보상이나 양허 또는 그 밖의 의무의 정지는 관련 조치를 대상협정에 합치시키도록 하는 권고의 완전한 이행에 우선하지 아니한다"고 한 것도 그러한 취지이다.

분쟁해결양해에는 보상의 의미에 관하여 자세한 규정이 없으나, 보상은 일반적으로 제소국에 대한 피제소국의 보상 또는 추가적 양해의 부여를 통해 이루어진다. 그런데 추가적인 관세인하의 형태로 이루어지는 보상조치의 혜택은 최혜국대우 원칙에 따라 모든 WTO 회원국에게 부여되므로 보상조치의 현실적인 사용을 억제하는 이유가 되고 있다.41)

분쟁해결양해는 보상과 관련하여, 관련 회원국이 합리적인 기간 내에 대상협정 위반으로 판정된 조치를 동 협정에 합치시키지 아니하거나 권고 및 판정을 이행하지 아니하는 경우, 그 회원국은 요청이 있는 경우 합리적인 기간이 종료되기 전에 분쟁해결절차에 호소한 분쟁당사자와 상호 수락할 수 있는 보상안의 마련을 위하여 협상(negotiation)을 개시한다고 하였다. 또한 합리적인 기간이 종료된 날로부터 20일 이내에 만족할 만한 보상에 대하여 합의가 이루어지지 아니하는 경우, 분쟁해결절차에 호소한 분쟁당사국은 대상협정에 따른 양허 또는 그 밖의 의무의 관련 회원국에 대해 적용정지에 대

41) 최승환, p. 217; 국제경제법학회, pp. 82-83. 2006년 6월까지 피소국이 제소국에게 현금보상을 제공한 유일한 사례는 US-Section 110(5) of the US Copyright Act(DS160) 분쟁에서 미국이 자국 저작권법이 TRIPs협정에 대한 위반으로 판정된 후 보상조치로서 EU에 330만 달러를 제공한 경우이다.

한 승인을 분쟁해결기구에 요청할 수 있다(분쟁해결양해 제22조 2항).

분쟁해결양해 제22조 3항에는 제소국의 보복조치 즉 양허와 기타 의무의 정지와 관련한 일반적 규정이 들어있는데, 제소국은 어떠한 양허 또는 기타 의무의 정지에 관한 조치를 취함에 있어서 다음과 같은 원칙과 절차를 적용한다. 즉 제소국은 우선 패널 또는 상소기구가 위반 또는 그 밖의 무효화 또는 침해가 있었다고 판정한 동일한 분야에서의 양허 또는 기타 의무의 정지를 우선 추구하고, 이어서 동일 협정상 다른 분야에서의 양허 또는 기타 의무의 정지를 추구하며, 끝으로 다른 대상협정의 양허 또는 기타 의무의 정지 즉 교차보복(cross retaliation)를 추구한다(동조 3항).

분쟁해결기구가 승인하는 양허 또는 기타 의무의 정지 수준은 무효화 또는 침해의 수준에 상응히는 것이어야 하며(동조 4항), 분쟁해결기구는 대상협정이 양허 또는 기타 의무의 정지를 금지하는 경우에는 이를 승인하지 아니한다(동조 5항). 분쟁해결기구는 분쟁당사국의 요청이 있는 경우, 분쟁해결기구가 콘센서스로 동 요청을 거부하기로 결정하지 아니하는 한, 합리적 기간의 종료로부터 30일 이내에 양허 또는 그 밖의 의무의 정지를 승인한다. 그러나 관련 당사국이 제안된 정지의 수준에 대하여 이의를 제기하면 동 사안은 중재(arbitration)에 회부된다. 이러한 중재는 원패널(original panel)이나 원패널 또는 사무총장이 임명하는 중재인에 의하여 수행되고 합리적인 기간의 만료일로부터 60일 이내에 완결된다(동조 6항). 중재인은[42] 정지의 대상인 양허 또는 기타 의무의 성격은 검토하지 아니하며 정지의 수준이 무효화 또는 침해의 수준에 상응하는지 그리고 제안된 양허 또는 기타 의무의 정지가 대상협정에 따라 허용되는지 여부를 판단한다.

보복조치의 실시와 관련하여 특히 문제가 되는 것은 보복조치의 수준에 관한 제소국과 피소국의 견해차이가 있는 경우이며, 이런 때에는 6항의 규정에 따라 상기한 중재절차에 의해 보복조치의 수준을 결정한다. 결국 이러한 경우에는 원패널이나 WTO 사무총장이 임명하는 중재인에게 맡겨지는데, 이제까지는 대부분 원패널이 중재를 맡았다.

---

42) 주석 16(Remark 16)에 의하면 '중재인'이란 표현은 개인, 집단 또는 원패널이 중재인 역할을 맡은 경우 동 패널의 구성원을 지칭하는 것으로 해석된다고 한다.

분쟁해결양해에서 양허 또는 의무의 정지를 통한 보복조치는 일시적이며 남용을 방지하기 위하여 많은 제약을 받는다. 따라서 분쟁해결양해에서 양허 또는 기타 의무의 정지는 잠정적이며, 대상협정 위반 판정을 받은 조치가 철폐되거나 권고 또는 판정을 이행하여야 하는 회원국이 이익의 무효화 또는 침해에 대한 해결책을 제시하거나 상호 만족할 만한 해결에 도달하는 시점까지만 적용된다고 하였다. 그러나 분쟁해결기구는 채택된 권고 또는 판정의 이행을 계속해서 감독한다(동조 8항).

8. 평 가

어떤 조사에 의하면 1995년 1월부터 2006년 1월까지 협의요청을 통해 WTO에서 공식적으로 분쟁해결절차가 시작된 분쟁은 351건에 달하였다고 한다. 이는 GATT체제가 유지되던 47년간 그 분쟁해결절차에 부탁되어진 건수가 총 155건 이었던 것과 비교하면 엄청나게 많은 사건이 WTO 분쟁해결절차에 부탁되고 있음을 보여준다.[43]

그리고 그간의 분쟁해결절차 사용실적을 경제력을 기준으로 그룹별로 분석해 보면 다음과 같은 점들이 발견된다고 한다. 첫째, 최저개발국의 경우에는 거의 아무런 참여가 이루어지지 않고 있다. 둘째, 개발도상국들의 경우에는 예상보다 매우 적극적이며 성공적인 모습을 보여준다. 셋째, 유럽연합과 미국의 경우에는 제소국 보다는 피소국이 되는 경우가 많으며, 패널위원 점유율도 저조한 상태에 머물러 있는 등 예상보다 지도력을 발휘하지 못하고 있다고 한다.[44]

원용된 대상협정 별로 분류해 보면, 상품무역협정인 GATT협정이 전체의 94.1%를 차지하고 있으며, GATS협정 보다는 TRIPS협정 위반이 많이 원용되고 있다. GATT협정 중에서는 최혜국대우(제1조)와 내국민대우(제3조) 등 비차별원칙에 관한 것이 총 29.2%를 차지하였으며, 수량제한 관련이

---

43) 오윤경외, 「현대국제법」, 박영사, 2000, p. 403.

44) James C. Hartigan, Trade Disputes and the Dispute Settlement Understanding of the WTO : An Interdisciplinary Assessment, Emerald Group Publishing, 2009, p. 3.

12.1%, 관세에 관한 것이 10.3% 이었다.[45)]

분쟁해결에 소요되는 기간은 예상보다 길었다. 분쟁당사국간 협의절차는 평균 210.2일이 소요되었는데, 이러한 지연은 주로 당사국들의 소극적인 태도 때문이다. 패널절차는 6개월이 시한이고 9개월까지 연장될 수 있으나, 실제로 패널이 설립되어 패널보고서를 회람하기까지 평균 406.9일이 걸렸다. 상소절차는 60일 이내에 끝내도록 되어있고 90일까지 연장될 수 있는데 실제로는 89.31일 정도가 소요되고 있다. 이는 상소절차도 양해에 나타나 있는 시한을 넘기고는 있으나, 패널절차에 비해서는 지체되는 정도가 약하다는 것을 보여준다.[46)]

1995년 1월 이후 2006년 6월까지 우리나라는 13건을 제소하고 13건을 제소 당하였다. 협정의 발효 직후 우리나라가 제소당한 사건 중에서 식품유통기한문제, 샘물수입제도, 통신장비조달제도, 수입농산물검사와 검역 등 5가지는 양자협의 단계에서 종결되었다. 우리나라가 WTO 분쟁해결절차에 따라 최초로 본격적인 소송을 진행한 것은 주세분쟁으로 여기에서는 패소하였으며, 신공항건설 문제에서는 승소하였다. 이후에는 미국의 반덤핑조치를 중심으로 한 제소 사례가 증가하였다.[47)]

45) Ibid., pp.13-14.

46) Ibid., pp.27-29.

47) 국제경제법학회, pp. 95-96.

제9장

공정무역제도

제9장

공정무역제도

제1절 공정무역의 의미와 제도

1. 공정무역의 의미

오늘날의 국제무역질서는 일찍이 리카아도(Ricardo)에 의해 체계화된 비교우위론에 입각하여 자유무역이 모든 국가에게 이익이 된다는 국제공동체의 공통된 신념에 기초해 있다. 경제학자들은 유한한 자원의 최적배분은 오직 자유무역에 의하여 달성될 수 있다고 주장하지만, 자유무역은 공정한 경쟁을 보장하는 '공정무역의 원칙'(principles of fair trade)이 지켜지지 않는 한 공허한 구호에 그치게 된다. 따라서 GATT와 WTO는 자유무역과 함께 공정한 무역질서의 확립을 위한 제도들을 도입하여 국제무역이 국가나 기업의 이기심에 의하여 방해받지 않도록 하였다.

그러면 공정무역이란 무엇인가? 공정무역이란 각국의 정부와 기업들이 국제적으로 합의된 기준을 준수하여 상품의 거래조건 간에 차별을 없애서 기업들이 동등한 조건하에 경쟁할 수 있는 조건을 마련하는 것이다. 그러나 국가들은 종종 자국기업들을 위하여 갖가지 지원제도를 마련하고 외국상품의 수입을 억제하기 위한 조치를 취함으로써 자국 상품의 경쟁력을 제고하고자 하였으며, 기업들은 의도적으로 자기 상품을 지나치게 낮은 가격에 판매하여 시장에서의 경쟁을 저해하였다.

2. 공정무역을 위한 제도

상품가격의 결정과 관련하여 한 국가 또는 기업이 자기 상품의 경쟁력제고를 위해 취할 수 있는 조치로는 다음의 두 가지가 있다. 하나는 상품의 원산지 정부가 제품생산에 보조금을 지급함으로써 상품가격을 낮추는 것이다. 보조금은 자국 상품의 수출을 보조하기 위하여 지급되는 경우가 많지만 자국산업의 생산활동을 촉진하기 위하여 지급되기도 한다. 다른 하나는 외국 생산업자나 판매업자가 자기들의 상품가격을 정상적인 시장상황에서 형성될 가격보다 낮은 가격에 판매하는 것 즉 덤핑을 하는 것이다. 덤핑은 새로운 시장을 개척하기 위하여 또는 재정적인 이유에서 재고를 줄이기 위하여 시도된다.[1)]

국제사회는 공정한 국제무역을 위하여 위의 문제들을 다루기 위한 제도를 마련하였다. 보조금 지급에 대해서는 '상계관세'(countervailing duties: CVD)을 부과할 수 있게 하였으며, 덤핑에 따른 시장왜곡을 시정하기 위해서는 '반덤핑관세'(anti-dumping duties: AD)를 부과할 수 있게 하였다. 또한 외국상품이 대량으로 수입되어 자국산업에 심각한 피해가 우려될 때에는 긴급수입제한조치를 취할 수 있는데, 이러한 조치들은 자유무역질서를 훼손할 수 있으므로 GATT와 WTO협정은 그 발동을 위한 조건을 엄격히 하였다.

제2절 덤핑과 반덤핑제도

1. 의 미

덤핑(dumping)이란 생산업자나 수출업자가 자국 내에서 통상적으로 거래되는 가격인 정상가격보다 낮은 가격으로 외국시장에 상품을 판매하는 것이다. 덤핑은 일반적으로 어떤 기업이 자국에서 판매되는 가격보다 낮은 가격

1) R. H. Folsom, M. W. Gordon, and J. A. Spanogle, International Business Transactions, 3rd edition, West Publishing Co., 1995, p. 492.

에 수출하는 경우에 발생한다. 이러한 경우 외국시장가격과 국내시장가격 간에 '덤핑마진'(dumping margin)이 발생하여 일단 덤핑행위는 인정된다. 그렇지만 모든 덤핑이 항상 금지되는 것은 아니다. GATT협정 제11조에 의하면 오직 '해로운 덤핑'(injurious dumping) 만이 비난을 받으며, 덤핑이 수입국가의 산업에 중대한 피해를 준 경우에만 반덤핑조치는 취해질 수 있다.

덤핑이란 국경을 기준으로 국가 간에 상품가격을 차별하는 데에서 발생하는 문제이다. 덤핑이 가능해 지는 것은 덤핑이 이루어진 상품의 수입국 소비자와 수출국의 동종상품 소비자가 분리되어 있기 때문이다. 덤핑상품이 수출국시장으로 다시 유입될 가능성이 없어야, 수출업자는 국내시장에서 같은 상품을 높은 가격에 판매하여 수익을 올려서 낮은 단가에 수출하여 입게 될 손실을 보충하게 되는 것이다.[2)]

2. 연 혁

미국에서는 1916년 처음으로 반덤핑법이 만들어졌는데, 수입품을 그 생산지나 제3국에서의 판매가격보다 현저하게 낮은 가격으로 판매하는 행위를 형사범죄로 다루었다. 오늘날에도 대부분의 국가에서 덤핑은 불공정무역행위로서 반덤핑관세의 부과 대상이 되지만, 경제이론에서는 반덤핑법이 오히려 경쟁을 제한한다는 비판도 있다. 여하튼 국제무역 협상가들은 덤핑행위에 대한 제재가능성에 대해 의문을 제기하지 않았으며, ITO설립을 위한 협상에서도 덤핑이 있는 경우 반덤핑관세를 부과할 수 있게 하자는 데 대해 이의를 제기한 국가는 없었다.[3)]

본래 GATT협정에는 반덤핑관세 적용에 관한 일반적인 규정만이 들어있었다. 따라서 GATT협정 제6조 규정의 존재에도 불구하고 그 조문의 모호함으로 인하여 관련 규정에 대한 해석과 적용에 일관성이 부족하였다.[4)]

---

2) Raj Bahla, International Trade Law : Theory and Practice, 2nd edition, Lexis Publishing, 2001, p. 820.

3) Ibid., p. 821.

4) Michael Trebilcock, Robert Howse, and Antonia Eliason, The Regulation of International

GATT협정 제6조의 이러한 문제점으로 인하여 반덤핑조치가 경쟁력을 상실한 산업을 보호하는 장치로 이용될 가능성이 커지면서, 1967년 케네디라운드에서는 '1967 반덤핑협정'(Antidumping Code of 1967)이라고 불리우는 'GATT 제6조의 이행에 관한 협정'(Agreement on Implementation of Article Ⅵ of the GATT)을 채택하였다. 이 협정은 GATT협정 제6조의 개념들을 명확히 하고 보다 효율적인 절차들을 도입하여 GATT협정 제6조의 약점을 개선하였으나 미국의 가입실패로 그 효과는 제한적이었다.

케네디라운드 이전에 있었던 반덤핑사건으로는 스웨덴이 이탈리아산 나일론스타킹에 반덤핑관세를 부과한데 따라 제기되었던 1955년 스웨덴반덤핑관세사건(Swedish Antidumping Duties)이 유일하였다. 이 사건에서 패널은 스웨덴의 반덤핑법이 GATT협정 제11조 위반은 아니라고 판정하였으며, 분쟁 자체는 스웨덴이 관련 규정을 폐기함으로써 해결되었다. GATT협정 제11조에 관한 또 하나의 중요한 패널보고서는 1962년 캐나다감자수출(Exports of Potatoes to Canada) 분쟁에 관한 것이었다. 이 패널보고서 이후 반덤핑에 관한 사건들은 크게 증가하였고, 국제무역분쟁에서 반덤핑사건이 차지하는 비중은 더욱 커졌다.[5)]

1979년 도쿄라운드에서는 'GATT협정 제6조의 이행에 관한 협정'(Agreement on Implementation of Article Ⅵ of the GATT) 채택되어 1980년 효력발생에 들어갔는데, 이 협정은 케네디라운드에서 채택된 반덤핑협정을 계승한 것이다. 이 협정은 반덤핑조치가 자유무역에 장애가 되지 않게 하기 위하여 반덤핑조치를 위한 규칙과 절차를 마련하였으며, 반덤핑관세 부과 절차가 비관세장벽으로 사실상 보호무역의 수단이 되는 것을 방지하고자 노력하였다. 특히 반덤핑조사에 대해서는 이를 GATT 사무국에 보고하도록 하였다. 협정에는 미국도 가입하였으나 가입국 숫자가 25개국 정도에 머물렀고 그 내용도 반덤핑조치를 취하는 당국이 따라야 할 일반적인 규칙과 최소한의 기준을 제시하는 정도에 머물렀다.[6)]

Trade, 4th edition, Routledge, 2013, p. 334.

5) Bahla, pp. 821-822.

6) Ibid., pp. 826-827.

우루과이라운드에서 수출개도국들은 선진국들의 자의적인 반덤핑규제가 완화되기를 희망하였고, 선진국들은 덤핑행위를 보다 효율적으로 규율할 수 있는 제도의 도입을 원하였다. 우루과이라운드 결과 채택된 'GATT 제6조의 이행에 관한 협정'(Agreement on Implementation of Article Ⅵ of the GATT 1994)은 덤핑마진의 산정과 피해여부 판정에 보다 상세한 규칙을 도입하였는바, 반덤핑판정 방법과 절차가 보다 명확하여지고 정상가격의 인정범위가 확대되어 수입국의 자의적인 가격산정을 통한 반덤핑조치 남용을 억제하게 됨으로서 수출국들에게 보다 유리하게 개정된 것으로 평가된다.[7] 특히 반덤핑분쟁의 해결에 분쟁해결양해에 따른 분쟁해결절차가 적용되게 된 것은 중대한 발전이라고 하겠다.[8]

3. 덤핑의 판정

덤핑은 한 국가에 외국 상품이 정상가격(normal value) 이하로 수입되는 경우에 인정된다. 여기서 말하는 정상가격이란 보통 수출국의 국내 판매가격을 말하지만, 국내가격이 없을 때에는 제3국에 수출되는 가격이나 생산비에 판매경비와 이윤을 적당히 가산한 가격이 된다. GATT와 WTO 협정은 체약국은 덤핑행위로 인하여 자국산업에 피해가 발생하였거나 피해발생이 우려될 때에는 덤핑을 상쇄하거나 방지하기 위하여 덤핑마진(dumping margin)을 초과하지 아니하는 범위에서 반덤핑관세(Anti-Dumping Duties)를 부과할 수 있다고 하였다.[9]

(1) 덤핑의 존재

덤핑이란 어떤 상품의 수출가격이 정상가격보다 낮은 경우에 발생한다. 반덤핑협정은 "한 국가로부터 다른 국가로 수출된 상품의 수출가격이 수출국

7) 대우경제연구소, 「우루과이라운드와 한국경제」, 한국경제신문사, 1994, p. 85.
8) Bahla, pp. 827-828.
9) GATT협정 제6조 1,2항.

내에서 소비되는 동종상품에 대한 정상적 거래에서 비교가능한 가격보다 낮을 경우에 덤핑된 것, 즉 정상가격보다 낮은 가격으로 다른 나라의 상거래에 도입된 것으로 간주된다"고 하였다(반덤핑협정 제2조 1항).

반덤핑협정에 의하면 이 협정 전체에서 '동종상품'(like product)이란 동일한 상품 즉 문제의 상품과 모든 면에서 같은 상품 또는 문제의 상품과 매우 유사한 특성을 가지는 상품을 의미한다(동조 6항).

(2) 정상가격

반덤핑협정에서 말하는 정상가격(normal price)이란 보통 수출국의 동종상품 가격을 말하지만, 이러한 국내가격이 없을 때에는 제3국 수출가격 또는 생산비에 판매경비와 적정이윤을 합산하여 산출하는 구성가격(constructed value)이 정상가격이 된다. 수출국의 국내시장에서 동종상품의 거래가 존재하지 아니하는 경우에는 덤핑마진은 동종상품의 제3국 수출 시 비교가능한 가격 또는 원산지국에서의 생산비용에 합리적인 금액의 관리비, 판매비, 일반비용, 이윤을 합산한 가격과의 비교에 의하여 결정되는 것이다(동조 2항). 그런데 협정은 적절한 국내가격이 없는 경우 수출가격과 구성가격 간에 우선순위를 두고 있지 않아서 수입국은 재량으로 이를 정할 수 있다고 본다.[10)]

우루과이라운드 협상에서는 미국에서 적용되어온 '적용가능거래기준'(market viability test)을 새로이 도입하였다. 수출국 국내시장에서 소비되는 동종상품의 판매가 수입국에 대한 판매의 5% 미만인 경우에는 원칙적으로 그 국내가격을 정상가격으로 인정하지 않기로 한 것이다.[11)] 아울러 협정은 원가 미만의 판매 즉 고정비용 및 가변비용에 관리비, 판매비, 일반비용을 합한 것 미만으로 이루어지는 제3국에 대한 판매의 경우에는, 정상적인 거래에 속하지 아니하는 것으로 취급하여 정상가격 결정에서 제외할 수 있게 하였다(동조 2항1).

10) 한국국제경제법학회, 「신국제경제법」(중판), 박영사, 2014, p. 167.
11) 반덤핑협정 주석2 참조.

(3) 수출가격

반덤핑협정에 관련 규정은 없으나 수출가격은 일정한 수출상품에 대하여 실제로 지불한 가격을 의미하는 것으로 본다. 그러나 구상무역(barter trade)이나 리스무역(lease trade)에서처럼 수출가격이 존재하지 아니하거나 수출업자 및 수입업자 또는 제3자 간의 제휴(association)나 보상약정(compensatory arrangement)으로 인하여 신뢰할 수 없는 경우에는, 수출가격은 수입품이 독립구매자에게 최초로 재판매되는 가격을 기초로 구성될 수 있으며, 독립구매자에게 재판매되지 아니하는 경우에는 당국이 결정할 수 있는 합리적인 기초에 의하여 수출가격을 구성할 수 있다(동조 3항). 이러한 구성수출가격은 재판매가격에서 운송비 등의 직접판매비, 관세 및 조세를 포함한 비용 및 이윤 등을 공제하는 방식으로 산출된다.

(4) 공정한 비교

수출가격과 정상가격 간의 비교는 공정하게 이루어져야 한다. 따라서 비교는 동일한 거래단계 즉 일반적으로는 공장도단계에서 그리고 가능한 한 같은 시기에 이루어진 판매에 대하여 이루어진다. 제반판매조건, 과세, 거래단계, 수량, 물리적 특성의 차이와 가격비교에 영향을 미치는 기타 차이점을 포함하여 가격비교에 영향을 미치는 차이점은 각각의 경우에 적절히 고려한다(동조 3항).

4. 피해의 판정

(1) 피해의 의미

1994년도 GATT 제6조의 목적상 '피해의 판정'(determination of injury)은 명확한 증거에 기초해야 하는 바, ⅰ)덤핑수입물량 및 덤핑수입품이 동종상품의 국내시장가격에 미치는 영향 및 ⅱ)동 수입품이 이러한 상품의 국내생산자에 미치는 결과적인 영향을 객관적으로 검토하여야 한다(반덤핑협정 제3조 1항). 그런데 반덤핑협정에 의하면 '피해'(injury)란 국내산업에 대한 실질적인(material) 피해, 국내산업에 대한 실질적인 피해의 우려(threat) 또는 국내산업 확립의 실질적인 지연(material retardation)을 의미한다(협정 제3조 주석9). 여기에서 실질적인 피해란 긴급수입제한조치의 '심각한'(serious) 피해보다는 완화된 것으로 상당한 피해를 의미하지만, 그 정확한 의미는 여전히 모호한 부분이 있다.

(2) 피해의 판정

덤핑피해의 판정을 위해서는 명확한 증거에 기초하되 덤핑수입물량, 덤핑수입품이 동종상품의 국내시장 가격에 미치는 영향, 수입품이 이러한 상품의 국내생산자에 미치는 결과를 객관적으로 검토해야 한다. 덤핑수입물량과 관련하여서는 절대적으로 또는 수입국의 생산 또는 소비에 비하여 상대적으로 덤핑수입품이 상당히 증가하였는지 여부를 고려하며, 덤핑수입품이 가격에 미치는 영향과 관련해서는 수입회원국의 동종상품 가격과 비교하여 덤핑수입품에 의하여 상당한 가격인하가 있었는지를 고려한다(동조 2항).[12]

2개국 이상으로부터 수입된 상품이 동시에 반덤핑조사의 대상이 되는 경우에는 피해의 효과를 누적적으로 평가할 수 있다. 즉 각국으로부터 수입된 상품과 관련하여 확정된 덤핑마진이 최소허용수준을 초과하며 각국으로부터의 수입물량이 무시할만한 수준이 아니고, 수입상품 간의 경쟁조건 및 수입상품과 국내 동종상품 간의 경쟁조건을 감안할 때 수입품의 효과에 대한 누적적 평가가 적절하다고 결정하는 경우에는 이러한 수입품의 효과를 누적적으로 평가할 수 있다(동조 3항).

반덤핑조치를 취하려면 '덤핑의 효과를 통하여'(through the effects of dumping) 국내산업에 대한 피해가 초래되고 있음이 입증되어야 한다. 덤핑수입품과 국내산업에 대한 피해간의 인과관계의 입증은 당국에 제시된 모든

12) 덤핑수입품이 관련 국내산업에 미치는 영향의 검토는 판매, 이윤, 생산량, 시장점유율, 생산성, 투자수익율, 또는 설비가동율에서의 실제적이고 잠재적인 감소, 국내가격에 영향을 미치는 요소, 덤핑마진의 크기, 자금 순환, 재고, 고용, 임금, 성장, 자본 또는 투자 조달능력에 대한 실제적이며 잠재적인 부정적 영향 등 산업의 상태에 영향을 미치는 제반관련 경제적 요소 및 지표에 대한 평가를 포함한다. 반덤핑협정 제3조 4항.

관련 증거의 검토에 근거하여야 하며, 다른 요소로 인하여 발생하는 피해를 덤핑수입품에 의한 것으로 귀속시켜서는 아니된다(동조 5항).

(3) 피해우려의 판정

덤핑으로 인한 국내산업에 대한 실질적인 피해의 우려에 대한 판정은 사실에 기초하여야 하며 단순히 주장이나 추측 또는 막연한 가능성에 기초하여서는 아니된다. 또한 덤핑에 따른 피해상황의 변화는 명백히 예측되고 임박한 것이어야 하는 바, 가까운 장래에 덤핑된 가격으로 실질적인 상품의 수입증가가 있을 것이라고 믿을 만한 설득력이 있는 근거가 있어야 한다(동조 7항 및 주석 10).

실질적 피해 우려의 존재에 대한 판정을 내리는데 있어서 당국은 특히 다음과 같은 요소를 고려해야 한다. 즉 i)실질적인 수입증가의 가능성을 나타내는 국내시장에로의 덤핑수입품의 현저한 증가율, ii)덤핑수출을 실질적으로 증가시킬 수 있는 가능성을 나타내는 수출자의 생산능력의 임박한 실질적인 증가, iii) 수입이 국내가격을 현저히 하락 또는 억제시킬 수 있는 가격으로 이루어지고 있는지 여부 및 추가수입에 대한 수요증가 가능성, iv)조사대상 상품의 재고현황을 고려한다. 실질적인 피해의 우려는 이들을 종합적으로 고려하여 추가적인 덤핑수출이 임박해 있고 보호조치가 취해지지 아니하면 실질적인 피해가 발생할 수 있을 것이라는 결론에 도달하여야 한다(동조 7항).

덤핑수입품으로 인한 피해가 우려되는 경우에 있어서의 반덤핑조치의 적용은 특별히 주의하여 검토되고 결정되어야 한다(동조 8항).

5. 미국의 반덤핑조치

참고로 미국에서의 덤핑판정 절차를 간략히 보기로 한다. 미국에서 덤핑에 관한 사무의 주무부서는 상무성(Dept. of Commerce)이지만, 덤핑으로 인하여 관련 국내산업에 심각한 피해가 야기되었는가 하는 것은 국제무역위원회

(International Trade Commission)에서 판단한다. 미국 상무성에서는 어떤 상품의 판매가가 정상가격 이하이고, 그 덤핑마진이 상품 수입가격의 0.5% 이상이 되면, 일단 덤핑혐의가 있는 것으로 예비판정한다. 이러한 예비판정이 있게되면, 상무성에서는 해당 기업에 의하여 생산되어 수출된 모든 상품의 반입에 반출정지(suspension of liquidation)를 명령하며, 대체로 상품가격의 1%에 달하는 예비덤핑관세를 부과하여 보증금 또는 예치금으로 세관당국에 납부하게 한다.[13] 당해 상품이 미국 내에서 정상가격 이하로 판매되었는가 하는 것을 판단하기 위하여 상무성에서는 '수출가격'인 '미국 내 가격'과 '정상가격'인 '외국시장가격'을 비교한다. 여기서 미국 내 가격이란 수출기업과 관계없는 미국 내 당사자에 대한 첫 번째 판매가격을 말하므로, 외국 수출업자와 미국 수입업자 사이에 아무런 관련이 없는 경우에는 그들 간의 거래가격인 '구매가격'(purchase price)이, 외국 수출업자와 미국 수입업자가 관련이 있는 경우에는 수입업자의 관련없는 당사자에 대한 판매가격 즉 '수입업자의 판매가격'(Exporter's Sale Price: ESP)이 국내가격으로 사용된다. 외국시장가격이란 원산지 시장 또는 제3국 시장가격의 가중평균으로 결정된다.[14]

6. 평 가

WTO 반덤핑협정은 이전의 것과 비교할 때 반덤핑관세를 부과하는 발동요건과 절차에 관한 규정들이 보다 구체화되고 명료해졌다고 본다. 따라서 새로운 협정은 선진국들에 의한 자의적인 반덤핑제도 남용을 억제하는 효과를 가져왔으며, 결과적으로 공정한 국제무역질서 수립에도 기여하였다.

반덤핑, 상계관세, 세이프가드조치 등 무역구제제도 중에서 현재 가장 많이 활용되는 것은 반덤핑조치이다. 2006년 7월을 기준으로 볼 때, 전세계적으로 효력을 발생하고 있는 반덤핑명령은 1,875개 이었다. 현재에는 대략 40여개 WTO 회원국이 반덤핑조치를 사용하고 있으며, 인도가 미국보다 더

13) Macrory and Reade,"Fair Value Investigations under the Antidumping Statute," in Fed. Bar assoc., Manual for the Practice of United States Import Law, 1990, ch. 3.

14) Ibid.

많은 반덤핑조치를 발동하고 있다. 1980년 7월부터 1988년 6월까지는 미국, 호주, 캐나다, EU가 반덤핑조치의 97.5%를 발동하였었다. 이는 오늘날에는 개발도상국들이 반덤핑조치를 자주 발동하고 있으며, 특히 인도, 아르헨티나, 브라질, 터키, 남아프리카공화국 등에서 빈번하게 사용되고 있음을 보여준다.15)

제3절 보조금과 상계관세제도

1. 의 미

덤핑과 함께 대표적인 불공정무역행위의 하나로 간주되는 보조금(subsidies) 지급은 각국 중앙정부나 지방정부가 자국의 산업이나 민간기업에게 국고를 통하여 재정적 지원을 제공하는 것이다. 국가들은 자국기업이 국제경쟁에서 우위에 설 수 있도록 하기 위하여 여러 가지 형태로 자국기업을 지원하는데, 보조금이 지급되면 자국 산업과 기업의 국제경쟁력은 높아지지만 국제적인 가격메커니즘이 붕괴되어 시장질서를 교란하게 된다.

보조금 지급은 정부주도로 수출증대를 통한 경제성장을 추진하는 개발도상국에서 주로 이루어져 왔다. 개발도상국들은 수출입 및 무역정책과 관련하여 전략산업에 대해서는 보조금지급 등 자국기업을 지원하기 위한 정책을 수립하여 집행하는 경우가 많기 때문이다. 반면에 선진국의 경우에는 민간의 자율적인 기업활동이 중요하므로 상대적으로 보조금 지급의 필요는 크지 않았다. 하지만 선진국에서도 일부 전략사업에 대해서는 다양한 형태의 보조금 지급이 이루어지고 있다. 이는 미국과 EU 간 대형민간항공기 보조금분쟁을 통해서도 밝혀졌다. 미국과 유럽연합은 서로 상대방이 에어버스사와 보잉사에 부당하게 보조금을 교부하였다고 비난하였다.16)

15) Trebilcock, Howse, and Eliason, p. 333.
16) Ibid., pp. 295-296.

각국은 오래전부터 자국의 경제발전을 위하여 보조금을 지급해 왔다. 가장 흔한 보조금 지급방법은 국고에서 특정기업에게 운영자금을 지급하거나, 은행을 통하여 해당기업에게 장기저리 대출을 해주며, 당해 기업의 세금 등을 감면해 주는 것이었다.[17] 보조금지급 문제는 GATT 협정과 WTO 협정에서 공정무역을 구현하는데 있어서 중요한 이슈가 되었으며, 관련 분쟁에서는 보조금의 실제 지급여부와 일부 민간기업이 그로 인해 경제적 혜택을 받았는가 하는 것이 주요 쟁점이 되고 있다.

2. GATT와 WTO 협정

보조금지급의 폐해는 일찍부터 제기되어 왔으며, GATT 1947에도 관련 규정이 들어 있었다. 그러나 GATT 1947의 경우에는 보조금을 철저히 금지하지 않았고 보조금의 정의 등에 관한 규정도 모호하여 관련 분쟁해결에 큰 도움이 되지 못하였다. 이에 1979년 동경라운드에서 '보조금협정'(Agreement on Subsidy)이 체결되었으나 문제점은 여전히 남아 있었다.[18]

우루과이라운드 결과 채택된 최종협정문에는 보조금의 규율 강화를 주장한 선진국들의 입장이 많이 반영되었다. 그 결과 WTO '보조금과 상계조치협정'(Agreement on Subsidies and Countervailing Measures: SCM)은 이전보다 엄격한 규정을 도입하였다.[19] WTO의 GATT 협정과 '보조금 및 상계조치협정'은 보조금 지급으로 피해를 입은 국가에게 보조금의 효과를 상쇄하는 상계관세(Countervailing Duties)를 부과할 수 있게 하였으며, 보조금을 지급한 국가를 WTO 분쟁해결절차에 제소할 수도 있게 하였다.

17) 국제경제법학회, p. 295.

18) Louis Henkin, Richard Crawford Pugh, Oscar Schachter, and Hans Smit, International Law: Cases and Materials, West Publishing Co., 1993, p. 1405. GATT협정은 개발도상국이 아닌 국가가 수출품에 보조금을 지급하는 것을 금지하였다. 또한 GATT시대의 보조금협정은 개발도상국이 아닌 국가의 일차산품을 제외한 모든 산품에 대한 보조금 지급을 금지하는 내용을 담고 있었다.

19) Matthias Herdegen, Principles of International Economic Law, Oxford, 2013, p. 245. SCM협정에서는 보조금과 상계관세에 관해 보다 상세한 규정들이 도입되었으며, 개발도상국들에게 인정되어 온 예외도 축소되었다.

보조금지급에 관련된 문제를 해결하는데 관해서는 일단 3가지 경우로 나누어 생각해 볼 수 있다. 첫째는, A국이 B국으로 수출되는 자국상품에 보조금을 지급하여 B국의 생산자들에게 피해를 입히는 경우이다. 둘째는, A국이 일정한 상품의 국내생산에 보조금을 지급함으로써 B국에서 A국으로의 수출에 영향을 미치는 경우이다. 셋째는, A국이 C국으로 수출되는 상품에 보조금을 지급하여 B국 상품의 C국 시장으로의 수출에 악영향을 미치는 경우이다. 첫 번째 사례의 경우에 B국은 A국 수출품에 상계관세를 부과할 수 있다. 그러나 두 번째와 세 번째 경우에 B국은 A국을 상대로 상계관세 부과 등 독자적인 조치를 취하기는 어려우며, WTO 분쟁해결절차에 제소할 수는 있을 것이다.[20]

3. 보조금의 조건 : 보조금, 혜택, 특정성

상계조치의 대상이 되는 보조금 즉 보조금협정의 적용대상이 되는 보조금이 되려면 몇 가지 조건을 갖추어야 한다. 그러한 조건이란 정부의 재정적 기여(financial contribution)를 중심으로 하는 보조금의 존재, 경제적 혜택(benefit)의 존재, 특정성(specificity)의 존재이다. 상계조치의 대상이 되는 보조금이 되려면 정부로부터 민간기업이나 산업에 재정지원이 있었어야 하고, 그로인해 민간기업이나 산업이 경제적으로 혜택을 받았어야 하며, 그러한 혜택이 특정한 산업이나 기업에게 한정되어 있어야 하는 것이다.[21]

(1) 보조금의 정의

GATT 협정에는 보조금(subsidy)에 대하여 자세한 정의가 들어 있지 않았지만, '보조금 및 상계조치협정'(SCM)은 보조금에 대해 비교적 자세히 정의하였다. 보조금협정 제1조 1항은 다음과 같이 규정하였다.

20) Trebilcock, Howse, and Eliason, pp. 364-365.
21) 한국국제경제법학회, p. 392.

제1조 보조금의 정의

1.1 이 협정의 목적상 아래의 경우 보조금이 존재하는 것으로 간주된다.

(a) (1) 회원국의 영토 내에서 정부 또는 공공기관(이 협정에서는 "정부"라 한다) 의 재정적인 기여가 있는 경우, 즉

(i) 정부의 관행이 자금의 직접이전(예를 들어, 무상지원, 대출 및 지분참여), 잠재적인 자금 또는 채무부담의 직접이전(예를 들어, 대출보증)을 수반하는 경우,

(ii) 정부가 받아야 할 세입을 포기하거나 징수하지 아니하는 경우(예를 들어, 세액공제와 같은 재정적 유인),

(iii) 정부가 일반적인 사회간접자본 이외의 상품 또는 서비스를 제공하거나 또는 상품을 구매한 경우,

(iv) 정부가 자금공여기관에 대하여 지불하거나 일반적으로 정부에 귀속되는 위의 (i)에서부터 (iii)에 예시된 기능의 유형 중 하나 또는 둘 이상을 민간기관으로 하여금 행하도록 위임하거나 지시하며, 이러한 관행이 일반적으로 정부가 행하는 관행과 실질적으로 상이하지 아니한 경우,

(2) 1994년도 GATT 제16조의 의미의 소득 또는 가격지지가 어떤 형태로든 존재하고, 또한

(b) 이로 인해 혜택이 부여되는 경우

1.2 제1항에 정의된 보조금은 제2조의 규정에 따라 특정적인 경우에 한하여, 제2부의 규정에 따르거나 제3부 또는 제5부의 규정에 따른다.

보조금협정은 보조금이란 회원국의 영토 내에서 정부 또는 공공기관의 '재정적인 기여'(financial contribution)가 있는 경우라고 하면서 4가지 유형을 제시하였다. 즉 보조금이란 정부나 공공기관에 의한 직접적인 자금이전(무상지원, 대출, 지분참여, 대출보증), 정부세입의 포기(세액공제), 정부에 의한 사회간접자본이 아닌 재화와 서비스제공, 정부 자금공여기관이나 민간기구를 통한 상기한 활동 등으로 민간기업이나 산업에 대하여 정부의 재정적 기

여가 제공된 것이다.

WTO는 Japan-DRAMs(Korea)에 관한 결정에서 자금의 직접이전과 잠재적인 직접이전과 관련하여 재정적 '기여'(funds)에 대하여 해석하였다. 상소기구는 여기서 말하는 기여에는 자금(money) 뿐만 아니라 재원(financial resources)과 기타 재정적 권리도 포함된다고 하였다.[22)]

(2) 혜택의 존재

SCM 협정에서 말하는 보조금의 존재를 위해서는 보조금의 교부 등으로 민간기업이나 특정한 산업에 '경제적 혜택'(benefit)이 부여되었어야 한다. 그런데 여기에서 말하는 '혜택'의 존재를 입증하려면 정부나 공공기관으로부터 재정적인 자원이 민간기업이나 특정한 산업으로 이동하여 이들이 구체적으로 경제적인 이득을 보았는가 하는 것을 살펴보아야 한다.[23)]

특히 여기서 말하는 경제적인 '혜택'의 존재 여부는 시장기준에 입각하여 판단해야 한다. '혜택'이 부여되었다는 판단을 위해서는 거래가 발생한 시장에서 통용되는 시장기준 보다 유리한 조건으로 거래가 이루어진 것을 확인해야 하기 때문이다.[24)] 만일 어떤 기업이 정부은행으로부터 자금을 대출 받

22) Trebilcock, Howse, and Eliason, p. 368.

23) 환경피해에 따른 '비용'(costs) 문제를 해결 할 보편적인 원칙은 아직 존재하지 않는다. 그러나 1972년 OECD는 이러한 환경오염 비용 문제를 해결하기 위한 방안으로 '오염자부담의 원칙'(Polluter Pay Principle)을 권고하였다. 오염을 방지하고 통제하여 건전한 환경을 유지하는데 필요한 비용은 오염자(polluter)가 부담해야 한다는 이 원칙은 보편적 법원칙이라고 할 수는 없지만, 환경오염을 방지하고 비용문제를 해결하는데 편리하고 중요한 원칙으로 평가되고 있다. 더구나 서구국가들은 환경오염에 따른 비용은 오염을 초래한 기업의 상품과 서비스 가격에 포함되어야 한다고 하면서, 이를 거부하는 것은 일종의 보조금(subsidies)을 지급하여 국제무역과 투자를 왜곡시키는 것이라고 보고 있다. 오염자부담의 원칙은 1986년 단일유럽법(Single European Act) 25조에 규정되어, 유럽국가들은 조세 등 여러 가지 장치를 통해 이 원칙을 추구해 가고 있다. 그러나 다른 국가들도 이것을 국제법 원칙으로 생각하는가 하는 것은 의문이다. 1972년 스톡홀름 선언은 이 원칙에 대해 아무런 언급도 하지 않았다. 선진국들은 개발도상국의 환경보호를 지원해야 할 의무가 있다는 주장이 힘을 얻어가는 상황임을 고려할 때 조만간 이 원칙이 보편적으로 받아들여질 가능성도 크지는 않다. 오염자부담의 원칙은 단순함과 경제적 효율성에서는 좋은 평가를 받지만, 실제 적용에는 몇가지 어려움이 따른다. 첫째, 오염에 따른 환경비용(environmental costs) 결정의 어려움이다. 환경비용은 피해자들에게 끼친 실제 손해를 의미하는 것인지, 아니면 오염을 통제하는데 소요되는 비용을 말하는 것인지 불투명하다. 둘째, 초국경적 오염시 환경비용을 산출하는 주체에 관해서도 당사자 간에 다툼이 있을 수 있다.

고 시장금리로 이자를 납부한다면 재정적 기여에도 불구하고 경제적 혜택은 존재하지 않을 것이나, 시장금리보다 상당히 낮은 이자를 부담한다면 거기에는 경제적 혜택이 존재하게 된다.

WTO 패널도 캐나다 민간항공기 수출조치 사건에서 시장(market place)은 '혜택'의 부여 여부를 판단하는데 적합한 비교기준을 제시해 준다고 하였다. 보조금에 의한 '재정적 기여'(financial contribution)가 무역에 대해 가지는 잠재적 왜곡효과는 그 수혜자가 시장에서의 조건보다 유리한 조건으로 재정적 기여를 받았는가 하는 것에 의해 판단되기 때문이다.[25]

(3) 특정성의 존재

SCM 협정 제1조 2항에 따르면 보조금은 특정적인 경우에 한하여 금지되거나 제소의 대상이 된다. 보조금의 정의에 대해서는 위에서 살펴보았지만, 협정 제2조의 규정에 따라 특정적(specific)인 경우에 한하여 규제가 가능해지므로, 특정성(specificity)은 보조금의 금지여부를 판단하는 중요한 기준이 된다.

협정은 제2조 1항에서 보조금이 공여당국의 관할 내에 있는 특정 기업이나 산업 또는 기업군이나 산업군(이 협정에서는 "특정 기업"이라 한다)에 대해 특정적인지 여부를 결정함에 있어서 적용되는 원칙을 제시하였다. SCM협정은 법률상 특정성이 있는 경우는 물론 사실상 특정성이 있는 경우에도 규제가 가능한 보조금으로 보고 있다.

법률상의 특정성이 있는 보조금과 관련하여 협정은 "공여당국 또는 공여당국이 그에 따라 활동하는 법률이 보조금에 대한 접근을 특정 기업으로 명백하게 한정하는 경우 이러한 보조금은 특정성이 있다"고 하였다. 반대로 "공여당국 또는 공여당국이 그에 따라 활동하는 법률이 보조금의 수혜요건 및 금액을 규율하는 객관적인 기준이나 조건을 설정하고 수혜요건이 자동적이며 잘 준수되는 경우에는 특정성은 존재하지 아니한다"고 하였다. 사실상

---

24) Herdegen, p. 246: 국제경제법학회, pp. 304-306.

25) WTO, Canada: Measures Affecting the Export of Civilian Aircraft, Report of the Panel, 1999, WT/DS70R, paras. 9, 111 이하.

의 특정성이 있는 보조금과 관련해서는 외견상 특정성이 없어도 보조금이 사실상 특정적일 수 있다고 믿을 만한 사정이 있는 경우에는, 제한된 숫자의 특정기업에 의한 보조금계획의 사용, 특정 기업에 의한 압도적인 사용, 특정 기업에 대한 불균형적 보조금 지급, 보조금 지급 결정에 있어서 공여기관의 재량권 행사방식 등을 고려하여 특정성의 존재여부를 결정할 수 있다고 하였다(협정 제2조 1항).

따라서 새로이 사업을 시작한 신생기업이나 다수의 기업을 수혜대상으로 하는 세금감면 조치는 특정한 부문에게만 혜택을 부여하는 것이 아니고 일반적인 기준에 따라서 교부되는 것이므로 금지보조금이 되기 위한 조건인 특정성을 갖추고 있다고 할 수 없다.

SCM협정은 공여기관의 관할지역 중 지정된 지역에 위치한 특정 기업에 한정된 보조금, 수출보조금, 수입대체보조금은 특정정인 것으로 간주된다고 하였다(협정 제2조 2,3항, 제3조). 한편 수출증대를 위하여 통화가치를 낮게 유지하려는 환율조작과 관련해서는 이를 '특정적인 혜택'(specific benefit)으로 보지 아니하는 것이 오늘날 다수설의 입장이다.[26]

4. 보조금의 분류

WTO의 '보조금 및 상계조치협정'(SCM)은 보조금의 허용여부와 관련하여 보조금을 세 가지로 분류하였었다. 그것은 협정 제2부의 금지보조금(prohibited subsidies), 제3부의 조치가능보조금(actionable subsidies), 제4부의 허용보조금(non-actionable subsidies) 인데, 이러한 보조금은 교통신호등에 비유하여 빨간불보조금(redlight subsidies), 노란불보조금(yellowlight subsidies), 파란불보조금(greenlight subsidies)이라 부르기도 한다.[27] 그러나 제4부의 허용보조금은 회원국 간에 조문의 연장합의에 실패하여 효력이 상

26) Herdegen, p. 247.
27) McCartin,"Red, Yellow, or Green: GATT 1994's Traffic Light Subsidies Categories", The Commerce Department Speaks on International Trade and Investment, 1994, p. 611; Folsom, Gordon and Spanogle, p. 507.

실되었으므로, 현재 SCM협정에 의해 규율되는 보조금은 금지보조금과 조치가능보조금이다.[28)]

(1) 금지보조금

SCM협정 제2부는 '금지보조금'(prohibited subsidies) 또는 빨간불보조금에 관한 것이다. 금지보조금에는 수출보조금(export subsidies)과 수입품 대신에 국산품을 사용하는데 따른 수입대체보조금(import substitution subsidies)이 포함된다(보조금협정 제3조). 수출증진을 위해 정부가 자국기업에게 지급하는 수출보조금과 정부가 어떤 기업에게 일부 부품을 수입품에서 국산품으로 교체하는 것을 조건으로 지급하는 수입대체보조금은 대표적인 금지보조금인 것이다.[29)]

금지보조금 지급으로 피해를 입은 국가는 우선 협의를 요청할 수 있으며, 협의를 통한 해결이 불가능한 경우에는 분쟁해결기구(DSB)에 패널의 설치를 요청할 수 있다(협정 제4조).

(2) 조치가능보조금

SCM협정 제3부는 '조치가능보조금'(actionable subsidies) 또는 노란불보조금에 관한 것이다. 조치가능보조금은 당연히 금지되는 보조금은 아니지만, 회원국이 다른 회원국에 대한 피해를 감안하여 회피해야 하는 보조금이다. 협정 제5조는 상계조치가 가능한 3가지 형태의 다른 회원국에 대한 피해사례를 규정하였다. 그것은 다른 국가의 국내산업에 대한 피해, GATT 1994에 따른 양허 위반, 다른 국가의 이익에 대한 '심각한 손상'이 있는 경우이다.

다른 국가의 이익에 대한 '심각한 손상'(serious prejudice)은 상품가액의 5%를 초과하는 보조금, 특정산업의 영업손실 보전을 위한 보조금, 특정기업의 영업손실을 보전하기 위한 보조금, 직접적 채무감면과 정부보유 채권의 면제 및 채무상환을 위한 교부금이 있는 경우에 인정된다(협정 제6조1항).

---

28) Herdegen, p. 248.
29) McCartin, p. 508.

상계가능보조금 지급으로 피해를 입은 국가는 이를 입증하는 서류를 첨부하여 당사국간 협의를 요청할 수 있으며, 협의가 성과를 거두지 못하면 패널 구성을 요청할 수 있다(협정 제7조).

(3) 허용보조금

협정 제4부는 '허용보조금' 또는 '비상계보조금'(non-actionable subsidies) 즉 파란불보조금에 관한 규정이나 효력을 상실하였다. 본래 협정에 의하면 허용보조금에는 특정성이 없는 보조금과, 특정성은 있으나 허용되는 보조금인 연구활동에 대한 지원, 낙후된 지역에 대한 지원, 환경보호를 위한 지원이 포함되어 있었다(협정 제8조). 그러나 협정 제31조는 허용보조금에 관한 규정은 WTO협정의 발효일로부터 5년간 적용되며 관련 규정의 적용연장에 대해서 보조금위원회가 검토하도록 하였으나 합의에 실패하였기 때문이다.[30)]

5. 상계조치

회원국은 자국에 수입된 다른 회원국이 보조금을 지급한 상품에 대하여 상계관세를 부과함에 있어서 GATT 1994 제6조의 규정 및 SCM 협정의 조건에 따른다. 여기에서 '상계관세'(countervailing duties)란 GATT협정 제6조 3항에 규정된 바와 같이 상품의 제조, 생산 또는 수출에 직접적 또는 간접적으로 지급된 보조금을 상쇄하기 위하여 부과되는 특별관세이다.

(1) 피해의 판정

SCM협정에 의하면 피해의 판정(determination of injury)을 위해서는 명확한 증거에 기초하며, 보조금을 받은 수입 물량과 수입품이 국내시장의 동종상품 가격에 미치는 효과 및 국내생산자에게 미치는 영향을 객관적으로

---

30) 허용보조금에 대한 규정은 효력이 상실되었지만, 오늘날 국제사회에서는 허용보조금 규정을 부활하게 하는 방안이 심도있게 논의되고 있다. 허용보조금 중에서 특히 주목을 받는 것은 연구개발에 대한 보조금이다. 국제경제법학회, pp. 312-313.

검토하여야 한다(보조금협정 제15조 1항). 그리고 주석 45에 의하면 이 협정에서 '피해'란 국내산업에 대한 실질적 피해, 국내산업에 대한 실질적 피해의 우려 또는 그러한 산업의 확립에 대한 실질적인 지연을 의미하는 것으로 해석된다. 피해의 판정을 위해서는 보조금을 받은 수입품이 보조금의 효과를 통해서 피해를 초래하고 있음이 입증되어야 한다. 보조금을 받은 수입품과 국내산업에 대한 피해와의 인과관계에 대한 입증은 당국에 제시된 모든 관련 증거에 대한 검토에 근거하여야 한다(동조 5항).

보조금을 받은 수입품에 의해 피해가 우려되는 경우에도 상계조치의 적용은 신중하게 결정되어야 한다(동조 8항). 실질적인 피해의 우려에 대한 판정은 사실에 기초하며 단순히 주장이나 추측 또는 막연한 가능성에 기초하여서는 아니 된다.[31]

(2) 잠정조치와 약속

잠정조치(provisional measure)는 잠정적으로 보조금액으로 산정된 금액과 같은 현금예치 또는 유가증권에 의하여 담보되는 잠정상계관세의 형태를 취하며, 조사개시일로부터 60일 이내에는 적용되지 아니한다(협정 제17조 2,3항).

조사가 개시되면 이해관계국 및 이해당사자에게는 정보를 제공하고 의견을 제시할 수 있는 적절한 기회가 주어지며, 보조금의 존재와 보조금으로 인한 국내산업에 피해가 존재한다는 긍정적 예비판정이 내려지고, 관계당국이 조사기간 중에 초래되는 피해를 방해하기 위하여 조치가 필요하다고 판단하는 경우에 잠정조치는 취해진다(동조 1항).

조사절차는 당사국의 자발적인 약속이 접수되는 경우 잠정조치나 상계관세의 부과없이 정지 또는 종료될 수 있다. 그러한 약속은 수출국 정부가 보

31) 실질적 피해의 우려의 존재에 대하여 판정을 하는 데에는 보조금의 성격 및 무역에 대한 효과, 실질적인 수입증가의 가능성을 보여주는 보조금을 받은 수입품의 현저한 증가율, 수출자의 생산능력 또는 수출자의 생산능력의 실질적인 증가, 수입품의 반입에 따른 국내가격의 인하 또는 억제, 조사대상 상품의 재고현황 등을 고려한다. SCM협정 제15조 7항 참조.

조금의 철폐나 제한 또는 보조금의 효과에 관한 다른 조치를 취하는 데 동의하거나, 조사당국이 보조금에 의한 피해효과가 제거되었다고 납득할 수 있도록 수출자가 가격을 수정하는데 동의하는 경우에 이루어진다(협정 제18조 1항).

(3) 상계관세의 부과

보조금의 존재 및 금액이 확정되고, 보조금을 받은 수입품이 피해를 초래한다는 최종판정이 이루어지면, 수입회원국은 보조금이 철회되지 아니하는 한 상계관세를 부과할 수 있다(협정 제19조 1항). 일반적으로 상계관세란 특정한 회원국의 관세 양허표상의 관세율에 보조금교부에 따른 추가관세를 부과하는 방식으로 부과된다. 상계관세 부과의 요건이 충족된 경우 상계관세의 부과여부와 상계관세의 금액은 수입국 당국이 결정한다. 그러나 보조금 총액보다 적은 금액의 관세로도 국내산업에 대한 피해의 제거가 가능한 경우에는 보조금 총액보다 적게 상계관세를 부과한다(동조 2항). 잠정조치와 상계관세는 당국의 관련 결정이 발효한 이후에 반입되는 상품에 대하여만 적용된다(협정 제20조 1항).

상계관세는 피해를 초래하는 보조금 지급을 상쇄하기 위하여 필요한 기간과 범위 내에서만 유지된다(협정 제21조 1항). 당국은 자체적으로 또는 이해당사자의 요청에 의하여 상계관세의 계속부과 필요성을 검토하며, 상계관세 부과가 타당하지 아니하다고 판정하는 경우에는 상계관세는 즉시 종료된다(동조 2항). 모든 상계관세는 부과일로부터 5년 이내에 종료된다(동조 3항).

6. 평 가

'보조금 및 상계조치협정'(SCM)은 상계관세를 부과할 수 있는 보조금의 범위를 확대하여 보조금의 규율강화를 주장하였던 미국 등 선진국들의 입장을 많이 반영한 것으로 평가되었다. 그러나 협정은 기존의 협정에 비해 보조금의 운용과 상계관세의 발동요건 및 절차를 구체화하고 명료화함으로써 상

계조치의 남용가능성은 줄어들었다고 본다.[32)]

보조금협정은 우루과이라운드 협상에서도 가장 논란이 많았던 문제이었다. 보조금은 한 국가의 경제정책과 밀접한 관련을 가질 수밖에 없는데, 경제의 변동성이 심한 때에는 국가들의 경제정책 운용에 필요한 수단이기 때문이다. 국제무역의 자유화를 위하여 보조금 제도의 개선은 필요하지만, 관련하여 각국의 이해관계를 조정하는 일은 결코 용이한 일이 아니다. 보조금 문제는 2011년 도하개발어젠다(Doha Development Agenda : DDA)에서도 중요한 이슈의 하나가 되었다. 특히 수산자원보호를 위하여 수산자금의 교부를 규제하기 위한 관련 부속서를 채택하는 문제가 심도있게 논의된 바 있다.

제4절 긴급수입제한조치

1. 서 론

무역자유화의 결과 오늘날 각국의 기업들은 자국시장에서도 수입품과 치열한 판매경쟁을 벌이고 있다. 한국과 같은 선발 개발도상국 기업들은 첨단기술로 무장한 선진국 기업은 물론 저렴한 임금을 바탕으로 저가 판매공세를 벌이는 개발도상국 기업들과의 경쟁에서 살아남기 위하여 노력하고 있다. 그리고 각국의 기업들은 자국 중앙정부에게 그러한 수입품의 수입을 억제해 주도록 요청하기도 한다. 그렇지만 정부로서는 덤핑의 증거나 외국정부로 부터 보조금을 받았다는 증거가 없는 경우 반덤핑관세나 상계관세를 부과하는 무역규제 조치를 취할 수는 없다. 이러한 경우 정부가 취할 수 있는 것이 긴급수입제한조치이다.[33)] GATT와 WTO에서는 이 조치를 '세이프가드'(safeguard)라고 부르며 일종의 '도피조항'(escape clause) 이라고 할 수 있다.

WTO협정의 일부인 '긴급수입제한조치협정' 또는 '세이프가드협정'(Agreement

32) 최승환, 「국제경제법」, 제3판, 법영사, 2006, pp. 347-348.
33) Folsom, Gordon and Spanogle, pp. 556-557.

on Safeguards)은 예상치 못한 사태 진전이나 양허로 인하여 특정 상품이 한 국가에 대량으로 수입되어 자국산업에 심각한 피해(serious injury)가 초래되었거나 초래될 가능성이 있을 때에는 그 의무를 잠정 중단하거나 그러한 양허를 철회할 수 있게 하였다. 그러나 세이프가드조치로 수량제한이 허용되는 경우에도 최근 3년간의 평균수입량 이하로는 감축할 수 없으며, 조치는 최대한 4년을 초과할 수 없으나 특별한 사유가 있는 경우에는 연장이 가능하다.

2. 연 혁

국가들은 GATT협정이 체결되기 이전에도 무역상 특수한 위험으로부터 각국의 시장을 보호하기 위한 목적에서 무역관련 협정별로 도피조항(escape clause)을 두곤 했었다. 특히 미국은 1943년 멕시코와의 호혜무역협정(Reciprocal Trade Agreement)에 도피조항을 두었으며, 1947년 GATT 협정에 의한 무역자유화를 앞두고는 의회의 우려를 반영하여 모든 무역협정에 도피조항을 두도록 하는 행정명령을 발표하였다.[34] GATT협정 제19조 1항은 다음과 같이 규정하였다.

> 예견하지 못한 사태의 발전과 관세양허를 포함하여 이 협정하에서 체약당사자가 지는 의무의 효과의 결과로 상품이 그 영토에서 동종 또는 직접적으로 경쟁적인 상품의 그 영토 내에서의 국내생산자에게 심각한 피해를 야기하거나 그 우려가 있을 정도로 증가된 물량과 조건하에서 동 체약당사자의 영토 내로 수입되고 있는 경우 동 체약당사자는 동 상품에 관하여, 그리고 이러한 피해를 방지하거나 구제하기 위하여 필요한 정도로 그리고 그 기간 동안 동 의무를 전부 또는 일부 정지하거나 양허를 철회하거나 수정할 자유가 있다.

본래 이 규정은 무역자유화에 대비하여 준비가 부족한 관계로 시장개방에 소극적이었던 국가들을 회유하여 무역자유화의 폭을 확대하고 무역시스템의

34) Trebilcock, Howse, and Eliason, p. 412.

유연성을 높이기 위하여 도입되었다. 그러나 규정의 내용이 골격적인 것이어서 그 적용을 둘러싸고 국가들 사이에 많은 갈등이 있었으며, 실제 분쟁해결에 있어서도 한계를 보였다. 그 결과 1970년대 후반 이후 GATT 체약국들은 수입증가로 인한 국내산업 보호를 위한 경우에도 GATT 제19조의 긴급수입제한조치를 이용하는 대신에 수출국들과 합의하여 그 근거도 모호한 소위 '회색지대조치'(grey area measures)를 활용하는 경우가 많았다. 그런데 특정물품의 수입에 대해 취해지는 긴급조치(emergency action)인 수출자율규제(voluntary export restraints; VER), 시장질서유지협정(oderly marketing arrangements; OMA)과 같은 조치는 경제적 강대국의 압력에 취약한 신흥공업국이나 개발도상국들에게 많은 피해를 주었다. 따라서 개발도상국들은 긴급수입제한조치를 제도적으로 강화하여 조치를 원용하기 위한 조건이 보다 분명하고 엄격해지기를 원하였다.[35)]

우루과이라운드에서 국가들은 긴급수입제한조치의 실시에 관한 규정들을 보다 투명하고 명료하게 한 새로운 '세이프가드협정'(Safeguard Agreement)에 합의하였다. 아울러 수출자율규제(VER)와 같은 소위 '회색지대조치'들은 모두 폐지하기로 하였다.[36)]

3. 조치의 발동요건

WTO의 '세이프가드협정'은 특정 상품의 절대적 또는 상대적 수입증가로 동종의 또는 직접경쟁물품을 생산하는 국내산업에 심각한 피해를 주었거나 심각한 피해위협이 있는 경우에 그 상품에 대하여 긴급수입제한조치를 취할 수 있게 하였다(세이프가드협정 제1조). 여기서 말하는 '국내산업'이란 수입국내에서 영업을 하는 동종 또는 직접경쟁물품을 생산하는 생산자들을 말하며, '심각한 피해'란 국내산업에 대한 중대하고 전반적인 손상을 의미한다.

---

35) 국제경제법학회, pp. 215-217; Ibid., pp. 412-413;

36) '세이프가드협정'은 WTO 협정 발효일 현재 효력발생 중에 있는 회색지대 조치들은 WTO 협정의 효력발생일로 부터 180일내에 폐지를 위한 일정표를 제출하여야 하며, 1999년 말까지 연장가능한 1가지 조치를 제외한 모든 조치들을 WTO 효력발생일로 부터 4년 이내에 폐지해야 한다고 하였다. WTO 세이프가드협정 제11조.

긴급수입제한조치의 발동을 위해서는 세 가지 요건이 충족되어야 한다. 첫째, 특정 상품의 절대적 또는 상대적 수입증가가 있어야 한다. 둘째, 그 결과 동종의 또는 직접경쟁물품을 생산하는 국내산업에 심각한 피해를 주었거나 심각한 피해가 우려되는 상황이어야 한다. 셋째, 수입증가와 심각한 피해 간 인과관계가 증명되어야 한다.

세이프가드조치를 취하려면 우선 수입품의 절대적 또는 상대적 수입증가가 있었던 것을 입증해야 한다. 그러나 세이프가드협정에는 그 정확한 의미에 대해 규정이 없기 때문에 그 해석을 둘러싸고 국가 간에 의견대립이 있을 수 있다. Argentina-Footwear 사건에서 항소기구는 수입품의 증가를 판단하려면 5년 정도의 추세를 고려해야 한다고 하였으며, 급격하고 상당한 규모의 수입증가가 있어야 한다고 하였다. 그런데 GATT협정 제19조는 '예상하지 못한 사태의 진전'(unforeseen development)으로 인하여 수입품의 증가가 발생한 경우라고 하였는바, 단순한 수입증가를 넘어서 예상하지 못한 수입증가가 있었던 것을 입증하여야 한다. 세이프가드협정에는 이런 조건이 빠져 있어서 다소 혼선이 있지만, Agentina-Foorwear 항소기구와 US-Steel Safeguards 항소기구는 수입증가가 예상하지 못한 발전의 결과이어야 한다는 점을 지적하였다.[37)]

수입증가로 동종의 또는 직접경쟁 물품을 생산하는 국내산업에 심각한 피해를 주었거나 심각한 피해가 우려되어야 하는바, 세이프가드 조치에 의해 보호받는 생산자는 동종의 또는 직접경쟁물품의 생산자이며, 국내산업에 '심각한 피해'를 주었거나 그러한 피해가 우려되는 경우이어야 한다. 세이프가드협정에서 말하는 생산자는 동종상품은 물론 경쟁상품의 생산자도 포함되므로 반덤핑조치의 경우에 비해서는 포괄적이지만, 구체적으로 어떤 경쟁상품의 생산자가 세이프가드 조치에 따른 보호의 대상이 되는가 하는 것은 사안별로 검토되어야 한다. 한편 여기에서 말하는 '심각한 피해'란 국내산업에 대한 중대하고 전반적인 손상을 의미한다. '심각한 피해의 우려'란 명백히 임박한 심각한 피해를 의미하며, 심각한 피해의 우려의 존재여부에 대한 판단은 사실에 근거해야 하며, 주장, 추측, 막연한 가능성에 근거하면 아니 된

37) 국제경제법학회, pp. 329-332.

다.[38] 증가된 수입품으로 인하여 국내산업에 심각한 피해가 초래되었는가 하는데 대한 조사는 객관적이고 계량가능한 관련 요소 특히 관련 상품의 수입증가율과 증가량, 수입품의 국내시장 점유율, 판매·생산·이윤·손실·고용의 변화를 고려하여야 한다.[39]

세이프가드 조치를 취하려면 수입품의 증가와 피해 사이에 인과관계를 증명할 수 있어야 한다. 세이프가드협정 제4조 2항 (ii)는 수입증가와 심각한 피해 간 인과관계에 대하여 규정하였다. 객관적인 증거에 기초하여 관련 상품의 수입증가와 심각한 피해 또는 피해의 우려 간의 인과관계가 증명된 경우에만 긴급수입제한조치는 취해질 수 있으며, 국내산업에 대한 피해가 증가된 수입품 이외의 다른 요소에 의해 초래된 경우에는 수입제한조치는 발동될 수 없다는 것이다.

4. 조치의 적용

반덤핑조치나 상계조치는 덤핑이나 보조금 지급과 같은 '불공정한' 무역관행을 시정하기 위하여 취해지는 조치인데 비하여, 긴급수입제한조치는 위기에 처한 자국산업의 보호를 위해서 '공정한' 수입에 대해 취해지는 조치이다. 따라서 긴급수입제한 조치에 대해서는 보다 엄격한 통제가 필요하다.[40] 긴급수입제한조치의 적용과 관련하여 긴급수입제한조치협정 제5조 1항은 다음과 같이 규정하였다.

> 회원국은 심각한 피해를 방지하거나 구제하고 조정을 촉진하는데 필요한 범위내에서만 긴급수입제한조치를 적용한다. 수량제한이 사용되는 경우 이러한 조치는, 다른 수준의 심각한 피해를 방지 또는 구제하는 데 필요하다는 명백한 정당성이 제시되지 아니하는 한, 통계가 입수가능한 과거 대표적인 3

38) 긴급수입제한조치협정, 제4조 1항. 여기에서 말하는 '국내산업'이란 주로 회원국의 영토에서 활동하는 동종 또는 직접적인 경쟁 상품의 생산자 전체를 의미한다.
39) 긴급수입제한조치협정, 제4조 2항.
40) 국제경제법학회, pp. 236-237.

년간의 평균수입량인 최근 기간의 수준 이하로 수입량을 감소하여서는 아니 된다. 회원국은 이러한 목적달성에 가장 적합한 조치를 선택하여야 한다.

긴급수입제한조치는 심각한 피해를 방지·구제·조정하는데 필요한 범위에서 인정되는 것이다. WTO는 Korea-Definitive Safeguard Measures on Imports of Certain Dairy Products 사건에서 세이프가드 조치는 그 형태에 관계없이 심각한 피해를 예방·구제하고 조정을 가능하게 한다는 목표에 적합한 방법으로 적용되어야 한다고 하였다. 이것은 세이프가드 조치는 증가된 수입품으로 인한 심각한 피해에 대처하는 범위에서만 적용되는 것이며, 다른 요소에 의해 초래된 피해에는 적용되지 아니한다는 의미이다.41)

GATT협정이나 세이프가드협정은 긴급수입제한조치를 취할 수 있는 조건이 충족된 경우에 수입국이 취할 수 있는 조치에 대해 구체적인 규정을 두지는 않았다. 그러나 GATT협정은 제19조 1항 (b)에서 "피해를 방지하거나 구제하기 위하여 필요한 정도로 그리고 그 기간 동안 관련의무를 전부 또는 일부 정지하거나 양허를 철회하거나 수정할 자유가 있다"고 하였다. 이를 위해 일반적으로 사용되는 방법은 관세인상, 수량제한, 그리고 수입량에 따라서 관세율을 올려가는 관세쿼터이다. 한편, 세이프가드조치는 비차별적으로 적용되어야 한다. 따라서 수입국이 세이프가드 조치를 취하는 경우에 그러한 조치는 모든 국가로부터 수입되는 해당상품에 대하여 적용된다.42)

긴급수입제한조치가 적용되는 기간은 심각한 피해를 예방·치유·조정하는 기간이다. 세이프가드협정 제7조는 1항에서 "회원국은 긴급수입제한조치를 심각한 피해를 방지하거나 구제하고 조정을 촉진하는데 필요한 기간 동안에만 적용한다"고 하면서, "그 기간은 4년을 초과하지 아니한다"고 하였다. 심각한 피해의 방지·구제를 위하여 조치가 계속 필요한 경우 그 기간은 연장될 수 있으나, 긴급수입제한조치의 총 적용기간은 최초 적용기간과 연장기간을 포함하여 8년을 초과할 수 없다.43)

41) Korea-Definitive Safeguard Measures on Imports of Certain Dairy Products, para. 96; Herdegen, p. 419.
42) 국제경제법학회, pp. 336-338.

세이프가드 협정은 세이프가드 조치를 취한 국가는 조치의 적용기간 중에도 조치를 점진적으로 자유화하게 하였다. 세이프가드협정은 제7조 4항에서 "긴급수입제한조치의 예상 존속기간이 1년을 넘는 경우 조정을 촉진하기 위하여 이러한 조치를 적용하는 회원국은 적용기간 동안 정기적으로 이를 점진적으로 자유화한다"고 하였다. 또한 "조치의 존속기간이 3년을 초과하는 경우 이러한 조치를 적용하는 국가는 조치의 중간시점 이전에 상황을 검토하며, 적절한 경우 동 조치를 철회하거나 자유화를 가속화 한다"고 하였다.

5. 개발도상국 우대

세이프가드협정은 개발도상국에 대한 우대조치를 두었다. 협정 제9조에 의하면 개도국이 원산지인 물품이 관련물품의 수입에서 3% 이상을 차지하지 못하거나 3% 미만의 수입비중을 가진 개도국들로 부터의 수입이 전체 수입의 9%를 넘지 않는 경우에는 개도국에 대해서는 긴급수입제한조치를 취할 수 없게 하였다. 반면에 개발도상국들은 최대한 10년까지 긴급수입제한조치를 실시할 수 있다.

6. 평 가

긴급수입제한조치는 다자간 무역협정의 회원국 확대와 유연성 제고를 위하여 도입되었으나 과거에는 많이 사용되지 못하였다. 특히 과거 GATT 시절에는 협정 조문의 모호함으로 인하여 제대로 활용되지 못하였으며, 선진국들에 의해 '회색지대조치'가 널리 사용되기도 하였다. WTO체제에서는 긴급수입제한조치의 발동요건과 절차가 강화됨으로써 새로운 세이프가드 협정은 자유무역질서 확립에 기여하고 있으며, 국가간 무역분쟁해결을 위한 제도로서의 사용빈도도 과거에 비해 많아졌다. 그러나 무역구제조치 중에서 긴급수입제한조치의 사용빈도는 아직도 상대적으로 낮은 수준에 머물고 있

---

43) 긴급수입제한조치협정 제7조 1,2,3항.

다. 1995년 1월부터 2009년 10월 사이에 WTO에 보고된 세이프가드조사 건수는 208건이었는데, 같은 기간 반덤핑조치는 3,427건이 그리고 상계관세 조치는 197건이 보고되었다고 한다.[44]

〈한국의 혼합분유 긴급수입제한조치〉

혼합분유란 분유 75%에 쌀가루, 전분, 밀가루를 섞어 만든 제품으로 아이스크림, 발효유 등의 원료로 사용된다. 유럽연합에서는 200% 관세가 붙는 일반분유의 한국시장 진출이 어렵게 되자 관세부과대상이 아닌 혼합분유를 대거 한국시장에 들여왔다. 이에 한국정부는 1997년 3월 7일부터 4년 기한으로 수입 혼합분유에 대해 수량제한조치를 실시하였다. EU는 이와 같은 조치가 WTO협정에 위배된다는 이유로 동년 8월 WTO에 제소하였고, 1998년 7월 패널이 설치되었다. 패널에서는 수입으로 인한 국내 산업피해 입증 시 세이프가드 협정에서 규정한 개별적인 지표에 대한 검토가 불충분하였다는 것과 세이프가드조치 방법으로 수량제한 선택 시 검토가 불충분하였다는 것을 근거로 우리나라의 세이프가드 조치발동이 WTO세이프가드 협정에서 규정한 요건에 합치하지 않는다고 결론을 내렸다. 따라서 패널은 1999년 6월 21일 우리나라가 1997년 3월 이후 시행중인 혼합분유 수입제한조치가 WTO 세이프가드협정의 일부규정에 합치하지 않는다고 판정하고 이를 동 규정에 합치시킬 것을 권고하였던 것이다. 이어서 WTO 분쟁해결기구(DSB)는 2000년 1월 12일 우리나라의 혼합분유 긴급수입제한조치가 WTO 규범에 일치하지 않는다고 판정한 패널 및 상소기구의 보고서를 최종적으로 채택하였다.

44) Trebilcock, Howse, and Eliason, p. 411.

제10장

부문별무역제도와 자유화

제10장

부문별무역제도와 자유화

제1절 농산물 무역

1. 서 론

농산물 무역은 무역협상에서 가장 논란이 많은 문제 가운데 하나이었다. 특히 농산물 수출보조금과 관세, 농산물 가격지지와 생산쿼타 같은 국내조치에 관련된 농산물 무역의 자유화 문제는 우루과이라운드(Uruguay Round) 협상의 타결은 물론이고 도하라운드(Doha Round) 협상의 성공적인 타결을 위해서도 절대적으로 중요하였다.[1)]

그렇지만 농업부문 자유화와 관련해서는, 전세계적인 복지의 향상을 위하여 농산물 무역도 자유화되어야 한다는 주장이 있는 반면에, 농산물 부문은 다른 부문과는 달리 취급되어야 한다는 주장도 제기되어 왔다. 특히 농산물 무역의 자유화에 반대하는 국가들은 식량안보(food security), 농산물 가격의 안정, 농촌지역 보존, 환경정책 실시 등을 이유로 무역자유화에 반대하면서 농업부문을 보호하고자 하였다.[2)]

2. 농산물무역 자유화 논의

농산물무역의 자유화에 대한 반대 논거로는 식량안보(food security)의 중

1) Michael Trebilcock, Robert Howse, and Antonia Eliason, The Regulation of International Trade, 4th edition, Routledge, 2013, p. 432.
2) Ibid., p. 434.

요성, 농산물 가격의 안정화, 농촌생활보존과 환경보호가 제시되어 왔다. 그러나 이러한 주장에 대한 비판도 나름대로 합리적인 근거를 가지고 있는 바, 양측의 입장을 살펴본다.

첫째, 농산물무역의 자유화에 대한 반대 논거 중의 하나는 농업은 식량안보(food security)와 직결되어 있다는 주장이다. 국가의 생존은 식량의 확보에 달려 있는바, 역사적으로 가뭄이나 전쟁 등에 의해 초래된 기근은 주기적으로 반복되어 왔으며 앞으로도 그럴 가능성이 있으므로 대비해야 한다는 것이다. 그러나 보다 자유로운 농산물 무역이 이루어지면 공급원을 다변화하여 만일의 식량공급 부족사태에 대처할 수 있다는 반대 주장도 나름대로 근거가 있다.[3]

둘째, 농산물 가격의 안정이 중요하므로 국가는 필요한 경우에는 언제든지 농업부문을 지원할 수 있어야 한다는 것이다. 이는 농산물의 경우에는 기후처럼 예측이 불가능한 요소로 인하여 그 가격이 급변하고 농민들의 수입도 불안정적이라는 특징을 고려한 것이다. 이와 관련하여 2010년 11월에 열린 G20 정상회담에서도 식량의 가격불안에 대처하기 위한 방안을 마련할 것을 요구한 바 있다. 그런데 이러한 문제를 해결하려면 오히려 전세계적으로 공급이 균형을 이루도록 농산물 무역을 활성화 하는 것이 필요하다는 반대 주장이 있다. 특히 농산물에 대한 시장접근을 확대하고, 무역을 왜곡시키는 각국의 농업부문 지원을 축소하며, 농산물에 대한 수출보조금을 감축하는 조치가 필요하다는 것이다.[4]

셋째, 농촌생활보존과 환경보호를 위하여 농산물의 무역자유화를 저지해야 한다는 것이다. 농산물 무역자유화에 대한 반대주장 가운데에는 농토와 농민을 지키는 것 자체를 '사회적 선'(social good)으로 보는 입장이 있다. 도시화로 농민들이 농촌에서 이탈해가는 상황에서 농업이 그나마 농촌지역의 공동체를 지탱해 주고 환경보호에 기여하고 있다는 것이다. 그러나 그것은 도시 사람들이 진정으로 그러한 생활을 원해서가 아니라 농촌에 대해서 가지고 있는 이상화된 형상으로 인한 것은 아닌가 하는 의문이 제기되고 있다.[5]

---

3) Ibid., p. 440.

4) Ibid., pp. 440-442.

3. 우루과이라운드

농산물은 국제무역에서 차지하는 비중은 높지만 식량안보 등의 이유로 국가안보와 밀접한 관계를 가지고 있다고 하여 GATT시절에는 다자간무역체제에 포함되지 않았었다. 그러나 GATT에서 농업에 대한 특별한 대우는 제2차 세계대전 직후 미국의 영향력과 이익을 반영한 것이기도 하였다. 수입쿼터와 수출보조금 제도는 당시 미국 농업정책에서 불가분의 요소이었던 것이다.[6]

그렇지만 농산물 무역이 다자간 무역질서 밖에 위치하게 됨으로서 농산물 무역질서는 크게 왜곡되었고 관련 갈등이 커져갔다. 특히 1970년대 식량파동을 경험한 후 각국이 국내농업보호와 농업진흥정책을 시행한 결과 1980년대 들어서는 인도와 중국 같은 대규모 식량수입국들도 식량의 자급자족을 이루게 되었다. 그 결과 농업국가들은 농산물 수출에 보조금을 지급해야 하는 실정에 이르게 되어 점차 불만이 높아졌다.

국가들이 자국의 농업을 보호하기 위해 사용하는 막대한 비용과 효과의 불확실성을 고려하면, 농업보호 장치의 제거 주장도 나름대로 근거가 있다. 그리하여 미국과 EU 간에는 농산물 무역장벽의 제거에 대해 원칙적인 합의가 있었으며, 1982년 OECD 장관이사회는 선언에서 농산물무역도 다자간무역체제에 포함되어야 한다는 점을 분명히 밝혔다. 그러나 농업분야 개혁방향에 대한 이러한 합의에도 불구하고, 농산물무역 문제는 우루과이라운드 협상에서 가장 논란이 많은 주제가 되었다.[7] 우루과이라운드에서는 예외없는 관세화를 목표로 농산물 시장의 개방과 보조금 감축을 목표로 협상이 진행되었으나 최종적인 타결에 이르기까지는 많은 어려움을 겪어야 했다. 하지만 미국과 EU 간 협상의 난관을 돌파하기 위해 1991년 마련된 던켈초안(Dunkel Draft)과 농업무역 자유화에 관한 미국과 EU 간의 1992년 11월의 블레어하우스합의(Blair House Agreement)를 통하여 양측 간에 농업무역자유화에 관해 많은 의견접근이 이루어지면서 타결의 수순을 밟게 되었다.[8]

---

5) Ibid., p. 443.
6) Ibid., p. 435.
7) Ibid., p. 447.

4. WTO 농업협정

WTO '농업협정'(Agreement on Agriculture)은 일반적 구조와 기본 원칙에 있어서는 던켈초안을 많이 반영하였으며, '구체적 서약'(specific commitments)에 관해서는 블레어하우스합의를 기초로 삼았다. 협정은 농산물을 무역의 대상으로 인정하여 다자간 무역체제의 일부로 포함시켰으며, 시장접근, 국내보조, 수출보조, 검역조치 등에 대한 규정을 두었다.[9]

협정의 내용들을 요약하면 다음과 같다.

첫째, 농산물의 자유무역과 공정무역을 위하여 '예외없는 관세화' 원칙을 정하였으며, 긴급수입제한조치와 같은 일부 예외적인 조치들이 필요한 경우가 아니면 비관세조치를 취하지 못하게 하였다.

둘째, 당장 관세화가 어려운 특정 주요 농산물에 대해서는 일정기간 관세화를 유예하되 국내소비량의 일정부분은 반드시 개방하도록 하였다. 회원국들로 하여금 관세양허를 통하여 1995년부터 2001년까지 1986-1988년 기준 평균관세율을 36% 감축하되, 수입물량이 국내소비의 3% 미만인 농산물로 당장 관세화가 어려운 농산물은 일정기간(1995년을 기준으로 선진국은 6년, 개도국은 10년간) 관세화를 유예해 주기로 하였다. 또한, 수입이 아주 적은 품목에 대해서는 국내소비량의 3%를 최소시장접근(Minimum Market Access)으로 인정하고 이를 점차 확대하여 5%까지 늘려가기로 하였다.

셋째, 국내보조금과 수출보조금은 모두 감축하기로 하였으며, 농산물 수입이 급증하는 경우에는 긴급수입제한조치를 통하여 추가적으로 관세를 부과할 수 있게 하였다. 또한 개발도상국들은 보조금지급 및 관세감축에 있어서 우대를 받게 하였다.

---

8) Ibid., pp. 448-450.

9) Ibid., p. 450.

5. 농산물무역의 장래와 우리나라

WTO 농업협정의 공과에 대해서는 평가가 엇갈린다. 농업협정의 이제까지의 이행결과에 대하여 농산물 수출국들은 과세상당치의 과다계상과 국내 보조금 감축의 미흡 등으로 농업협정의 이행결과가 기대에 미치지 못하였다고 평가하는데 대하여, 농산물 수입국들은 협정 내용이 농산물 수출국들에게 너무 유리하다고 주장하였다.

1999년 11월 미국의 시애틀에서 개최되었던 WTO각료회의는 차기협상의 출발점으로 예정되어 있었다. 비록 각료회의는 별 성과없이 막을 내리게 되었지만, 차기협상에서 논의될 주요 주제 중의 하나로 농업관련 관세와 보조금의 대폭적인 삭감 문제가 제기되었다. 여기에서 미국과 호주 등 14개국으로 구성된 '케언즈그룹'에서는 농산물의 무역장벽도 공산품 수준으로 대폭 완화되어야 한다고 주장하였으나, 유럽연합(EU)과 일본, 우리나라 등은 농업의 다원적 기능을 고려하여 관세와 보조금 감축은 각국의 특수한 사정을 고려하여 신축성있게 다루어져야 한다고 하였다.10)

우루과이라운드 협상에서 한국은 쌀 분야에서 예외없는 관세화 원칙으로부터 예외를 인정받아, 수입량을 1995년 국내소비의 1%에서 매년 0.25%씩 늘려 99년에는 2%까지 늘리고, 그 후에는 매년 0.5%씩 늘려 2004년에는 4%까지 수입량을 늘리기로 하였었다.11)

그런데 한국정부는 2014년 7월 18일 '쌀 관세화 조치'를 선언하였으며, 2015년 1월 1일부터 쌀시장을 전면 개방하기로 하였다. 기획재정부와 농림축산식품부는 합동기자회견에서 '쌀 관세화'를 확정하여 발표했는데, 여기에서 말하는 '쌀 관세화'란 86-88년도 국내외 가격차만큼 관세를 설정하고 해당

---

10) 조선일보, 1999. 8. 9. 유전자변형(GM) 농산물 무역문제도 관심대상의 하나이었다. 미국과 케언즈그룹에서는 유전자변형 농산물이 인체에 유해하다는 과학적 증거도 없이 잠재적 위험성을 들어 일반농산물과 차별대우 하는 것은 일종의 무역장벽을 세우는 행위라고 주장하면서 유전자변형 농산물에 대한 국제규범을 제정하자고 주장하였다. 그러나 유럽연합과 일본 등에서는 그 잠재적 위험성은 충분하며, 소비자들의 알 권리를 보호한다는 차원에서 유전자변형 농산물에 별도표시를 하도록 허용되어야 한다고 주장하였다.

11) 대외경제정책연구원, 「WTO 출범과 신교역질서」, 1994, p. 75.

관세를 납부할 경우 쌀을 자유롭게 수입하도록 허용하는 것이다.[12] 농업정책의 이러한 전환은 1995년 우루과이라운드 협상 이후 20년 동안 쌀 관세화를 유예했지만 이를 더 이상 연기하는 것은 국익에 도움이 되지 않는다는 판단에 따른 것이다. 특히, 쌀 관세화 유예로 그동안 의무수입물량(MMA)이 지난 1995년 5만 1,000톤에서 2014년에는 40만 9,000톤으로 대폭 늘어난 상황에서, 또 다시 관세화를 유예할 경우에는 MMA 물량이 82만톤까지 늘어나게 되어 시장을 개방하는 것보다 불리해진다는 것이다.[13]

제2절 정부조달

1. 서 론

정부조달(government procurement) 또는 공공조달(public procurement)이란 일반적으로 정부 및 정부기관이 자체의 필요에 사용하기 위해 상품이나 서비스를 구매하는 것을 말한다. 정부조달 규모는 대다수 국가에서 GDP의 약 10-15%를 차지하는 것으로 추산되었으나, 그 특성상 GATT에서는 정부조달은 무역자유화 원칙의 적용대상에 포함되지 않았다.

전통적으로 정부조달 분야는 대부분 각국 국내법의 적용영역으로 남아 있었으며 다자간무역규범에 포함되지 않았었다. 하지만 오늘날 세계 각국의 조달시장은 크게 확대되어 상당히 커다란 규모의 시장이 되었는바, 국제사회에서는 이 부문에 대해서도 무역자유화를 추진하게 되었다. GATT 시절인 1979년 동경라운드에서는 '정부조달협정'(Government Procurement Agreement)이 체결되었었다. 그러나 이 협정에 가입한 국가는 우리나라를 포함하여 24개국에 불

12) CBS노컷뉴스, 2014.7.18. 농림축산식품부 장관은 "쌀이 우리 농업과 농촌 경제에서 차지하는 중요성을 감안하여 정부는 그동안 농업계의 의견 수렴을 거쳤다"고 하고, "쌀 산업의 미래를 위해서는 관세화가 불가피하고도 최선이라는 결론을 내렸다"고 하면서, "세계무역기구(WTO) 협정이 정하는 범위 내에서 최대한 높은 관세율을 설정해 쌀 산업을 보호할 것"이라고 하였다.

13) Ibid. 이와 관련하여 우리나라 정부는 수입쌀에 대해 최대 400%까지 관세를 부과하는 방안을 놓고 WTO와 협상을 진행할 계획이라고 하였다.

과하였고, 협정의 적용을 받는 기관도 중앙정부와 준정부기관에 국한되었으며, 13만 SDR을 초과하는 계약에만 적용하도록 되어 있어서 그 효과는 미미하였다.[14)]

우루과이라운드를 통해서 등장한 WTO 정부조달협정(Agreement on Government Procurement)은 '다자간무역협정'은 아니며, '복수국간무역협정'(Plurilateral Trade Agreement)의 형태로 포함되어 있어서 협정에 가입하는 국가들에게만 적용되게 되었다.

2. WTO 정부조달협정

정부조달협정은 본래 GATT체제 당시 동경라운드에서 처음으로 체결되었다. 그러나 이 협정에는 가입한 국가가 너무 적었고, 협정의 적용을 받는 기관도 중앙정부와 지방정부에 국한되어 있어서 진정한 조달분야의 무역자유화와는 거리가 있었다. 우루과이라운드에서는 이러한 한계의 타파와 세계무역의 보다 광범위한 자유화와 확대를 위하여 새로운 정부조달협정을 체결함으로써 정부조달에 관한 법규칙과 절차, 관행에 관한 다자간 규범을 수립하게 되었다.[15)]

WTO 정부조달협정은 양허기관을 중앙정부와 지방정부는 물론 일부 공기업까지 확대하였으며, 협정의 적용범위도 상품은 물론 서비스 부문까지 확장하였고, 구매계약 하한선을 하향하는 등 변화를 시도하였다. 또한 입찰공고부터 낙찰에 이르기까지의 모든 절차를 명료하게 하도록 하였다.

그렇지만 이러한 변화에도 불구하고 협정에 가입한 국가는 2014년 1월 초에도 43개국에 머물고 있다. 이는 정부조달은 그 규모가 방대하여 국가경제에서 차지하는 비중이 매우 크기 때문에, 각국 정부는 국내산업 지원에 정부조달을 사용하도록 정치적·경제적 압박을 받고 있기 때문이다.

14) 대외경제정책연구원, pp. 421-422.
15) WTO 정부조달협정 전문.

3. 협정의 적용범위

(1) 적용대상

당사국의 모든 중앙정부 기관이 협정가액하한선(code value threshold)을 초과하는 상품과 서비스(건설포함)를 구입할 때에는 정부조달협정의 적용을 받는다. 여기서 말하는 중앙정부기관에는 행정부(executive branch)는 물론 사법부와 입법부도 포함된다.[16)]

정부조달협정은 중앙정부와 지방정부, 정부소유 공기업에도 적용하도록 규정되어 있으나, 특정한 국가가 실제로 어떤 구매를 하는데 협정이 적용되는 범위는 당사국간의 협상 결과에 따라서 작성된 협정에 대한 각국의 양허표(schedule)에 나타나 있다.

일본의 경우에는 중의원과 모든 중앙행정부처가 포함되며, 유럽연합에서는 유럽연합 회원국의 모든 중앙정부 기관은 물론이고 EU 레벨의 실체에도 적용한다. 미국에서는 협정은 의회와 사법부를 제외한 행정기관에만 적용되며, 다른 협정당사국들이 항공관제장비 구입을 포괄적으로 포함시키는데 난색을 표함에 따라 연방항공국(Federal Aviation Administration)을 적용대상에서 제외하였다.[17)]

(2) 적용범위

1996년 협정의 체결로 정부조달협정은 서비스 구매에도 적용되게 되었다. 그러나 대부분의 국가들은 그 적용범위를 그들이 서비스협정(GATS)에 따라 시장접근양허를 하고자 하는 부문으로 한정하고 있다. 미국은 7개 부문을 제외한 모든 부문의 서비스조달에 협정을 적용하겠다고 하였으나, 그것은 오직 다른 당사국의 호혜적인 접근을 전제로 허용되는 것이다. 그러나 대부분의 협정당사국들은 컴퓨터, 환경, 부가가치통신망 사업과 같은 주요 서비

16) Raj Bahla, International Trade Law : Cases and Materials, Michie Law Publishers, 1996, p. 1376.
17) Ibid.

스 구매에 협정을 적용하기로 하였다.[18]

정부조달협정은 대상기관의 구매 중에서도 특별인출권(SDR)으로 표시되는 일정한 액수 이상의 구매에만 적용된다. 중앙정부에 의한 구매에 있어서 그 하한선은 물품과 서비스 모두 13만 SDR이며, 건설부문의 경우에는 5백만 SDR이다. 지방정부에 의한 구매의 경우에는 미국과 캐나다(35만 5천 SDR)를 제외하고는 모두 물품과 서비스 공히 20만 SDR이고, 건설부문은 대부분 5백만 SDR이나, 한국과 일본은 1천 5백만 SDR이다.

공기업 등 기타기관에 의한 구매에 있어서는 보통 물품과 서비스 모두 40만 SDR이나, 미국의 경우 연방정부 산하 기관은 25만 SDR이 적용된다. 건설부문에서는 한국과 일본(1천 5백만 SDR)을 제외한 다른 국가들은 모두 5백만 SDR이 그 하한선이다.[19]

〈인천신공항건설공단문제〉[20]

미국은 인천국제공항 건설을 담당하고 있는 신공항건설공단(KOACA)이 WTO '정부조달협정'(GPA)의 적용대상임에도 불구하고 신공항건설공단이 GPA 협정에 준하여 조달절차를 실시하지 않는다는 이유로 1999년 2월 17일 WTO 분쟁해결절차에 따라 우리나라와의 협의를 요구하였다. 쟁점은 인천국제공항공사가 정부조달협정의 적용대상기관인가 하는 것이었다. 우리나라는 인천국제공항공사는 우리정부가 양허한 정부투자기관 명단에 들어있지 않으며, 인천국제공항공사의 전신인 한국공항공단도 그 대상이 아니었던 점을 들어 미국의 요구가 무리임을 지적하였다. 반면에 미국은 신공항건설사업이 그 성격상 정부의 고유사업이며 한국의 건설교통부가 실질적인 감독권을 갖고있다는 점에서 협정의 적용대상이라고 주장하였다. WTO 패널은 2000년 6월 우리나라의 제도가 WTO 정부조달협정에 대한 위반이 아니라고 판정하였다.

---

18) Ibid., p. 1377.

19) Ibid.

20) Korea-Measures Affecting Government Procurement, WTO Panel Report, WT/DS163.

4. 협정 내용과 조달절차

정부조달협정 제1조는 1996년 협정의 각국 양허계획표에 포함된 실체들에 의한 조달을 언급하면서 당사국 의무의 범위에 대해 규정하였다. 다음의 협정 제3조는 다른 협정 당사국으로부터의 물품구매, 서비스구매 및 그 공급자에 대한 내국민대우(national treatment)와 최혜국대우에 대해 규정하였다.

제3조 내국민대우 및 무차별

1. 이 협정의 적용을 받는 정부조달에 관한 모든 법률, 규정, 절차 및 관행과 관련, 각 당사자는 다른 당사자의 상품, 서비스 및 동 당사자 상품 또는 서비스의 공급자에게 즉시 그리고 무조건적으로 다음보다 불리하지 않은 대우를 부여한다.

   가. 국내 상품, 서비스 및 공급자에게 부여되는 대우, 그리고

   나. 그 밖의 당사자의 상품, 서비스 및 공급자에게 부여되는 대우

2. 이 협정의 적용을 받는 정부조달에 관한 모든 법률, 규정, 절차 및 관행과 관련, 각 당사자는 다음을 보장한다.

   가. 자기나라의 조달기관이 외국인과의 제휴 또는 외국인 소유의 정도를 기준으로 한 국내에 설립된 공급자를 다른 국내에 설립된 공급자보다 불리하게 대우하지 아니한다.

   나. 자기나라의 조달기관이, 생산국이 제4조의 규정에 따른 이 협정 당사자인 경우, 공급되는 상품이나 서비스의 생산국을 기준으로 하여 국내에 설립된 공급자를 차별하지 아니한다.

3. 제1항 및 제2항의 규정은 수입 시 또는 수입과 관련하여 부과되는 관세 및 모든 종류의 과징금, 그러한 관세 및 과징금의 부과방법, 다른 수입 규정 및 절차 그리고 이 협정의 적용을 받는 정부조달에 관한 법률, 규정, 절차 및 관행 이외에 서비스무역에 영향을 미치는 조치에 대해 적용되지 아니한다.

정부조달협정은 제16조에서 현지부품 사용(local content)이나 투자조건과 같은 상계조치(offsets)의 사용을 금지하였다. 개발도상국은 협상을 통하여 양허계획에 예외를 넣을 수 있으나, 그러한 경우 양허계획은 상계조치 부과에 대해 세밀한 제한을 두어야 한다. 그리고 그러한 상계조치는 입찰을 위한 조건으로는 활용될 수 있으나, 낙찰자를 결정하는 기준으로는 사용하지 못한다.[21]

정부조달협정 제6조부터 제15조에는 1996년 협정이 적용되는 공평하고 투명한 조달절차에 관한 규정들이 포함되어 있다. 그러한 규정은 기술적 명세, 응찰자격, 조달계획의 공고, 선정방법, 입찰서 제출시한, 입찰서의 제출, 낙찰 등에 관한 것이다. 입찰절차에는 모든 공급자가 입찰절차에 참여할 수 있는 공개경쟁입찰(open tendering), 초청받은 공급자만 참여할 수 있는 지명경쟁입찰(selective tendering), 그리고 제한입찰(limited tendering)의 세가지 방법이 있는데, 협정은 공개경쟁입찰과 지명경쟁입찰을 원칙으로 하였으며, 일정한 조건이 충족되는 경우에는 예외적으로 제한입찰을 허용하였다.[22]

5. 추가협상과 장래

2014년 1월 현재 정부조달협정 가입국은 43개국에 불과하다. 우리나라는 1990년 6월 협정가입을 신청한 후, 우루과이라운드의 타결과 함께 협정 당사국이 되었다. 우리나라는 46개 중앙정부기관 중 4개를 제외한 42개 중앙정부기관과 15개 지방정부기관, 23개 공기업을 협정 적용대상기관으로 양허하였다.[23] 협정은 동경라운드 정부조달협정의 당사국에게는 1996년 1월부터, 새로 가입한 우리나라에게는 1997년 1월부터 효력발생에 들어갔다.

정부조달협정 제24조 7항은 협정의 발효 후 3년 내에 협정의 회원국 확대와 개선을 위한 협상을 시작하도록 규정하였다. 추가적인 협상에서는 정부조달에 있어서 차별적인 조치와 관행의 제거 및 전자입찰에 대비한 입찰절

21) Bahla, pp. 1378-1379.
22) 최승환, 「국제경제법」, 제3판, 법영사, 2006, p. 234.
23) 대외경제정책연구원, pp. 435-436.

차 개선에 초점이 맞추어 졌다. 실제로 정부조달협정 당사국들은 2010년 잠정적인 형태의 개정협정문을 완성하였으며, 각국의 양허협상이 진행되었다.[24)]

제3절 서비스시장

1. 서 론

서비스 무역은 세계무역에서 20% 이상을 차지하고 있는 것으로 평가되고 있다. 더구나 그 성장속도는 매우 빨라서, WTO 사무국에 의하면 2000년에서 2008년 사이에 서비스 무역액은 매년 평균 13%씩 성장하였다고 한다.[25)] 하지만 전통적으로 경제학자들은 서비스를 무역의 대상으로 보지 않았으며, 그러한 경향은 현재도 일부 남아 있다.

1970년대부터 1990년대까지 많은 공산품 생산에 있어서의 비교우위(comparative advantage)가 기존의 선진국에서 신흥공업국(newly industrializing countries : NICs)으로 이동하였다. 이에 따라 선진국들은 자신들이 비교우위를 유지하고 있는 서비스 분야의 무역자유화 특히 금융, 보험, 통신, 운송, 컴퓨터, 엔지니어링, 법무와 같은 전문분야의 무역자유화를 추진하게 되었다. 나아가 미국의 서비스 관련 다국적기업들은 미국정부를 상대로 서비스 무역의 중요성을 설명하고 서비스 분야 다자간무역규범의 필요성을 납득하게 하였는바, 미국정부는 1986년 우루과이의 푼타 델 에스테(Punta del Este)에서 시작된 우루과이라운드에 서비스무역을 그 의제로 올려놓는데 성공하였다.[26)]

1970년대 이후 세계경제에서 서비스 산업과 서비스 무역이 차지하는 비중은 점점 커져갔지만, 서비스무역에 관한 다자간규범이 없어서 국제분쟁이

---

24) 한국국제경제법학회, 「신국제경제법」(중판), 박영사, 2014, p. 622; Bhala, p. 1379.
25) Trebilcock, Howse, and Eliason, p. 470.
26) Ibid., p. 470 ; Andre Sapir,"The General Agreement on Trade in Services-From 1994 to the Year 2000", Journal of World Trade, vol. 33, 1999, p. 52.

발생할 가능성도 커져가고 있었다. 더구나 미국 등 선진국들의 비교우위가 상품분야에서 서비스로 이동하면서 이들은 서비스무역의 자유화를 주장하였으나 개발도상국들은 자국산업의 보호를 위해 반대하였다. 이처럼 서비스를 다자간규범에 포함시키는데 대하여 양측 간에 상당한 견해 차이가 있었으나, 선진국이 개도국들의 입장을 충분히 고려한다는 양해하에 서비스무역도 우루과이라운드에서 새로운 협상분야에 포함되게 되었다.

2. 우루과이라운드

우루과이라운드 이전의 GATT체제는 서비스는 무역의 대상이 아니라는 전통적인 생각에 따라 주로 상품무역만을 그 적용대상으로 삼았었다. 그러나 이러한 생각은 여러 가지 상황변화로 바뀌게 되었다. 즉 기술의 발달로 서비스의 공급자와 소비자가 물리적으로 근접해 있지 않아도 거래가 가능하게 되었으며, 1970년대와 80년대 규제개혁의 결과 많은 국가에서 국가독점사업이었던 통신과 운송사업 같은 중요한 서비스 산업에 대한 경쟁제한이 제거되거나 완화되었고, 종래 상품생산에 필수적인 부분으로 생각되어 온 서비스가 상품으로부터 분리되고 상품생산에 대한 외주가 증가하면서 서비스 무역에 대한 인식전환이 나타나게 된 것이다.[27)]

서비스 무역의 커진 잠재력을 감안하여, 우루과이라운드 협상에서 선진국들은 서비스 무역에 대한 장벽의 제거와 완화를 최우선 순위에 놓았다. 그런데 실제로 우루과이 라운드 서비스부문에 대한 교섭에서 중심적인 의제 중의 하나는 서비스 무역을 상품무역 협정인 GATT에 포함시킬 것이지, 아니면 GATT와는 별도의 서비스무역규범을 만들 것인지를 결정하는 것이었다. 그러나 우루과이라운드 협상의 시작 전부터 상품무역과 서비스무역의 상이함 때문에 별도의 교섭과정을 두어야 한다는 주장이 우세하였으며, 그 결과 GATT와는 별도로 '서비스무역협정'(General Agreement on Trade in Services: GATS)을 채택하였다.[28)]

---

27) Trebilcock, Howse, and Eliason, pp. 472-473.

3. 서비스의 법적성격과 의미

서비스의 성격을 규명하여 상품과 서비스의 차이를 밝히고, 이러한 차이가 신고전파의 비교우위 이론을 서비스에 적용하는데 미치는 영향을 분석하고자 하는 연구는 이미 많이 이루어졌다. 일반적으로 말하면, 비교우위론에서 말하는 전문화와 무역에 따른 이득에 관한 논리가 서비스 부문에 적용되지 못할 이유는 없다고 할 수 있다. 그러나 서비스에서 비교우위를 결정하는 요소들과 상품무역에서 비교우위를 결정하는 요소 간에는 차이가 있다. 일반적으로 서비스에서는 토지나 광물과 같은 자연적 요소는 그 중요성이 떨어지는데 비해 지식이나 기술과 같은 인공적인 요소가 매우 중요하기 때문이다.[29]

서비스무역협정(GATS)은 협정에서 말하는 '서비스'(service)가 무엇인지 명확하게 정의하지 않았다. 협정은 제1조 3항에서 '서비스'(service)를 정부의 권한행사를 위해 제공되는 서비스를 제외한 모든 분야의 서비스라고 정의하였으나, 그것만으로는 그 의미를 제대로 파악할 수 없다. 그러나 일반적으로 서비스무역협정에서 말하는 서비스에는 금융·운송·통신과 같은 전형적인 서비스는 물론 회계·엔지니어링·광고도 포함된다고 본다. 더구나 우루과이라운드 협상의 최종단계에서 의견대립이 있었던 분야에 대해서는 후속 협상이 예정되어 있으므로 서비스 부문의 무역자유화는 앞으로도 계속 확대될 것이다.[30]

4. 서비스무역의 특성과 범위

전통적으로 경제학자들은 상품과 비교해 가면서 서비스의 특성을 설명해 왔다. 그리고 서비스의 특성으로 무형성(intangibility), 비가시성(invisibility), 비내구성(non-durable character), 생산과 소비의 동시성을 강조해 왔다.[31]

---

28) Sapir, pp. 52-53.
29) Trebilcock, Howse, and Eliason, p. 474.
30) 대우경제연구소, 「우루과이라운드와 한국경제」, 한국경제신문사, 1994, pp. 117-126.

그런데 서비스 무역에 대한 장벽은 서비스 산업의 공급방식과 관련되어 있다. 많은 경우 다른 국가에서의 서비스 제공을 위해서는 상업적주재(commercial presence)가 필수적이거나 바람직하므로, 서비스 무역의 자유화는 외국인 직접투자의 자유화와 밀접하게 연결되어 있다. 또한 한 국가의 공급자와 다른 국가의 소비자 간의 서비스 무역은 '사람의 이동'(movement of people)을 통해서 이루어지는 경우가 많은데, 여기에서는 서비스 공급을 위한 단기체류를 위한 입국을 금지하는 출입국 규제와 제한적인 허가 및 인증제도가 무역장벽이 될 수 있다. 서비스는 보험과 회계에서 보듯이 자료와 금전의 이동을 통해서 이루어지기도 하는데, 여기에서는 외환거래 및 자본이동 규제와 자료이동의 규제가 서비스 무역에 대한 장벽이 될 수 있다. 서비스 무역은 공급자와 소비자의 국내적·국제적 네트워크 접속을 통해서도 이루어지는데, 이러한 경우에는 네트워크에의 접속조건이 무역장벽이 될 수 있다.[32)]

서비스 무역장벽은 이처럼 다양하고 단기간에 해결이 곤란한 경우가 많기 때문에, 관련 규칙에 대한 포괄적인 대응을 어렵게 한다. 결국 이러한 서비스 무역장벽의 제거를 위해서는 "유럽연합 재정서비스자유화 청사진"에서처럼 각국의 국내 규제조치의 조화가 이루어져 서비스 공급자가 어떤 외국의 규제조건을 충족하는 경우에는 그 외국시장에 진입할 수 있는 권리가 자동적으로 인정되는 방식으로 바뀌어야 한다. 특히 회계, 엔지니어링, 법률, 건축과 같은 전문분야 서비스의 경우에는 자격이나 라이센스의 상호승인이 필요한데, 국가마다 제도가 상이하므로 당장 상호승인을 추진하는 데에는 한계가 있다.[33)]

WTO 서비스무역협정은 서비스무역에 영향을 미치는 회원국들의 조치에 적용되는데, 협정은 협정이 적용되는 '서비스무역'(trade in services)의 범위에 대하여 규정하였다. 협정에서 서비스무역이란 한 회원국 영토로부터 다른 국가 영토로의 서비스(서비스의 국경간 이동), 한 국가 영토에서 다른 국가 소비자에의 서비스 공급(해외소비, 예를 들면 관광), 한 서비스 공급자의

31) Trebilcock, Howse, and Eliason, p. 474.
32) Ibid., pp. 475-476.
33) Ibid., p. 476.

다른 회원국 영토에의 상업적주재를 통한 서비스(상업적주재, 예를들면 은행), 한 국가의 서비스공급자가 다른 국가 영토에 주재하는 회원국 자연인들의 주재를 통한 서비스(자연인의 이동, 예를 들면 건설공사나 투자자문)를 포함한다(서비스무역협정 제1조 2항).[34]

서비스협정의 규정들은 서비스 무역에 관한 '회원국들의 조치'(Measures by Members)에 미치는데, 협정에서 '회원국의 조치'란 중앙정부, 지방정부 및 당국과 이들이 위임한 권한을 행사하는 비정부기관을 의미한다(협정 제1조 1,3항). 따라서 서비스협정은 서비스무역에 영향을 미치는 모든 조치와 모든 부문의 서비스를 포괄하는 조치에 적용된다.[35]

5. WTO 서비스무역협정의 구조

우루과이라운드 협상을 통해서 정립된 서비스무역에 관한 규범은 3가지 지주위에 서있다. 첫째는 모든 국가에게 적용되는 것으로 회원국들의 기본적 의무를 정하는 기본합의(framework agreement)이다. 이것은 서비스무역협정(GATS)을 의미하며, 총 6부 29개 조문으로 구성되어 있다. 서비스협정의 제1,2부는 서비스무역 자유화에 관한 일반적인 규칙과 원칙을 담고 있으며, 제3,4부에는 구체적인 시장접근약속 협상에 관한 규정들이 들어 있고, 제5부에는 분쟁해결과 의무이행에 관한 규정들이 포함되어 있다.

둘째는 서비스무역협정(GATS)에 부가되어 있는 8개의 부속서(Annexes)이다. 이들은 각 서비스 분야의 특수한 상황에 관한 규정들을 담고 있는데, 제2조의 면제에 관한 부속서, 서비스공급 자연인의 이동에 관한 부속서, 항공운송서비스에 관한 부속서, 금융서비스에 관한 부속서, 금융서비스에 관한 제2부속서, 해운서비스에 관한 부속서, 통신에 관한 부속서, 기본통신협상에 관한 부속서이다.

---

34) Bahla, p. 1391.

35) 하지만, 서비스무역협정 제1조 3항 (c)는 "정부의 권한을 행사함에 있어서 공급되는 서비스는 상업적 기초에서 공급되지 아니하며 하나 또는 그 이상의 서비스 공급자와의 경쟁하에 공급되지 아니하는 모든 서비스를 의미한다"고 하여 일부 예외를 인정하였다.

셋째는 각국의 추가적인 양허를 담고 있는 각국의 양허계획(schedules of commitments)으로, 이는 회원국들이 서비스무역을 자유화해 가는 구체적인 계획이다. 이는 GATS 협정에 포함된 중요한 규정 중에서 상당수는 일반적으로 적용되지 아니하며, 특정한 서비스에 관해 구체적인 약속을 한 국가에게만 구속력을 가지도록 한 데 따른 것이다.36) WTO 서비스무역협정(GATS)은 매우 복잡한 합의이다. 이 협정은 서비스에 일반적으로 적용되는 최혜국대우 의무에 관한 규정들을 가지고 있으나, 내국민대우나 수량제한금지와 같은 의무들은 회원국들이 양허표 상에 구체적인 약속(specific commitment)을 한 경우에만 적용된다. 따라서 실질적인 의미에서의 구체적인 양허계획이 서비스협정의 핵심이라고 할 수 있다.37)

6. 서비스무역협정의 주요 내용

(1) 최혜국대우

서비스무역협정에 의하면 서비스무역에서도 최혜국대우는 기본 원칙에 속한다. 협정은 회원국들은 다른 회원국들의 서비스나 서비스 공급자 간에 차별을 두어서는 아니된다고 하여 최혜국대우를 규정하였으나, 부속서에는 최혜국대우에 위반하여 유지될 수 있는 조치들이 기재되어 있어서 GATT에 따른 상품무역에 비하여 폭넓은 예외가 인정되고 있다고 할 수 있다(서비스무역협정 제2조). 서비스 분야는 속성상 모든 활동에 일률적으로 최혜국대우를 부여할 수는 없으므로, 점진적으로 그 폭을 넓혀가기로 한 것이다.

(2) 내국민대우

서비스무역에서도 내국민대우는 인정되지만, 서비스무역 분야에서의 내국민대우는 상품무역에서의 내국민대우와는 의미가 다르다. 상품무역에서는 외국제품과 국내제품 사이에 무조건적인 동등대우가 요구되지만, 서비스무

---

36) Matthias Herdegen, Principles of International Economic Law, Oxford, 2013, p. 226.
37) Trebilcock, Howse, and Eliason, p. 480.

역에서는 양허를 약속한 분야에 한하여 내국민대우가 인정되는 것이다(협정 제16조).

(3) 투명성

WTO 회원국들은 서비스무역협정의 운용과 관련된 모든 조치를 공표하여야 한다. 회원국들은 서비스 무역에 중대한 영향을 미치는 법령, 행정지침, 또는 그 변경내용을 즉시 또는 매년 한번씩 서비스 무역이사회에 통보하여야 한다(협정 제3조). 회원국들은 자국이 양허한 업종에서 서비스무역에 영향을 미치는 일반적인 조치를 취할 때에는 합리적이고, 객관적이며, 공평하게 하여야 한다(제6조 1항).

(4) 인정제도

서비스무역협정은 회원국은 허가 기준이나 서비스 공급자의 자격요건 등과 관련하여 특정한 국가에서 취득한 학력, 경력, 면허, 자격 등을 인정할 수 있다고 하였으며, 그 기준이나 요건의 적용에 있어서 국가 간에 차별이 있어서는 아니 되며 위장된 제한이 되면 아니 된다고 하였다(협정 제7조).

(5) 일반적예외

서비스협정은 국가들이 국가 간에 자의적이고 부당한 차별을 하지 않는다는 조건하에 공중도덕과 공공질서 보호, 사람과 동식물의 생명과 건강보호를 취한 조치를 취할 수 있게 하였으며, 사기와 서비스계약 위반의 방지, 개인정보 유통에 따른 개인의 프라이버시와 기록 및 계정에 관한 비밀보호, 안전보장에 관련된 법령의 준수를 위해 필요한 경우에는 예외를 인정하여 협정상 의무로부터 이탈할 수 있게 하였다(협정 제14조). 특히 '공중도덕'(public morals)과 '공공질서'(public order)는, US-Gambling 사건에서 항소기구가 강조하였듯이, 모든 종류의 도덕기준과 사회적 인식을 포괄하는 것이기는 하지만, 회원국이 이를 원용하기 위해서는 특정한 사회의 어떤 근본적인 이익에 대한 '진정하고 충분히 심각한 위협'(a genuine and sufficiently serious threat)이 가해졌어야 한다.[38]

(6) 기타 예외

서비스협정은 GATT협정의 긴급수입제한(세이프가드) 조치를 서비스분야에도 적용하기로 하였다. 그러나 협정은 긴급수입제한에 관한 다자간협상을 진행하여 WTO협정의 발효 후 3년 내에 협상 결과가 효력발생에 들어갈 수 있게 하였을 뿐 구체적인 내용은 담고 있지 않다(협정 제10조 1항).

회원국들은 심각한 수지불균형이나 대외금융에 있어서 어려움을 겪고 있거나 그러한 위험이 있는 경우에 자국이 구체적인 양허를 한 서비스무역을 제한할 수 있다.[39] 특히 경제발전(economic development)이나 경제전환(economic transition) 과정에 있는 회원국은 수지균형의 압박 때문에 제한조치를 사용하여 적절한 외환보유고를 유지할 수 있음을 인정하였다(협정 제12조 1항).

서비스협정의 최혜국대우와 내국민대우에 관한 규정은 정부에서 사용할 목적으로 정부기관들이 구매하는 서비스조달을 규율하는 법령이나 조건에는 적용되지 않는다.

7. 구체적인 약속

서비스무역협정 제3부는 서비스무역 자유화에 대한 회원국들의 구체적인 약속에 관한 규정들을 담고 있다. 협정은 회원국들은 국내시장접근(market access)에 있어서 양허계획표에 명시된 것보다 불리한 대우를 받지 않으며(서비스무역협정 제16조), 내국민대우를 보장하고(협정 제17조), 추가적인 양허(additional commitments)를 할 수 있다고 하였다(협정 제18조). 이러한

38) Herdegen, p. 228.
39) 서비스무역을 제한하는 경우에도 지켜야 할 조건들이 있다. 그러한 조치들은 비차별적이고, 한시적이어야 하며, 다른 당사국에게 불필요한 상업적 피해를 주어서는 안된다.

3개 조문은 본 협정에 첨부되어 있는 국별 계획서에 명기된 한도 내에서만 적용된다.

시장접근과 관련하여 각 회원국은 양허계획서(schedule)에 자국 시장에의 접근을 보장한 서비스 분야와 업종, 시장접근에 대한 제한 및 조건, 추가적 자유화 약속과 관련된 제반조치, 그리고 적절한 경우에는 그 약속의 이행을 위한 일정 등을 기재하며, 회원국들은 시장접근에 있어서 다른 회원국들의 서비스 및 그 공급자에게 자국의 양허계획서에 규정된 조건 및 제한보다 불리한 대우를 하면 안된다(협정 제16조).

내국민 대우와 관련하여, 협정은 각 회원국은 양허계획서에 기재된 분야에서 그 조건 및 자격요건에 따라 다른 회원국의 서비스 및 서비스 공급자에 대해 자국의 동종 서비스나 서비스 공급자에게 부여하는 대우보다 불리하지 않은 대우를 하여야 한다고 하였다. 내국민대우를 위해 국내의 서비스나 서비스 공급자에게 취해지는 조치와 형식적으로 다른 조치를 취할 수는 있으나, 자국의 서비스 및 서비스 공급자에게 유리하게 경쟁의 조건을 바꾸게 되면 내국민대우에 위배되는 것으로 간주된다(협정 제17조).

추가적인 약속(additional commitments)과 관련하여, 협정은 회원국들은 시장접근과 내국민대우에 대한 사항 이외에 자격요건, 표준 또는 허가에 관련된 문제를 포함하여 서비스무역에 영향을 미치는 제반조치에 대한 협상을 할 수 있으며, 그로 인한 추가적인 약속은 각 회원국의 양허계획서에 명기된다.

8. 후속협상

우루과이라운드협상 대표들은 협상을 마치면서 서비스 중에서 기본통신, 금융서비스, 해운 등 3개 분야의 협상은 계속 이어가기로 하였다. 우루과이라운드의 결과 대부분의 국가들은 부가가치통신 서비스에 대해서는 양허를 하였으나, 기본통신에 대한 양허계획을 제출한 국가는 거의 없었다. 따라서 우루과이라운드 종결 후 기본통신에 관한 협상을 재개하여 1997년 2월 합의에 도달하였다. 금융서비스 분야는 우루과이라운드 종결 시 82개국이 양허를 하였으며, 그 후 협상을 전개한 결과 1997년 12월 합의에 도달하였다. 이 합의에 따라 금융서비스 분야도 서비스협정(GATS)의 최혜국대우에 포함되게 되었다. 해운분야의 협상은 본래 1996년 6월까지는 타결하도록 예정되어 있었으나 중단되어 아직 합의에 이르지 못하였다.

9. 결 론

WTO의 서비스무역협정(GATS)은 서비스 무역에 관한 골격과 원칙적인 부분에 대해서는 규정을 두었으나 보조금이나 세이프가드와 같은 중요한 제도에 관한 규범적인 내용들은 포함하지 못한 기본협정의 단계에 머물고 있다. 특히 서비스 무역의 자유화를 위해서는 국가들의 구체적인 이행약속을 도출하기 위한 새로운 협상이 필요한데, 협상이 지지부진하여 서비스시장 개방의 폭과 제도 정비의 속도는 당초의 기대에 미치지 못하고 있다. 서비스의 특성상 그 규율은 국내규제를 통하는 것이 일반적이고, 회원국의 이행약속도 결국은 국내규제의 수준과 연결된다. 따라서 상품무역의 경우와는 달리, 서비스무역은 국가의 경제주권에 속하는 문제들에 저촉되어 무역자유화에 상당한 시간이 걸릴 수밖에 없는 측면이 있다.[40]

서비스 무역액은 과거에 비하면 크게 증가하였지만 아직 기대에는 미치지 못한다. 물론 오래전부터 무역자유화가 이루어진 상품분야와는 달리, 서비스 분야의 무역을 자유화하는 데에는 많은 난관이 있는 것은 사실이다. 그렇지만 전세계 생산물 중 3분의 2가 서비스임에도 불구하고 2010년 기준 서비스 무역의 규모가 상품무역의 4분의 1 정도에 머물고 있는 현실을 감안하면, 서비스 무역장벽이 더욱 낮아지면 그 무역액이 획기적으로 증대될 것이라는 기대도 있다.

---

40) 한국국제경제법학회, pp. 492-494. GATS 협정에도 불구하고 전세계적 차원에서 서비스무역 자유화에 대한 구체적인 합의를 이끌어내는 것은 매우 어려운 일이다. 그리하여 '유사한 생각을 갖고 있는 국가들'(like-minded countries)은 그들 간의 서비스무역 자유화를 위한 협의의 장을 마련하려는 움직임을 보이기도 한다.

제5절 지적재산권

1. 서 론

지적재산권 문제가 다자간 무역협상의 대상으로 등장하게 된 것은 지적재산권의 보호가 일부 국가들에게 상당한 경제적 이익을 가져다 줄 수 있다는 판단에 따른 것이다. 원래 인간의 지적활동의 결과는 권리의 대상인 재산이란 개념에 포함되지 않았으며 국제적인 보호의 대상으로 여겨지지도 않았다. 그러나 특허나 상표·의장 등 지적재산 침해상품 거래의 비중이 점점 커지면서 국제사회는 지적재산의 국제적보호를 위한 규범과 제도를 필요로 하게 되었다.

지적재산권의 국제적보호는 그간 유엔 전문기구인 '세계지적재산권기구'(World Intellectual Property Organization : WIPO)를 중심으로 '산업재산권보호에 관한 파리협약', '문예저작물보호에 관한 베른협약', '실연가, 음반제작자 및 방송기관 보호에 관한 로마협약', '세계저작권협약' 등 여러 국제협약에 의해 이루어져 왔다. 그렇지만 이러한 협약들은 보호수준과 권리구제절차가 미흡하였으며, GATT 규범에도 포함되지 않아 자주 무역마찰의 대상이 되어 왔다. 특히 위조상품 무역에 대한 규제 미비, 기존협약의 속지주의에 따른 제한, 신기술분야에 대한 보호 미흡으로 인한 개선요구가 미국 등 선진국들에 의해 제기되어 우루과이라운드에서는 다자간규범이 마련되게 되었다.[41]

2. 연 혁

요즈음 지적재산권법이란 법분야가 각광을 받게된 것은 오늘날 지적재산권이 가지게 된 막대한 경제적 가치 때문이다. 영미법에서 '재산'(property)

41) 대우경제연구소, 「우루과이라운드와 한국경제」, 한국경제신문사, 1994, pp. 127-128.

이란 개념이 처음 정립된 것은 1066년 Hastings 전투에서 승리한 정복왕 윌리암(William the Conqueror)에 의해서 인데, 그는 재산이란 곧 정치권력의 기반이며 가족의 부의 근원인 토지라고 인식하였다. 그러나 산업혁명 이후 이러한 재산개념은 바뀌어 서구에서는 토지는 물론 생산된 물건들도 재산에 포함되게 되었다. 그리고 20세기 후반에 접어들면서 재산의 중요한 부분은 생산된 물건으로부터 아이디어, 정보, 이미지와 같은 지적재산권 분야로 확대되었다.42)

문학작품이라든가 특허등록된 발명품과 같은 지적재산의 국경이동이란 측면에서 볼 때 지적재산권의 국제화 역사는 결코 짧지 않으며, 지적재산의 국제적 이동을 규율하는 국제지적재산권법(international intellectual property law)의 역사도 짧지가 않다. 이미 130여년 전인 1883년에 특허와 상표, 의장을 국제적으로 보호하기 위한 '파리협약'이 체결되었고, 그로부터 6년 후인 1889년에는 예술 및 어문저작물의 보호를 위하여 '베른협약'이 채택되었다. 그렇지만 이러한 조약에는 지적재산권에 관한 실질적이고 보편적인 규칙들이 포함되어 있지 않았으며, '내국민대우'(national treatment) 원칙만을 도입하여 회원국들에게 다른 회원국 국민들의 지적재산도 자국민의 지적재산과 동등하게 보호하도록 의무화하는데 머물렀다. 더구나 지적재산권 보호를 위한 실질적인 기준과 절차는 각 회원국의 재량에 맡겨져 있었으므로 지적재산권의 보호는 영토적 한계를 벗어날 수 없었다.43)

GATT 시대에는 GATT협정 제20조에 의하여 지적재산권 문제는 GATT의 적용범위로부터 대부분 제외되었다. GATT협정 제20조는 무역에 관한 GATT의 기본적 의무에 대한 여러 가지 예외를 규정하였으며, 거기에는 GATT 규정에 저촉되지 아니하는 법령의 준수를 확보하기 위한 조치들이 포함되어 있었는데, 특히 특허와 상표, 저작권 보호와 기만행위 예방에 관한 것이 들어 있었다(GATT 협정 제20조 d). 그러나 이러한 예외는 협정 제20조의 다른 예외와 마찬가지로 그러한 조치가 국가 간에 자의적이고 정당화

---

42) Samuel K. Murumba,"Globalizing Intellectual Property: Linkage and the Challege of Justice-Constituency," U. Pa. J. Int'l Econ. L., vol. 19, 1998, p. 436.

43) Ibid., p. 438.

될 수 없는 차별의 방법을 구성하거나 국제무역에 대한 위장된 규제를 형성하는 방법으로 적용되면 아니된다는 조건에 부합하는 것이어야 하였는바, 그러한 조건이 무엇인가 하는데 관해서는 의견의 대립이 있었다.[44]

GATT 시대 동경라운드에서도 위조상표의 근절을 통한 지적재산권의 국제적보호에 관한 논의가 있었다. 미국과 유럽공동체 국가들은 GATT 회원국들에게 이 문제에 대해 주의를 환기시키고 위조상품 무역을 근절하기 위한 협정문을 제안하였지만 명시적인 합의에 이르지는 못하였다.[45]

1980년대 초부터 GATT에서는 지적재산권 침해상품의 거래를 다자간협상에 포함시키는 문제를 논의하였다. 개발도상국들은 지적재산권 문제는 GATT의 권한을 벗어나는 주제라고 하면서 이 문제를 다자간무역협상에 포함시키는데 반대하였다. 하지만 미국 등 선진공업국들의 노력으로 무역관련 지적재산권 문제는 '우루과이라운드 푼타 델 에스테 선언'(Punta del Este Ministerial Declaration on the Uruguay Round)의 의제에 포함되게 되었다.[46] 따라서 우루과이라운드에 지적재산권 보호가 의제로 등장하게 된 것은 미국, 유럽연합, 일본과 같은 선진국들의 결집된 노력의 결과라고 할 수 있다. 특히 세계의 기술개발을 선도하고 있는 미국은 지적재산권으로 등록된 상품과 하이테크 상품의 최대 생산기지이자 수출국으로서 우루과이라운드를 통해 '무역관련지적재산권협정'(Agreement on Trade-Related Aspects of Intellectual Property Rights: TRIPs협정)이 타결되는 데 결정적인 역할을 하였다.[47]

---

44) Trebilcock, Howse, and Eliason, p. 519.

45) Michael L. Doane,"TRIPS and International Intellectual Property Protection in an Age of Advancing Technology," Am. U. J. Int'l L. & Policy, vol. 9, 1994, p. 471.

46) Ibid., pp. 471-473.

47) 1989년을 기준으로 볼 때 저작권을 취득한 상품의 미국내 매출은 1,730억 달러였으며, 대외수출액은 220억 달러에 달하였다. 각종 형태의 지적재산권 침해로 인하여 미국 산업계가 전세계에서 입고있는 총피해액은 이미 1980년대 말 매년 600억 달러에 달하였다. United States Trade Representative, Foreign Protection of Intellectual Property Rights and the Effect on U.S. Industry and Trade, USITC Pub. 2065, 1988.

3. TRIPs협정의 목적과 보호범위

'무역관련지적재산권협정'(TRIPs 협정)은 전문과 7부, 73개 조문으로 구성되어 있다. 협정은 내국민대우와 최혜국대우를 원칙으로, 기존의 국제협약보다 강화된 수준에서 지적재산권의 구체적 보호대상과 기간을 명시하였고, 각국 법제도의 상이함을 고려하여 각국이 적절한 시행절차를 마련하도록 하였다.

TRIPs협정은 그 전문에서 국제무역의 왜곡과 장애를 축소하고, 지적재산권의 효율적이고 적절한 보호를 증진하며, 지적재산권의 시행조치와 절차가 무역장벽이 되지않도록 하기 위하여 본 협정을 채택하게 되었다고 하였다. 아울러 제7조에서는 지적재산권의 보호와 시행의 목적은 기술혁신과 기술이전의 증진, 기술지식 생산자와 사용자의 상호이익 증진, 사회적·경제적복지 증진에 기여하는 권리와 의무 간의 균형에 있다고 하였다. 이러한 규정에 비추어 볼 때 TRIPs협정은 단순히 지적재산권 보호만을 목적으로 하는 것이 아니요, 지적재산권의 보호라는 법익과 지식의 전파 특히 개발도상국에의 기술이전이라는 법익 간에 균형을 모색하는 데 그 목적이 있다고 할 수 있다.[48]

일반적으로 지적재산권은 산업재산권, 저작권, 신지적재산권으로 구분된다. 산업재산권은 특허권, 의장권, 상표권, 지리적표시권으로 나누어지며, 저작권에는 저작인접권과 저작재산권이, 그리고 신지적재산권에는 산업재산권, 첨단산업재산권, 정보재산권이 포함된다고 본다.[49] TRIPs협정은 지적재산권을 별도로 정의하지는 않았으나 저작권과 저작인접권(copyright and related rights), 상표(trademarks), 지리적표시(geographical indications), 의장(industrial designs), 특허(patents), 집적회로 배치설계(layout-designs of integrated circuits), 미공개정보(undisclosed information)에 관한 규정을 두어 협정의 보호대상으로 삼았다.

---

48) Bahla, p. 980.
49) 대우경제연구소, p. 127.

4. TRIPs협정의 기본원칙

WTO의 기본원칙인 '차별없는 무역의 원칙'과 '수량제한금지의 원칙'은 지적재산권 보호에도 적용된다. 차별없는 무역의 원칙은 다시 '최혜국대우의 원칙'과 '내국민대우의 원칙'으로 나누어져 TRIPs협정에도 적용된다. TRIPs협정은 회원국들로 하여금 기존의 조약상의 의무들을 준수하게 하고 관련분쟁의 발생을 방지하기 위하여 특별히 '최저보호수준의 원칙'과 '투명성의 원칙'을 규정하였다.

(1) 내국민대우의 원칙

내국민대우(national treatment)는 TRIPs협정이 체결되기 이전부터 지적재산권 보호를 위한 국제협약의 기본원칙을 형성하고 있었다. TRIPs협정은 "회원국들은 지적재산권 보호와 관련하여 다른 회원국 국민들에게 자국국민들에게 부여하는 것보다 불리한 대우를 하지 않는다"고 하여 지적재산권 보호에 있어서 내국민대우를 선언하였다(TRIPs협정 제3조 1항). 그러나 TRIPs협정에서 말하는 내국민대우란 상품에 적용되는 GATT에서 말하는 내국민대우와는 다르다. GATT에서 말하는 내국민대우란 일반적으로 수입품과 같은 상품에 적용되는 것인데 비하여,[50] TRIPs협정에서의 내국민대우란 회원국 국민들에게 적용되는 것이다.

그러나 파리협약, 베른협약, 로마협약, 집적회로에 대한 지적재산권에 관한 조약이 규정하는 예외는 TRIPs협정에서도 그대로 인정된다.

(2) 최혜국대우의 원칙

GATT협정이 회원국들에게 관세와 무역법규를 적용하는데 있어서 모든 국가들에게 가장 유리한 대우를 해야 한다고 하여 최혜국대우(most-favored-nation

50) GATT협정은 내국민대우에 관한 제3조에서 회원국은 수입품이나 국내제품에 내국세나 기타 과징금을 부과하거나, 수입품의 국내판매와 운송·분배에 영향을 미치는 각종 법령과 규정등을 적용하여 국내생산을 보호하지 않는다고 하였다.

treatment)를 규정한 이래 최혜국대우는 국제무역질서의 기본원칙의 하나가 되었다. 회원국들에게 자국영역 내에서 외국인이나 외국상품 간에 차별을 하면 안된다는 이 원칙에 따라 세계무역은 크게 신장되었으나, 기존의 지적재산권 관련 국제협약들은 속지주의에 따라 내국민대우만을 규정하고 있었다.

그렇지만 TRIPs협정은 제4조에서 "지적재산권 보호와 관련하여 한 회원국이 다른 국가 국민에게 부여하는 모든 이익과 특혜, 특권, 면제는 다른 회원국 국민들에게도 즉시 그리고 조건없이 부여된다"고 하여 지적재산권 보호에도 최혜국대우 원칙을 도입하였다. 물론 여기에서도 최혜국대우는 상품이 아니라 다른 회원국 국민들에게 부여되는 것이며, 일부 예외가 인정된다.

(3) 최저보호수준의 원칙

TRIPs협정은 제3조와 제4조에 내국민대우와 최혜국대우를 규정하여 중요한 원칙으로 삼았지만, 이러한 원칙만으로는 지적재산권에 대한 구체적인 보호수준을 설정할 수 없다. 따라서 우루과이라운드 협상과정에서 국가들은 여러가지 형태의 지적재산권을 국제적으로 보호하기 위해 체결된 기존의 다자간 합의들이 있었던 사실에 유념하여, TRIPs협정은 기존의 합의들을 보완하고 강화하는 수준에서 지적재산권을 보호하도록 하였다.[51]

우루과이라운드의 지적재산권에 관한 협상에서는 기존의 관련협약들을 최저보호수준으로 삼아 이를 강화하는 소위 '기존의 국제협정 플러스' 방식을 택하였던 것이다. 따라서 TRIPS협정에도 불구하고 파리협약, 베른협약, 로마협약, 집적회로에 대한 지적재산권에 관한 조약 당사국들의 기존의 의무는 그대로 유지되는 것이다(협정 제2조 2항).

(4) 투명성의 원칙

WTO협정은 국제무역에 영향을 미치는 조치를 명료하게 하고 이를 공개하여 무역에 대한 예측가능성을 높임으로써 분쟁을 미연에 방지하기 위하여 투

---

51) Bhala, pp. 980-981.

명성(transparency)의 원칙을 도입하였다. TRIPs 협정도 제63조 1항에서 "지적재산권의 취득가능성, 범위, 취득, 시행 및 남용의 방지와 같은 협정의 대상이 되는 내용에 관한 법규와 사법판결, 행정결정은 공표되어야 한다"고 하여 이를 규정하였다. 동조 2항과 3항은 회원국들로 하여금 1항에 언급된 법령을 'TRIPs이사회'(Council for TRIPs)에 통보하여 이사회가 협정의 운영을 검토할 수 있게 하여야 한다고 하였으며, 다른 회원국이 서면으로 요청하는 경우에는 1항에 언급된 정보들을 그 국가에게 제공해야 한다고 하였다.

5. 구체적 보호내용

(1) 저작권

저작권(copyright)은 거의 모든 국가에서 보호되고 있으나 국가마다 그 제도가 달라서, 적절한 국제적인 합의가 없으면 저작권자는 각국의 까다로운 절차를 거쳐서 등록을 하여야 그 권리를 보호받을 수 있다. 1952년 체결된 '세계저작권협약'(Universal Copyright Convention: UCC)은 저작권자에게 내국민대우을 보장하고 번역권을 비롯한 그외의 권리도 부여하였다. 특히 협약은 적절한 저작권 표시가 있는 경우에는 별도로 등록을 하지 않고도 보호를 받을 수 있게 하였다. 1886년 '베른협약'(Berne Convention)도 외국에서의 저작권보호와 관련하여 UCC와 유사한 제도를 가지고 있다. 베른협약은 저작자의 사망 이후 50년간 저작권을 보호하도록 하고 있으며, 그 권리에는 배타적인 번역권도 포함된다.[52)]

TRIPs협정은 회원국들은 1971년 베른협약 제1조에서 제21조와 부속서를 지켜야 한다고하여 기본적인 골격은 베른협약을 준용하도록 하였다(TRIPs 협정 제9조). 컴퓨터 프로그램은 어문저작물(literary works)로서 베른협약에 의해 보호되며, 데이터베이스도 보호받는다(협정 제10조). 컴퓨터 프로그램과 영상저작물의 경우 회원국은 저자와 그 승계자에게 상업적 임대권

52) R. H. Folsom, M. W. Gordon, and J. A. Spanogle, International Business Transactions, West Publishing Co., 1995, p. 728.

(commercial rental)을 부여한다(협정 제11조). 사진저작물과 응용저작물을 제외한 저작물의 보호기간은 자연인 사망 시 기산주의를 택하지 않는 한, 발행년도 말로부터 50년간이다(협정 제12조). 저작인접권 중에서 공연자와 음반제작자의 권리는 50년간, 방송사업자의 권리는 20년간 보호된다(협정 제14조).

(2) 상표권

대부분의 국가에서 등록상표는 법적인 보호를 받아 왔다. 그러나 과거에는 상표를 국제적으로 보호받으려면 상표권자가 각국의 법에 따라 별도로 등록을 해야 하는 불편이 있었다. 파리협약은 상표법을 국제화하여 내국민대우와 6개월의 우선권(right of priority)을 인정하였으며, 외국상표의 등록을 간소화하였다. 파리협약 제6조는 '잘 알려진'(well known) 상표의 소유자에게는 부당한 상표의 등록을 방지하고 취소시킬 수 있는 권리를 부여하였다. 1973년 '비엔나상표등록조약'(Vienna Trademark Registration Treaty)은 특허등록조약과 마찬가지로 상표의 국제적인 등록에 있어서의 편의를 위하여 마련되었다.[53]

TRIPs 협정에 따르면 상표란 상품 또는 서비스를 식별할 수 있는 표지로서 성명·문자·숫자·부호·색채 및 이들의 결합으로 이루어지며 당연히 협정의 보호대상이다. 상표는 등록될 때마다 최대한 7년까지 보호되며 상표의 등록은 무한정 갱신될 수 있다(협정 제18조).

(3) 지리적표시

TRIPs 협정에 의하면 지리적표시(geographical indications)란 상품의 원산지가 어떤 국가인가 하는 것을 보여주는 것으로, 상품의 품질이나 명성, 특징이 지리적 원산지에 귀속될 수 있는 표시들이다(협정 제22조 1항). 지리적표시와 관련하여 회원국들은 원산지를 오인하거나 불공정경쟁을 유발할 수 있는 표시의 사용을 금지하기 위한 법적인 수단을 마련해야 한다(협정 제22조). 협정은 유럽연합의 주장을 반영하여 포도주와 양주에 대해서는 특히 엄

---

53) Ibid., pp. 726-727.

격한 기준을 부가하여, 상품에 진정한 원산지표시가 있는 경우에도 지리적 표시가 원산지가 아닌 경우에는 그러한 지리적 표시를 사용하면 안된다고 하였다(협정 제23조).

(4) 의장권

의장(industrial design)이란 물품의 형상과 모양, 색채 또는 이들의 결합으로 공산품의 미적효과를 보호하기 위하여 보호된다. 보호받는 의장은 신규성과 독창성이 있는 의장이며, 이러한 조건을 갖추지 못한 의장은 보호받지 못한다. 새롭고 독창성있는 의장을 보호하기 위하여 각국은 규정을 마련해야 한다(협정 제25조 1항). 의장의 보호기간은 최소한 10년이다(협정 제26조 3항).

(5) 특허권

1883년 체결된 '산업재산권보호에 관한 파리협약'은 세계 주요국가 대부분을 포함한 85개국이 가입해 있는 특허에 관한 기본적인 국제협약으로서, 각국의 특허법상 외국인의 대우 문제를 주로 다루고 있다. '세계지적재산권기구'(WIPO)가 관할하고 있는 이 조약은 내국민대우는 물론 '우선권'(rights of priority)에 관한 규정을 두어, 특허권 소유자가 자국에 특허를 출원한지 12개월 이내에 외국에 출원하면 그곳에서도 특허권을 인정받을 수 있게 하였다.[54] 1970년 특허협력협정(Patent Cooperation Treaty: PCT)은 40여개국이 회원국인데, 특허등록 절차를 간소화하고 비용을 절감하기 위하여 채택되었다. 이 조약에 따라 특허권자는 각국에 개별적으로 특허등록하는 대신에 일정한 국가에 마련된 등록사무소에 특허등록을 함으로써 다른 국가에서도 그 권리를 보호받을 수 있게 되었다.[55]

TRIPS협정이 보호대상으로 하는 특허는 제조된 물건이든 제조공정에 속하는 것이든 기술분야의 발명으로서, 그러한 발명이 새로운 것이며 새로운

54) Ibid., p. 723.
55) Ibid.

공정을 포함하거나 산업에 사용가능한 것이어야 한다. 그러나 공공질서와 공중도덕을 보호하고 환경을 보호하기 위해 필요한 발명, 사람과 동물의 진단·치료·수술 방법에 관한 발명, 미생물을 제외한 동·식물의 발명은 보호대상에서 제외된다(협정 제27조).

TRIPs협정에서 제조된 물건에 관한 특허는 특허권자에게 그의 동의 없이는 그것을 제조·사용·판매·수입하는 것을 금지할 배타적인 권리를 부여한다. 특허가 제조공정에 관한 것일 때에는 특허권자의 동의 없이는 그 공정을 사용·판매·수입하는 것을 금지할 수 있는 권리가 특허권자에게 부여된다(협정 제29조). 특허의 보호기간은 등록일로부터 20년간 이다(협정 제33조).

TRIPs협정은 강제실시권에 대해서도 규정하였다. 강제실시권이란 특허권자의 허락없이 특허를 사용할 수 있는 권리로 공익보호와 특허권의 남용을 방지하기 위하여 특허의 배타적 사용을 제한하는 것이다. 협정에 의하면 회원국들은 법을 제정하여 특허권자의 허락이 없이도 특허사용을 허락할 수 있다고 하여 강제실시권을 규정하였으며, 강제실시는 합리적인 상업적 조건으로 합리적인 기간내에 특허권자로 부터 사용권을 얻으려 하였으나 실패한 경우에 한하여 인정된다고 하였다(협정 제31조).

6. 개발도상국의 우대

WTO 회원국들은 1996년 1월 1일 부터 TRIPs협정의 적용을 받게 되었다. 그러나 협정은 개발도상회원국(developing country members)들은 일부 조항을 제외한 협정의 적용일을 4년간 연기할 수 있으며, 최저개발회원국(least-developed country members)들은 10년간 연기할 수 있게 하였다(TRIPs협정 제65, 66조). 개발도상국들은 2000년 1월 1일 까지, 최저개발국들은 2006년 1월 1일 까지 협정의 적용을 연기받게 된 것이다.[56)]

개발도상국들은 지적재산을 '인류의 공동유산'(Common Heritage of

56) Bahla, p. 984. 협정이 이처럼 개발도상국들에게 협정의 적용을 연기할 수 있게 한 것은 지적재산권을 계속 침해해도 좋다는 라이센스를 준 것으로, 권리소유자의 희생을 강요한 것이라는 비난이 있었다.

Mankind)의 하나로 보아왔다. 그들은 지적재산권권이란 자연스런 권리(right)가 아니고, 정부가 의도적으로 시장에 개입하여 인정해 준 일종의 '특권'(privilege)이라고 하였다. 실제로 과학기술은 인류의 공동유산이란 인식이 널리 퍼져 있으나 특허권 등 지적재산권들이 다국적기업들에 의하여 독점되면서 상황이 달라졌다는 것이다. 특히 우루과이라운드에 이 문제가 상정되면서 미국 등 선진국들은 아직 지적재산이란 개념을 받아들일 준비조차 되어있지 않은 국가들을 '해적'(piracy) 또는 '위조'(counterfeiting)와 같은 용어를 사용해 가면서 몰아붙여 결국 바라던 것을 얻어내는데 성공했다는 비판도 있다.57)

결국 우루과이라운드협상에서 선진국들은 결연한 의지로 단결하여 개발도상국들을 위협하고 설득한 결과 무역관련지적재산권협정(TRIPs)을 WTO법의 일부로 포함시키는데 성공하였다. 그러나 이 협정은 일부의 긍정적인 평가에도 불구하고 다국적기업들에게 독점에 의한 렌트를 보장해 주고, 제3세계 국가들의 신기술에 대한 접근을 차단하며, 개발도상국들의 경쟁력 강화를 가로막는 등 부정적인 효과를 가져올 수 있다는 우려를 낳았다.58)

7. TRIPs협정의 이행

(1) 이행수단

분권화된 국제사회의 현실을 반영하여 국제법은 국제조약의 이행에 있어서도 통일된 이행체제를 갖추지 못하고 조약의 시행을 상당부분 회원국들의 재량에 맡기는 경우가 많았다. 그 결과 지적재산권 분쟁을 위시한 국제분쟁들은 국제책임의 추구나 외교적보호 또는 국제사법에 의하여 해결되어야 했는데, 이러한 방법들은 어느 분쟁당사국의 국내법에 따른 해결을 추구하는 것이어서 공정성에 의문이 제기되곤 하였다.

57) Chakravarthi Raghavan, Recolonization: GATT, the Uruguay Round & the Third World, 1990, pp. 116-117, 121-122; Bhala, pp. 984-985.
58) Bahla, pp. 955, 979.

이러한 문제는 결국 지적재산권 보호에 관한 법들이 영토적 한계를 넘어서지 못하기 때문에 생겨난 현상이라 할 수 있는 바, 이러한 영토적 한계를 극복하기 위하여 다음과 같은 두 가지 방법이 고안되었다. 하나는 일종의 '자력구제'(self-help) 조치로서 자국법의 역외적용을 통하여 자국민의 지적재산을 보호하는 '현실주의적'(realist) 방법인데, 미국의 통합무역경쟁법 스페셜 제301조가 그 전형적인 예이다. 스페셜 제301조는 국제무역에 전반적으로 적용되던 1974년 무역법 제301조를 확장한 것으로, 미국 대통령으로 하여금 미국무역대표(United States Trade Representative: USTR)를 통하여 적절하고 효율적이며 비차별적인 지적재산권 보호를 행하지 아니하는 국가를 상대로 보복조치를 취할 수 있게 하였다. 미국은 이러한 강력한 보복조치를 무기로 무역 상대국들과 양자간 협상을 시작하였으며, 그 결과 상당한 성과를 거두었다.[59]

다른 하나는 지적재산권 보호를 단순한 국제협력에서 보편적 이행의 차원으로 끌어 올리는 방법으로, 우루과이라운드를 통한 TRIPs협정 체결이 그 대표적인 성과이다. TRIPs 협정은 최혜국대우와 내국민대우를 원칙으로 삼고, 지적재산권의 국제적보호를 위한 실질규범과 절차규범을 마련하였을 뿐 아니라, 그러한 성과들을 무역과 연계시겼으며, 협정의 이행을 확보하기 위하여 세계무역기구(WTO)라는 국제기구를 활용하도록 하였다.

(2) 국내시행조치

TRIPs협정은 3부에서 지적재산권의 이행에 대하여 규율하는 동시에, 국제법 만으로는 채워질 수 없는 법적인 공백을 각국의 국내법을 통하여 메우고자 하였다. 기존의 지적재산권 관련 국제조약들은 지적재산권의 취득·등록·사용에 관한 일반원칙들과 국내시행에 관한 약간의 지침만을 담고 있었다. 즉 우루과이라운드를 통해 TRIPs 협정이 등장하기 이전까지 존재하였던 지

59) Nicole Telecki,"The Role of Special 301 in the Developmnet of International Protection of Intellectual Property Rights After the Uruguay Round," B.U. Int'l L. J., vol. 14, 1996, pp. 191-194. 미국의회는 우루과이라운드가 타결된 후 WTO 협정에 따른 자국의 의무를 이행하기 위한 입법조치의 일환으로 스페셜 제301조를 개정하였다.

적재산권 관련 국제조약들은 조약의 시행에 관하여 명확한 규정들을 두고 있지 않았으며, 국제법에 의한 이행문제를 거의 다루지 않은 경우도 종종 있었다.[60)]

지적재산권 문제가 우루과이라운드 협상의 의제로 상정된 것 자체가 기존의 국제지적재산권제도가 효율적인 이행제도를 갖추지 못한데 원인이 있었기 때문에, TRIPs협정은 제3부에서 회원국들로 하여금 효율적인 국내시행제도를 수립할 것을 요구하고 있다. 제41조는 회원국들에게 부과되는 일반적 의무들을 나열하였으며, 제42조에서 제50조 사이에서는 민사 및 행정절차와 지적재산권 권리자에게 허용되는 구제조치들을 다루었고, 제61조는 상업적인 규모에서 행하여지는 고의적인 상표위조(trademark counterfeiting)와 저작권 침해(copyright piracy)에 대한 형사절차와 처벌을 규정하였다.[61)]

(3) 국경조치

국제무역질서는 위조상표를 부착한 상품들과 저작권 침해 상품들로 인하여 상당한 혼란을 겪고 있다. 따라서 GATT 시대에도 동경라운드에서 위조상품의 수입억제 조치에 관한 협정을 체결하려 하였으나 성공하지 못하였다. 우루과이라운드에서도 위조상품 문제는 선진국들에 의하여 협상의제로 올려졌으며, 그 결과 TRIPs협정에는 위조상품의 세관통과를 막기위한 조치로서 '국경조치에 관한 특별한 요건들'(special requirements related to border measures)이라는 제목하에 10개 조문이 도입되었다.[62)]

위조상품에 대한 국경통제는 원산지에서 법이 제대로 시행되지 못할 때 위조상품의 국제적인 이동을 규제하는 안전판으로 기능할 수 있는 조치로서, TRIPs협정이 도입한 이행제도 중에서도 가장 특징적인 것이다. 협정은 회원

60) International Chamber of Commerce(ICC), Intellectual Property & International Trade, 1996, p. 65.

61) Michael Blakeney, Trade Related Aspects of Intellectual Property Rights, Sweet & Maxwell, 1996, p. 123.

62) 국제지적재산권법에서 국경조치를 사용한 것은 TRIPs 협정이 처음은 아니다. 파리협약은 이미 지적재산권 침해상품의 무역을 통제하기 위하여 국경조치를 사용하였으니, 협약은 제9조 1항에서 불법적으로 상표나 상호를 사용한 상품은 그러한 상표나 상호가 보호되는 국가들에 수입되는 즉시 몰수된다고 하였다.

국들에게 상표권과 저작권 침해상품의 세관통과를 규제하기 위하여 세관당국으로 하여금 이들의 통관을 통제하도록 하였는데, 회원국들이 이 제도를 비차별적으로 철저하게 시행하고 무역장벽을 세우는데 활용하지 않는다면 상당한 성과를 거두게 될 것이다.[63]

8. 기술이전

개발도상국과 선진국, 비시장경제국가들은 과거에 UNCTAD를 중심으로 기술이전(technology transfer)에 관한 '행위규범'(Code of Conduct)을 마련하기 위하여 노력하였다. 그러나 그러한 규범에 대한 개발도상국과 선진국간의 현격한 견해차이로 인하여 정식으로 규범을 채택하는데 이르지는 못하였다. 기술이전은 남북문제 즉 개발도상국과 선진국 간 관계에 있어서 가장 중요한 문제 가운데 하나인데, 우루과이라운드에서 채택된 TRIPs 협정이 제한적이나마 그러한 역할을 맡아줄 것으로 기대되고 있다.[64]

국제적인 기술이전은 라이센스(license) 계약이나 프랜차이즈(franchise) 계약에 의해 이루어진다. 오늘날 한 국가에서 특허권, 저작권, 상표권을 취득한 사람은 다른 국가에서도 법적인 보호를 받는바, 지적재산권 소유자는 특허사용료(loyalty)을 받고 외국인이나 기업에게 그러한 권리의 사용을 허가할 수 있다. 이때에 지적재산권의 소유자는 관련 기술을 사용하고 판매할 수 있는 권리도 양도할 수 있는 바, 이처럼 지적재산권에 대한 공유가 이루어지게 되면 기술에 대한 독점이 상실되어 경쟁자들이 등장하게 될 가능성이 있다. 때문에 관련기술을 보유한 기업에서는 국제적인 라이센스 계약을 체결할 때에는 매우 신중해 진다.[65]

프랜차이즈 계약은 기업이 해외영업을 확대해가는데 자주 사용하는 방법이다. 그러나 국제적인 프랜차이즈를 위해서는 외국법과 외국문화에 대한

63) J. H. Reichman,"Enforcing the Enforcement Procedures of the TRIPs Agreeemnt," Va. J. Int'l Econ. L., vol. 37, 1997, p. 342.
64) Folsom, Gordon, and Spanogle, pp. 720-721.
65) Ibid.

이해가 선행되어야 한다. 각국의 법은 자국민이 그 기업의 주식과 통제권을 유지하도록 규정하고 있는 경우가 많으며, 어떤 상표나 상징이 일부 국가에서 문화적 반발을 초래하는 경우도 있기 때문이다.

9. 세계지적재산권기구

WIPO는 본래 1967년 베른협약과 파리협약 등의 지적재산권관련 다자조약의 관리를 위하여 설립되었으며, 1974년 유엔의 전문기구가 되었다. WIPO는 다자조약 관련 분쟁의 해결을 위한 공식적인 분쟁해결제도를 가지고 있지는 않았지만 이행과정에서 발생하는 문제들을 연구하고 보고서를 발간하였다. 그리하여 우루과이라운드 협상초기에는 지적재산권 보호를 위한 보다 강력한 국제법 규범의 수립을 위해서는 WIPO가 중심이 되어야 한다는 주장이 제기되기도 하였었다. 우루과이라운드 TRIPs 협정 이후, 세계지적재산권기구(WIPO)는 지적재산권의 국제화에서 중심적인 역할을 수행하기 위하여 노력하고 있다. 그리하여 WIPO 주관하에 저작권과 인접권, 공연권, 상표법 관련 문제에 관한 새로운 국제적 합의를 위한 교섭이 진행되었고 합의문을 채택하기도 하였다.[66]

66) Trebilcock, Howse, and Eliason, p. 523.

참 고 문 헌

-한국문헌-

김대순, 「국제법론」, 제18판, 삼영사, 2015.

대외경제정책연구원, 「WTO 출범과 신교역질서」, 1994.

대우경제연구소, 「우루과이라운드와 한국경제」, 한국경제신문사, 1994.

박덕영 · 이재형, 「국제경제법 기본조약집」, 박영사, 2010.

박덕영 · 이재형, 「WTO 통상조약집」, 박영사, 2006.

오윤경외, 「현대국제법」, 박영사, 2000.

유병화, 「국제법Ⅱ」, 진성사, 1994.

이석용, 「국제법」, 세창출판사, 제4판, 2013.

성재호, 「국제경제법」, 박영사, 2006.

정인섭, 「신국제법강의」, 제5판, 박영사, 2014.

정인섭 · 정서용 · 이재민, 「국제법판례 100선」, 박영사, 2012.

최승환, 「국제경제법」, 제3판, 법영사, 2006.

한국국제경제법학회, 「신국제경제법」(중판), 박영사, 2014.

한국국제경제법학회, 「국제경제법」, 박영사, 2010.

-외국문헌-

Ray August, Don Mayer and Michael Bixby, International Business Law, 5th edition, Pearson Education International, 2009.

Raj Bahla, International Trade Law : Theory and Practice, 2nd edition, Lexis Publishing, 2001.

Raj Bahla, International Trade Law Handbook, 2nd edition, Lexis Publishing, 2001.

Raj Bahla, International Trade Law : Cases and Materials, Michie Law Publishers, 1996.

Patricia W. Birnie & Alan E. Boyle, International Law and the Environment, Clarendon Press, 1992.

Zygmunt J. B. Plater, Robert H. Adams, and William Goldfarb, Environmental Law and Policy: Nature, Law, and Society, West Publishing Co., 1992.

Antonio Cassese, International Law, 2nd ed., Oxford, 2005.

R. H. Folsom, M. W. Gordon, and J. A. Spanogle, International Business Transactions, 3rd edition, West Publishing Co., 1995.

Malcolm D. Evans, International Law, 2nd ed., Oxford, 2006.

Ralph H. Folsom, Michael Wallace Gordon, and John A. Spanogle, International Trade and Investment, West Publishing Co., 1996.

Louis Henkin, Richard Crawford Pugh, Oscar Schachter, and Hans Smit, International Law: Cases and Materials, West Publishing Co., 1993.

Matthias Herdegen, Principles of International Economic Law, Oxford, 2013.

Ignaz Seidi-Hohenveldern, International Economic Law, Kluwer Law International, 1999.

John H. Jackson and William J. Davey, International Economic Relations, West Publishing Co., 1986.

Mark W. Janis, An Introduction to International Law, Little, Brown and Co, 1993.

Joseph J. Kalo, Richard G. Hildreth, Alison Rieser, Donna R. Christie, and Jon L Jacobson, Ocean and Coastal Law, West Group, 1999.

Peter Malanczuk, Akehurst's Modern Introduction to International Law, Routledge, 1997.

Mitsuo Matsushita, Thomas J. Schoenbaum, and Petros C. Mavroids, The World Trade Organization : Law, Practice and Policy, 2nd edition, Oxford, 2006.

J. G. Merrils, International Dispute Settlement, Grotius Publications, 1991.

Asif H. Qureshi, International Economic Law, Sweet & Maxwell, 1999.

M. Reisman, International Commercial Arbitration(Materials prepared for A course at the Yale Law School), 1992.

Oscar Schachter, International Law in Theory and Practice, Martinus Nijhoff Publishers, 1991.

Ignaz Seidl-Hohenveldern, International Economic Law, Kluwer Law International, 1999.

Michael Trebilcock, Robert Howse, and Antonia Eliason, The Regulation of International Trade, 4th edition, Routledge, 2013.

찾 아 보 기

ㄴ

ㄷ

ㅁ

ㅂ

ㅅ

ㅇ

ㅈ

국제경제법 강의

2016년 5월 25일 인쇄
2016년 6월 3일 발행

저 자 : 이 석 용
발행인 : 이 덕 훈
발행처 : 한남대학교 출판부 〈글누리〉
306-791 대전광역시 대덕구 한남로 70(오정동)
전화 : 042-629-7722, 7536
전송 : 042-629-7264

인 쇄 : 바 름
전화 : 042-628-2412

ISBN 978-89-7066-371-5 93320

정가 17,000원